国家出版基金项目
NATIONAL PUBLICATION FOUNDATION

GZC 高校主题出版
GAOXIAO ZHUTI CHUBAN

"一带一路"系列丛书

"一带一路"国别概览

越南

李向阳　总主编

滕成达　潘艳勤　编著　　胡乾文　审定

大连海事大学出版社

图书在版编目（CIP）数据

越南 / 滕成达，潘艳勤编著. — 大连：大连海事
大学出版社，2019.12
（"一带一路"国别概览 / 李向阳总主编）
国家出版基金项目
ISBN 978-7-5632-3916-0

Ⅰ.①越… Ⅱ.①滕… ②潘… Ⅲ.①越南-概况
Ⅳ.①K933.3

中国版本图书馆CIP数据核字（2019）第295112号

大连海事大学出版社出版

地址：大连市凌海路1号　邮编：116026　电话：0411-84728394　传真：0411-84727996
http://press.dlmu.edu.cn　E-mail:dmupress@dlmu.edu.cn

大连海大印刷有限公司印装　　　　　　　　　　　大连海事大学出版社发行

2019年12月第1版　　　　　　　　　　2019年12月第1次印刷
幅面尺寸：155 mm×235 mm　　　　　　　　印数：1～3000册
印张：15.25　　　　　　　　　　　　　　　字数：231千

出 版 人：余锡荣　　　　　　　　　　　　　项目策划：徐华东
责任编辑：魏　悦　　　　　　　　　　　　　责任校对：刘若实
装帧设计：孟　冀　解瑶瑶　张爱妮

ISBN 978-7-5632-3916-0　　　　　　　　　　　　定价：76.00元

"一带一路"国别概览

丛书编委会

总序

　　2013年秋，国家主席习近平在哈萨克斯坦和印度尼西亚出访期间，先后提出共建"丝绸之路经济带"和"21世纪海上丝绸之路"的倡议，倡导共商、共建、共享理念，得到国际社会广泛关注和积极响应。"一带一路"倡议旨在积极发展与沿线国家的经济合作伙伴关系，共同打造政治互信、经济融合、文化包容的利益共同体、命运共同体和责任共同体。

　　"一带一路"倡议源自中国，更属于世界，它面向全球、陆海兼具、目的明确、路径清晰、参与方众、反响热烈。五年间，"一带一路"倡议从理念转化为行动，从愿景转变为现实，在顶层设计、政策沟通、设施联通、贸易畅通、资金融通、民心相通等方面都取得了显著的成果，为实现世界共同发展繁荣注入推动力量、增添不竭动力。目前，我国已与100多个国家和国际组织签署了共建"一带一路"合作文件。共建"一带一路"倡议及其核心理念被纳入联合国、二十国集团、亚太经合组织、上合组织等重要国际组织成果文件。

　　"一带一路"沿线国家地理地貌、风俗人情、经济发展、投资环境各不相同，极有必要对其进行系统的介绍和分析。此外，目前针对"一带一路"沿线国家的研究仍不够深入，缺少系统、整体的研究资料。大连海事大学出版社组织策划的"'一带一路'国别概览"丛书（首批65卷）适逢"一带一路"倡议提出五年后下一个阶段深入推进的需要之时，也填补了国内系统地介绍"一带一路"沿线国家国情的学术专著的空白，获得了国家出版基金项目资助，并入选教育部全国高校出版社主题出版选题。

　　"'一带一路'国别概览"丛书（首批65卷）联合中国社会科学院、北京大学、山东大学、宁夏大学、广西民族大学、上海对外经贸大学、黑龙江大学等多家高校及研究机构编写，并组织驻"一带一路"沿线65个国家的前大使对相关书稿进行审定。本套丛书不仅涵盖了各国地理、简史、政治、军事、文化、社会、外交、经济等方面的内容，突出了各国与丝绸之路或海上丝绸之路的历史渊源，力争为读者提供全景式的国情介绍，还从"一带一路"政策出发，引用实际案例详细阐述了中国与各国贸易情况及各国的投资环境，旨在为"一带一路"的推进提供强大的智力支持，加快科技成果转化，促进合作人才培养，帮助我国"走出去"的企业有效地防控风险，从而全方位地助推"一带一路"建设。

"'一带一路'国别概览"丛书（首批65卷）的顺利出版得益于大连海事大学出版社的精心策划和组织，也凝聚着百余位相关领域专家学者的心血，在此深表感谢。

国家主席习近平曾深情地说："'一带一路'建设承载着我们对美好生活的向往，将把每个国家、每个百姓的梦想凝结为共同愿望，让理想变为现实，让人民幸福安康。"我们也希望本套丛书可以为"一带一路"建设架起一座沟通的桥梁，推动"一带一路"倡议在沿线国家向更深远和平稳的方向发展。

"'一带一路'国别概览"丛书编委会

2018年6月

前言

　　本书分为上下篇，上篇介绍越南的总体国情，下篇介绍中越经贸合作和"一带一路"框架下的中越跨境经济合作。

　　越南位于中南半岛东南端，三面环海，地势西北高、东南低，境内四分之三为山地和高原，有红河三角洲和湄公河三角洲两大平原。北部和西北部为高山和高原，中部长山山脉纵贯南北。越南河流密布，其中长度在10千米以上的河流达2 800多条，较大的河流有红河、湄公河、沱江、泸江和太平河等。越南自然环境优越，矿产资源丰富，种类多样，包括50多种能源类、金属类和非金属类矿产资源，盛产大米、橡胶、胡椒、腰果、咖啡、水果等作物。

　　越南境内很早就已经有人类活动。越南境内曾出土旧石器时代、新石器时代和青铜时代的石器、陶器等，较为有名的有和平文化、东山文化。前214年，秦朝设置桂林郡（今广西壮族自治区）、南海郡（今中国广东省）及象郡（今越南北部和中部地区）。秦末，南海郡尉赵佗割据当地，建立南越国。南越国对中原的西汉王朝入贡受封，赵佗接受汉王朝赐予的"南越王"封号。公元前111年,汉武帝发兵灭南越国,在其领地设置九郡：南海（广东）、苍梧（广西）、郁林（广西）、合浦（广东）、交趾、九真、日南、珠崖（海南岛）、儋耳（海南岛），其中的交趾、九真、日南三郡相当于今天越南北部和中部地区。968年丁部领平定"使君之乱"，称丁先皇，定都华间，国号为"大瞿越国"，越南进入独立自主时期。此后，越南封建社会经历了前黎朝、李朝、陈朝、胡朝、属明时期、后黎朝、阮朝等阶段，其疆域范围不断扩大，奠定了现代的越南版图。1858年法国武装入侵越南，越南沦为法国殖民地。

　　1945年9月2日，越南共产党领导的"八月革命"取得成功，越南民主共和国建立。1975年4月30日越南实现南北统一，改国名为越南社会主义共和国。1986年以来，越南实行革新开放，以发展经济为重心，发展社会主义定向的市场经济。

今天的越南共有54个民族，传统儒家思想和东方价值观在越南社会意识形态中占据主导地位，儒学对越南社会和文化产生了巨大而深远的影响。

越南是与中国水陆相连的东盟国家，越南与中国的关系源远流长，两国人民有长期友好交往的历史。2016年，越南首次成为中国在东盟的最大贸易伙伴，中国是越南最大的贸易伙伴和最大的游客来源地。2017年习近平以总书记和国家主席双重身份访问越南，双方发表了《中越联合声明》，使中越关系进入新的发展时期。2017年，越南和中国签署了关于共同实施"两廊一圈"和"一带一路"计划的合作文件。2017年5月，越南国家主席陈大光应邀出席"一带一路"国际合作高峰论坛，并在2017中国—越南经贸合作论坛上表示越南将借助"一带一路"倡议的契机，吸引更多的中国企业前去投资。2019年4月，越南政府总理阮春福出席第二届"一带一路"国际合作高峰论坛，高度评价了第二届"一带一路"国际合作高峰论坛各项议题。综上所述，了解越南的国情、历史、政治、经济、军事、文化、外交及其与中国的关系，对"一带一路"建设具有极其重要意义。

本书上篇的主要内容包括地理、简史、政治、军事、文化、社会、外交、经济，下篇的主要内容包括革新开放与经济改革，社会主义定向的市场经济，对外贸易，中越经贸合作的历史、现状及问题，中越主要陆路口岸与中越边境贸易，凭祥-同登跨境经济合作区。

本书的分工如下：第十二章、第十三章、第十四章的编撰及全书统稿由滕成达负责，第一章、第六章由潘艳勤编撰，第九章、第十章由陈建男编撰，第二章由韦晶荧编撰，第三章由赵凯莉编撰，第四章由曾政编撰，第五章由左霞、周小雁编撰，第七章由李海湄编撰，第八章由李海湄、马莉莉编撰，第十一章由左霞编撰。曾担任中国驻越南大使的胡乾文认真阅读了本书，并提出了宝贵的修改意见，在此一并鸣谢！受资料收集和成书时间仓促等诸多因素的限制，书中难免存在疏漏和不当之处，敬请广大读者批评指正。

编　者

2019年10月

目录

● **下篇**

上篇

第一章　地理

第一节　地理位置

　　越南位于东南亚的中南半岛东部，北部与中国接壤，西部与老挝、柬埔寨交界，东面和南面临南海。

　　越南地形由西北向东南倾斜，形状狭长，呈"S"形。越南陆地面积为 32.95 万平方千米，地理坐标在北纬 8°10' ~ 23°24'、东经 102°09' ~ 109°30'。越南从最南端到最北端直线距离为 1 650 千米，跨 15 个纬度，东西最宽处位于越北地区从广宁省的芒街到奠边省西部的越老边界，大约 500 千米，最窄处从中部广平省的东部沿海到西部的越老边境，大约 50 千米。越南海岸线漫长，从东北的芒街到西南的河仙，全长 3 260 多千米。

第二节　气候

　　越南地处北回归线以南，除高山地区以外，基本上属于热带季风气候，整年雨量大、湿度高，年平均气温在 24 ℃左右，年平均降水量为 1 500 ~ 2 000 毫米。越南北部受中国陆地气候的影响，属于大陆性气候。同时，东海对陆地热带季风性湿润气候具有巨大影响，导致越南不同地区有不同的气候特点，并且随着季节、南北、东西的不同而变化。越南北方，即海云关以北的省份有明显的春、夏、秋、冬四个季节；在海云关以南的省份，由于受季风的影响较小，因此其热带气候比较温和，四季高温并分成旱季与雨季的两个季节。

与此同时，由于地形结构不同，越南还有一些小气候地区：有的地方呈温带气候，如老街省沙巴、林同省大叻；有的地方呈大陆性气候，如莱州省、山萝省等。

第三节 地势地貌

一、山地、高原

越南多山地，地势西高东低，山地和高原占全国总面积的四分之三。北部和西北部为高山和高原，东部沿海地区地势低，多为冲积平原。

（一）越北山地

越北山地包括黄连山和东北山地两部分。红河由西北向东南方向奔流，流经越南北部山区，将山区分为两半。河西称西北山区或黄连山，东北部称红河以北山区或东北山区。黄连山长约200千米，峰峦起伏，海拔在1 200米以上。这些高山主要分布在越老边境地区，成为越南和老挝的天然屏障。其中，黄连山西北部番西邦峰高达3 142米，不仅是越南的最高峰，也是中南半岛的第一高峰，被称为"越南屋脊"。东北山地的南北宽为90～120千米，东西长为260～200千米，海拔1 000～1 600米，地势北高南低。东北山地的地形特点是山地和丘陵交错，多喀斯特地貌，高山之间有或宽或窄的山谷或平地，形成中越边境地区天然的通道。

（二）长山山脉

越南西部的长山山脉，长为1 000多千米，宽为50～200千米，延绵起伏，纵贯南北，是越南地形的主要骨干，也是越南和老挝、柬埔寨的天然边界。长山山脉西坡较缓，构成老挝、柬埔寨境内的高原；东坡较陡，有的山脉逼近海岸，形成许多峭壁和岬角，将越南沿海平原分割成多块。

（三）西原高原

西原高原面积约为 5.5 万平方千米，平均海拔在 1 500 米以上。高原上森林密布，草原辽阔，森林面积占高原总面积的五分之二。这里蕴藏着丰富的矿产资源，大片红土地带适宜种植橡胶树、咖啡树、茶树等。西原高原风光秀丽，气候凉爽。

二、平原

越南平原面积为 8.98 万平方千米，约占全国总面积的 27%。越南共有五大平原：北部平原（主体为红河平原），面积为 1.5 万平方千米；清义静平原，面积为 0.68 万平方千米；平治天平原，面积为 0.2 万平方千米；中部南区平原，面积为 0.6 万平方千米；南部平原（主体为九龙江平原），面积为 6 万平方千米。

（一）红河平原

红河平原是由红河冲积而成的平原地带，面积约为 2 万平方千米，是越南北方最大的平原。其中的红河三角洲平原，长 150 千米，宽 80 千米，面积约为 0.7 万平方千米。红河平原土地肥沃，水田占耕地面积的 90% 左右，是世界上著名的谷仓之一。红河平原的煤炭资源丰富，煤炭总储量达 2 100 亿吨，颇具开采价值，但是位于地下 200～2 000 米深处，近期内难以开采。

红河平原包括 11 省（市），分别是河内市、海防市、永福省、河西省、北宁省、海阳省、兴安省、河南省、南定省、太平省和宁平省，面积约为 1.47 万平方千米。位于红河平原中部的河内市，面积约为 3 344.47 平方千米，人口为 765 万，是越南的首都，也是越南的政治、文化中心，还是越南的第二大城市。

（二）九龙江平原

越南南方最大的平原是九龙江平原，又称湄公河三角洲。九龙江平原位于越南的最南端、柬埔寨的东南端，是越南最富饶和人口最密集的地方，也是东南亚地区最大的平原。九龙江平原地势开阔，河网密布，沼泽遍布，土壤肥沃，加上气候炎热，雨水充足，成为越南著名的大粮仓、大果园和大渔场，是富庶的鱼米之乡。

第四节　　水文

越南河流众多，河网密布、纵横交错，大小河流共有 2 800 多条，总长 4.1 万多千米，河流每年提供 3 100 亿立方米水。河流大部分由西北向东南注入大海，在沿海地区，平均每隔 20 千米就会有一处河的入海口。因为气候分旱季和雨季，越南河流也分为汛期和枯水期，汛期流量占全年流量的 70%～80%，经常导致水灾。越南除了北部的红河、南部的湄公河两条大河外，还有太平河、奇穷河、马江、蓝江、同奈河等河流。

一、红河

红河全长约 1 400 千米，在越南境内只有约 500 千米，是越南最长的一条河流。由于这条河大部分流经热带红土地区，水中夹带着大量的红色泥沙，从而使河水呈红色，故名红河。红河发源于中国云南，在中国境内称元江，从老街-越池段流经山区，水流湍急，多险滩和瀑布。从越池以下流经平原，注入北部湾，水流平缓，水中夹带的大量泥沙淤积，河床不断增高，每至雨季，河水暴涨，常造成严重的水灾。

红河的主要支流有沱江和泸江。沱江位于红河右岸，水流湍急，多暗礁，不便航行，但水力资源丰富。泸江位于红河左岸，由斋江、锦江、明江汇合而成，在宣光汇合后称泸江，在越池汇入红河。

二、湄公河

湄公河发源于中国青藏高原唐古拉山的东坡，在中国境内称澜沧江，流入中南半岛后的河段称为湄公河。湄公河干流全长 4 908 千米，流域总面积为 81.1 万平方千米，是亚洲最重要的跨国水系，也是世界第七大河流。湄公河在越南属于河流的下游，在越南境内的湄公河大约长 230 千米，仅占全长的二十分之一。湄公河向南流经缅甸、老挝、泰国、柬埔寨和越南，最后于越南胡志明市南面注入南海。湄公河在金边附近接纳洞里萨河后分成前江与后江，前江、后江进入越南，再分成6支，经9个出海口流出南海，故越南称之为九龙江。

除了上述两大主要河流外，越南还有一些比较重要的地方性河流，如谅山地区的奇穷河、高平地区的平江，这两条河流都流入中国广西的左江；北中部地区有马江和朱江，主要在清化省境内；义安省、河静省的大江，发源于老挝川圹省附近，全长390千米；广平省有日丽江等。

第五节　自然资源

越南的山脉属于横断山系地质构造带的南延，蕴藏着丰富的矿产资源；海岸线长，不仅有丰富的海产资源，还存在不少优质油气沉积带；多山的地形又孕育了丰富的森林资源和动植物资源；河流众多，落差大，水力资源丰富。

一、矿产资源

越南成矿条件的多样性使得越南矿产资源较丰富。据统计，越南现已发现的矿种超过120种，主要的矿产资源有煤炭、石油、天然气、铝土矿、铁矿、铜矿、镍矿、稀土、钛、锰、铬、磷、铅、锌、宝石等。越南的矿产资源主要集中分布在北部和中部地区，北部主要以黑色、有色、稀土金属矿为主，而南部矿产资源则零星散布，主要以铝土矿和金矿为主。

二、森林资源

越南地跨多个维度，陆地面积的四分之三是山地、丘陵和高原。越南为热带季风气候，高温多雨，年平均降雨量约为2 200毫米，非常适合森林的繁育，形成了丰富多样的生态系统。越南的森林是典型的热带森林，不仅有常绿林、落叶和半落叶、半常绿林、针叶林、针阔混交林、山地灌木，还有大面积的海生林。

三、海产资源

越南的海产资源十分丰富，一般包括渔业资源、海生植物和海盐。越南海洋多处于浅海大陆架，海底多为沙质或珊瑚礁，适宜鱼群生存。同时，越南从北到南有众多的河流入海，这些河流带来大量的有机物质，有利于浮游生物生长，为鱼类提供了大量食物，因此越南沿海有不少丰产渔场。

四、水力资源

越南河流总流量为 8 500 亿立方米/秒，潜在水力发电量为750亿~1 000亿千瓦/小时，越南较重视大、中、小型水电建设，但由于资金困难和其他原因，目前其水力发电量只达到潜在水力发电量的2%左右。

第六节　行政区划

一、主要行政区划

截至2019年8月，越南全国划分为58个省和5个直辖市。58个省分别是安江、北江、北𣴓、薄寮、北宁、巴地–头顿、槟知、平定、平阳、平福、平顺、金瓯、高平、多乐、达农、奠边、同奈、同塔、嘉莱、河江、海阳、河南、河静、和平、后江、兴安、庆和、建江、昆嵩、莱州、林同、谅山、老街、隆安、南定、义安、宁平、宁顺、富寿、富安、广平、广南、广义、广宁、广治、朔庄、山萝、西宁、太平、太原、清化、承天–顺化、前江、茶荣、宣光、永隆、永福和安沛。5个直辖市分别是河内、胡志明市、海防、岘港和芹苴。

二、五大直辖市

1. 河内

河内是越南的首都，是全国政治、经济、交通和文化的中心。河内位于越南北部的红河三角洲，河内市行政区划面积从过去的921平方千米扩展到3 344.47平方千米，大多数为越族。

河内是一座拥有1 000多年历史的古城。公元1010年，李太祖李公蕴建立了历史上的李朝，认为大罗城是实施大越国统治的理想之地，便于1010年颁布《迁都诏》，把京都，即今天的河内，从宁平的华闾迁到了大罗城。据史籍记载，李公蕴乘船抵达大罗城城墙脚下时，突见一条黄龙腾空飞起。李公蕴认为这是吉兆和天意，便将大罗城改称为"升龙"。后来陈朝、后黎朝等许多朝代都曾把这里作为京城，城市名称多次更改，先后称为龙渊、龙编、中京、京都、东郡、东京、中都、上京、北城等。1831年，越南最后一个封建王朝阮朝定都顺化，明命皇帝设置河内省，河内这个名称由此开始。1945年越南"八月革命"成功，越南民主共和国诞生。1946年越南全国举行大选，第一届国会召开，设河内为首都。1975年越南南北统一，1976年4月25日召开的第六届国会确定河内为越南社会主义共和国的首都。

河内是越南重要的交通中心，公路网通往全国，从河内至胡志明市的1号公路是越南公路交通的南北主干线。同时，从河内至胡志明市的"统一"铁路干线也是越南唯一的南北最重要的铁路干线。河内还有铁路干线可到中越边界的同登，与中国广西的凭祥相连可到中国广西壮族自治区南宁市，西北方可通过老街到河口再到昆明。河内拥有两个机场，即内排国际机场和嘉林机场。内排国际机场开通了越南国内航线，可到岘港、芽庄、胡志明市等，国际航线可至北京、香港、成都、曼谷、万象、新加坡、吉隆坡、莫斯科等。

河内历史文物丰富，遍布名胜古迹，享有"千年文物之地"的美称。巴亭广场是举行集会和节日活动的重要场所。如果说首都河内是越南的心脏，那么巴亭广场可以说是河内的心脏。巴亭广场位于市中心，还剑湖的西北。广场长约320米，宽近100米，可容纳一二十万人，是河内人民集会和节日活动的场所。1945年9月2日，越南人民的伟大领袖胡志明主席在这里宣读了《独立宣言》，正式宣告了越南民主共和国的诞生。巴亭广场的两侧分别是胡志明博物馆和胡志明主席旧居及主席府。胡志明主席旧居花园内树木郁郁葱葱，四季常青。独柱寺位于巴亭广场西南，因建在灵沼池中一根大石柱上而得名。据传，1049年，即李朝时，李太宗梦见观音菩萨手托婴儿，立于水池莲花台上。不久，李太宗老年得子，乃下令仿出水莲花建寺，故独柱寺似出水莲花。原寺于1954年法国撤军时被炸毁，仅存石柱。1955年在原址依原样重建。规模小于原建，但其艺术风格仍旧保留。

还剑湖位于河内的市中心，南北长700米，东西宽200米，是游客来河内的必游之地。沿湖四周的柏油马路经常有越南青年举行娱乐活动，各国游客共同参与。湖岸四周树木青翠，浓荫如盖。湖水清澈如镜，幽雅娴静，平均水深 1.5 米左右。湖中有玉山寺、龟塔。龟塔位于南部湖中龟丘上，碧波塔影，交相辉映。如今，塔上安装了照明设备，每逢节日，塔身被灯光照得通体辉煌，玲珑剔透，甚为美观。北部湖中的玉山寺崇祀佛教和越南民间神祇，有朱红色木结构的"栖旭桥"将此寺与岸边相连通，桥头有耸立的笔塔。

说到河内的著名名胜古迹，不得不提到文庙。文庙始建于 1070 年，供奉周公和孔子，皇太子每月两次来此聆听儒教教义。1156 年，李英宗在文庙后又建国子监，即为皇家学堂。至今，文庙依旧保留完整，内有康熙皇帝书写"万世师表"字样的牌匾。如今，文庙已经成为每年春节期间举办文化活动和祭祀活动的重要场所。

2. 胡志明市

胡志明市原名西贡，最早建于 17 世纪末 18 世纪初。1932 年西贡与堤岸合并成"西堤联区"。第二次世界大战后，西贡又与嘉定市联合组成"西贡–嘉定市"，或称"大西贡"。1946 年 11 月，越南国会将其命名为西贡市。1975 年 4 月 30 日，越南民主共和国成立后，为纪念越南共产党的主要创立者胡志明，便将西贡改名为"胡志明市"。

胡志明市位于湄公河三角洲地区，处于西贡河河畔，面积约为 2 090 平方千米，人口约为 1 200 万。2014 年，胡志明市城区设 19 个郡、5 个县。胡志明市属热带季风气候，分为雨季和旱季两季。每年 5 月—11 月为雨季，12 月—次年 4 月为旱季。年均气温为 27.5 ℃，1 月份最低气温为 21 ℃。

西贡从很早开始就是一个大型的贸易港口，当时的西贡被称为"远东的玉石"。现在的胡志明市已经成为越南经济最发达的城市，是全国经济、贸易和旅游中心。轻工业、进出口业、加工工业、运输业、金融业和商业也比较发达。胡志明市周围建立起了一大批工业区和出口商品加工区，主要以生产日用品和出口商品为主，主要有纺织品、皮革、服装、粮食制品、五金、电子产品等。

胡志明市的公路、桥梁和机场设施均比较完善。胡志明市的新山—国际机场是东南亚最著名的现代化大型机场之一，开通有多条国内及国际航线。

胡志明市也有很多历史遗址和名胜古迹，如统一宫、红教堂、胡志明市邮局、军事博物馆等，每年都吸引着很多游客前来参观。

3. 海防

海防是越南北部的海滨城市，是越南第三大城市，规模仅次于河内和胡志明市。海防行政区划面积约为 1 503 平方千米，人口约为 190 万。海防面临北部湾，是越南北方的军事要地和海上门户。海防拥有越南北方最大的港口，是越南北方重要的工业城市之一。100 多年前，海防市还只是一个居住着数十户人家的小渔村。1870 年，阮氏王朝在这里修建码头，设立商馆，建立兵站，执行海边防务，后人遂简称为"海防市"，地名即起源于此。

海防属于热带季风气候，年平均气温为 23～24 ℃，年平均降雨量为 1 600～1 800 mm，一年四季炎热潮湿。海防有着丰富的自然资源，如海洋资源、矿产资源、森林资源和动物资源等。海防作为北方的重要交通枢纽，它的内河、铁路、公路交通都十分便利。海防港是国家级综合海事港口，与西贡港一道，是越南最大的海港之一。目前，越南政府集中投资提升海防港，将其打造成国际航海路线的重要港口，与新加坡、中国香港地区、东南亚及东北亚大型港口联结。

海防的工业也比较发达。近年来，海防的外来投资和设厂增多，成片的工业区已初步形成，如新加坡工业园区、韩国 LG 工业园区、中国深圳–海防工业园区，主要的工业有船舶制造和维修、机械制造、玻璃制造、水泥加工、纺织等，其外来投资主要集中在电子产品加工、机械制造等领域。

海防的涂山风景区也是越南北部著名的海滨浴场和旅游度假胜地，吉婆岛上还建有国家森林公园。

4. 岘港

岘港是越南中部海滨城市，是越南的第四大城市，面积约为 1 285.4 平方千米。据 2017 年统计，其人口约为 144.6 万。岘港旧称沱囊，近代称土伦，是越南中部最大的城市，是越南整个中部地区的行政管理机构所在地。

岘港地处热带地区，四季不分明，只有旱季和雨季的区分。岘港的年平均气温为 28～29 ℃，每年 9 月和 10 月多热带风暴。岘港位于岘港湾内，背靠五行山，东北有山茶半岛做屏障，海湾呈马蹄形，港阔水深，形势险要，为天然良港。

岘港保存有大量古占城的遗址，距离西南约69千米的美山有古代占婆塔群的遗址，东南约35千米处则为联合国世界文化遗产会安古镇。会安古镇原为一个贸易港口，秋盆河从古镇中穿过。如今，会安古镇是一个著名的文化古镇，每当夜幕降临，它就显得非常静谧、安详。

此外，岘港还有巴拿山风景区。游客可以乘缆车上巴拿山，山上凉爽宜人。巴拿山集自然风景与游乐设施于一体，深受游客喜爱。岘港周围地区还有许多自然景观，如海云关、五行山和山茶半岛。海云关被称为"天下第一雄关"，站在海云关上可以俯瞰岘港全貌。

岘港也是越南中部重要的工业中心，拥有许多大中型企业，如纺织、日用消费品制造、橡胶加工、造船、化工等。

5. 芹苴

芹苴原为南部平原中心的芹苴省的首府，2004年升为中央直辖市。芹苴面积约为1 401平方千米，人口约为113万。芹苴距离胡志明市170千米，位于湄公河三角洲的中部，已经成为继胡志明市后南方的第二大经济、农产品集散、文化和信息通信中心。

芹苴充分利用其水陆交通网和适宜的气候发展农业，逐步建立起与农业相关的机械制造和高科技工业。

第二章　简史

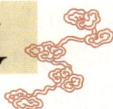

第一节　古代史

❖ 一、史前时期

（一）原始时代

原始时期，越南国土上已有人类活动的痕迹。在谅山省的平嘉发现猿人牙齿，在清化省的渡山发现旧石器时期的工具。到中石器时期及新石器时期，北部地区出现过数种文化遗址，如和平文化（在和平省）、北山文化（在谅山省北山）等，当时的先民利用石器、竹木器、陶器等物品，从事狩猎及采集活动。但因这些文化的相关文物出土量较少，未能全面地反映当时状况。南部地区的同奈河下游，曾于新石器时代后期与金属时代之间出现聚落、作坊及墓葬遗址共80处，被命名为"新石器时代后文化"，其年代在公元前4 500—前2 400年。该文化有着大量石器，主要是实用、装饰性不强的器物。

公元前600年—公元1世纪，越南处于金石时代，出现了东山文化。这一时期出土的遗物数量多，种类丰富，有铜器、陶器、玉器、石器、水晶、铁器、木器等。东山文化大量使用铜，例如利用铜制作铜鼓，或利用铜制作农具，提高了当时的农业生产效率。东山文化还拥有一定的航行技术，用划艇航行，较大型的船只则利用天文知识做远航。

远古时期，居于越南北部的民族为雒越（又称骆越）人。越南上古史学家陶维英认为，东山文化就等同是雒越人的文化。在雒越社会，有雒王、雒侯等部落领袖，采用简单的农业方式，就是依循潮水涨退垦地栽种。有学者指出，雒越人早在旧石器时期就生活在红河流域，到东山文化时代，已从原始族群过渡为氏族公社。

同一时期，南中部的前沙潢文化也发展成铁器时代的沙潢文化，这一文化的代表是从墓葬里发掘出来的大量铁制工具，以及玛瑙、碧玉等装饰品。这一文化广泛地分布于承天至同奈河流域的广大地区。沙潢文化的主人或许是占人的祖先，他们曾建立过占婆国。

（二）文郎国和瓯雒国

1. 文郎国

根据越南神话传说，越南最早的王朝是鸿庞氏。鸿庞氏首位君主禄续是中国神农氏的后代，获封为"泾阳王"，治理南方，号"赤鬼国"。泾阳王娶洞庭君龙王之女，生下雒龙君。雒龙君有儿子百人，其中五十人随母归山，五十人随父居于南方，越南人称雒龙君为"百越之祖"，而其长子则称为雄王（又称雒王），继承王位，建立文郎国。雄王家族世袭王位，历十八代，时间从公元前2879年至前258年，共2622年，是传说里的鸿庞氏王朝。在越南古代，史学家认为鸿庞氏领土东临南海，西抵巴蜀，北至洞庭湖，南接占婆，分为十五部，首都设在峰州或文郎。传说中，雄王设置"雒侯""雒将"等职，以作管治。后世认为越南民俗文化跟鸿庞息息相关，例如雄王教人民在身上纹龙、水怪等图案，以免先民进行渔猎时被蛟蛇所伤。古代越南人以木皮为衣，织菅草为席，以米汁为酒，以槟榔棕桐为饭，有制作鱼露、刀耕火种等习俗，这些都被视为从鸿庞时代开创。因此越南人自称是"雄王子孙"或"仙龙后代"。

另有史书记载，越族的一支在中国浙江一带建立了越国。公元前4世纪，楚国灭越国。越族大量南迁，其中一支迁至红河中下游流域，形成越南民族的祖先雒越人，其中一支较强的称为文郎部落，在首领雒王的带领下吞并了一些小部落，并建立文郎部落联盟。

2. 瓯雒国

在越南和中国的典籍里，均提到有关蜀泮（即安阳王）在越北称王的传说。较早提及的是中国典籍《水经注》引《交州外域记》记载："后蜀王子将兵三万，来讨雒王、雒侯，服诸雒将，蜀王子因称为安阳王。"越南史籍《大越史记全书》的说法较为详细，提到鸿庞氏传至末代时，蜀王向雄王求娶王女，但雄王不许。蜀王之孙蜀泮为了报复，乃于甲辰年（前257年）攻灭鸿庞氏，改国号为"瓯雒国"。

这一时期，应该说还没有出现真正意义上的阶级社会国家。关于文郎国、瓯雒国的说法也都来自古代传说，还有待于文字和史料的证实。

❀ 二、郡县时期

秦始皇于公元前221年统一中原。公元前214年，秦朝设置桂林郡（在今中国广西壮族自治区）、南海郡（在今中国广东省）及象郡。秦朝对此三郡推行移民实边的政策，将中原内地的民众迁徙到这里，让他们"与百越杂处"。

秦末，中国内乱，南海郡尉赵佗割据当地，建立南越国。南越国对中原的西汉王朝入贡受封，赵佗接受汉王朝赐予的"南越王"封号，称臣于汉。对内实行"和集百越"的民族政策，在今天的越北地区，"令二使典主交趾、九真二郡人"，设立官署以作统治。南越国又通过军事压力及财宝馈赠，增强对邻近部族闽越、西瓯、骆越等的影响力。

公元前137年，赵佗死，其孙赵胡继位。公元前113年，丞相吕嘉反。公元前111年，汉武帝发兵灭"南越国"，汉朝实行直辖统治，在其领地设置9郡：南海（广东）、苍梧（广西）、郁林（广西）、合浦（广东）、交趾、九真、日南、珠崖（海南岛）、儋耳（海南岛）。其中的交趾、九真、日南三郡相当于今天越南北部和中部地区。西汉对越南的统治政策有三个要点，分别为"与民生息""因其故俗治，毋赋税""诸雒将主民如故"。

西汉末东汉初，锡光、任延任交趾、九真太守期间，大力推广中原地区先进的文化和生产技术，如下令铸造铁制农具，推广牛耕，教习耕作，建立学校，倡导一夫一妻制等，使该地区社会的经济和文化迅速发展起来，并使越南开始沾染华风，由原始社会过渡到封建社会。

公元40年，交趾地区发生了徵侧、徵贰造反事件。此二徵原是雒将之女，因对交趾太守苏定的执法不满，起兵反对东汉王朝，攻陷了一些城池，并自立为王。

从公元43年，南越先后被东汉、三国时代的东吴、晋朝、南北朝时期的南朝统治。其间，交趾三郡地区爆发了大大小小几十起农民起义或战争。

公元541年，南梁时期，因交州刺史萧咨为政苛暴，引起当地人士李贲的不满及起兵，并占据龙编城，李贲于544年自称为"李南帝"，改年号为"天德"，立国号"万春"，其政权被后人称为"前李朝"。南梁朝廷于545年派陈霸先率军镇压，击败李贲。李贲退守屈僚峒，并把军权交给左将军赵光复，548年，李南帝在屈僚峒病死。次年，赵光复在夜泽得知这个消息，乃称越王，史称"赵越王"。

当李南帝逃到屈僚峒时，其兄李天宝与族人李佛子逃至今天的老挝，称为桃郎王。555年，李天宝卒，无嗣，兵权归于李佛子。571年，李佛子举兵攻赵越王，赵越王兵败。李佛子夺取龙编城，袭帝号。

李佛子在南越称王时，隋文帝统一了中国。602年，隋文帝派大将刘方攻南越，刘方派人劝李佛子归降，李佛子怕势不能敌，于是请降，交州之地又归中国封建王朝统治。

公元618年，隋朝灭亡，唐朝建立。唐高祖以丘和为大总管，治理交州。公元679年，唐高宗分交州之地为12州59县，并设置安南都护府（越南称安南从此开始），规定其每年向唐朝皇帝纳贡。然而唐末统治下的越南亦常常出现乱事，不仅有当地民众发起的叛变，还有来自周边国家的侵扰，唐朝廷从此采行藩镇制度统治安南，设置"静海节度使"。

唐朝末年，天下大乱，交州豪族曲承裕趁机崛起，控制了安南。曲承裕虽然接受了唐朝的任命，但实际上却是一个独立的割据政权，开创了越南人建立独立政权的先河。此后曲氏家族掌管静海节度使一职26年，与中国岭南的南汉政权相争。930年，南汉灭曲氏，但曲氏旧将杨廷艺等仍争夺自主权。938年，杨廷艺旧将吴权控制当地，吴权后击败南汉于白藤江。次年，吴权称王，建都古螺城（今河内东英县）。吴权设官职、制朝仪、定服色，并整顿国内政治，欲为长久之业。

❦ 三、自主时期

(一) 丁朝 (968—980年)

吴权在位仅六年 (939—944年),他死后国内发生战乱,演变成十二使君各据一方的局面。至968年,华闾峒 (在今宁平省) 豪族丁部领击败各地使君,统一国家。丁部领遂继皇帝位 (后世称为丁先皇,968—979年在位),建立国号"大瞿越",定都华闾 (在今宁平省),是为丁朝。到970年,开始使用年号"太平"。丁朝遣使到中国宋朝朝贡,宋太祖册封丁部领为"交趾郡王",并承认越南是自治的藩属国而不再是中国直接统辖的领土。丁朝制定文武官员之位、施行严刑、编置十道军制等制度,加强其统治。

丁朝传至废帝丁璇 (979—980年在位),时丁璇相年方六岁,太后杨云娥与时任"十道将军"的重臣黎桓勾结,朝政落入黎桓手中。此时宋朝出兵攻越,众将见皇帝幼弱,忧虑局势危急,便支持黎桓称帝,以抵抗宋军,于是丁朝灭亡,前黎朝建立。

(二) 黎朝 (前黎) (980—1009年)

980年 (天福元年),黎桓称帝 (后世称为大行皇帝,980—1005年在位),建立前黎朝,仍以华闾为国都。黎桓称帝后的首要任务为抗击中国宋朝军队。981年 (前黎天福二年),黎桓在白藤江与支棱 (在谅山省) 等地与宋军交战,最终击退宋军。战后,黎桓为免与中国长期对抗,最后向宋朝入贡,以遵行朝贡之礼。993年 (兴统五年),宋朝册封黎桓为"交趾郡王",后又加封其为"南平王"。

黎桓死后,他的儿子黎中宗在位仅三天,被弟弟黎龙铤所弑,黎龙铤称帝 (世称卧朝皇帝,1005—1009年在位)。黎龙铤性格暴虐,到1009年 (景瑞二年) 去世时,其子年幼,禁军将领李公蕴取代黎氏,自立为帝,开创李朝,前黎朝告终。

(三) 李朝 (1009—1225年)

1009年,前黎朝权臣、亲卫殿前指挥使李公蕴利用王朝内乱的机会称帝,并于次年改元顺天,迁都升龙 (前称大罗,即今河内),为李太祖。

李朝建国后，采取唐朝和宋朝的管理模式：中央朝廷以国王为最高统治者，称为皇帝；分封中央军政诸臣职位，文武官员皆设九品；在行政区划方面，李朝废除丁朝的十道，划分全国为二十四路；颁布越南历史上第一部刑书；立佛教为国教，广修佛寺。在太祖、太宗、圣宗、仁宗四代君主在位的117年里，越南进入了政治集中、国家统一、国势强盛的时期。李朝实行科举制度；改革土地和税收制度，实行征兵制；加强中央禁军；对外采取扩张政策等。李朝前半段时期多次与宋朝、真腊、占城发生战争，扩张了大片领土。

李朝末年，内乱频生。李惠宗时（1211—1224年在位），即墨乡（在今南定省）豪族陈嗣庆以武力控制朝廷，朝政大权遂落入陈氏家族手中。陈嗣庆死后，其兄陈承、堂兄陈守度继续掌权。李惠宗女儿李佛金继位（即李昭皇），陈守度为取代李朝，安排陈承之子陈日煚娶昭皇，不久昭皇禅位给陈日煚，李朝遂亡，陈朝建立。

（四）陈朝（1225—1400年）

陈朝开国后，陈日煚即位，即陈太宗。陈朝在建政之初便整顿统治基础。政治上，陈朝实行上皇制度，上皇掌握实权；加强宗室集权，由皇室近亲担任高官大吏；各地设路、州等行政单位，陈太宗还把地方行政机构从李朝时期的二十四路，定为十二路；政府编定官民户口账籍，制定刑律。

陈朝重视农业，发展水利建设；实行屯田，扩大耕地面积，加强农业生产；买卖土地，使村社土地所有制日趋瓦解，封建地主阶级日益成长；出现专业的手工制作村，比如制陶、铸铜、炼铁村等。

陈朝崇尚儒教，佛教在陈朝占统治地位。越南在陈朝创造了越南文字——"喃字"，并沿用李朝科举制度。1272年（绍隆十五年），陈朝令学者黎文休编修《大越史记》，开创了越南修本国史的先河。

陈朝有强大的军队，包括中央军和地方军。陈朝推行"寓兵于农"的政策，军队分为常备军和屯军，屯军平时在家务农，根据相应的制度轮值。当有战争爆发时，王侯贵族的军队也调归国家使用。

（五）胡朝（1400—1407年）和属明时期

陈朝末年朝政日衰，外戚胡季犛专权。1400年胡季犛篡夺王位，建立了胡朝。胡季犛（1400年任皇帝，1401—1407年任太上皇）夺位后，恢复祖先的胡姓，自称是中国虞舜之后，改国号为"大虞"。胡朝进行了一些社会改革，推行"限田"（限制土地拥有）、"限奴"（限制奴婢数量）政策，发行纸币以代替铜钱。

在明军攻灭胡朝之际，越南民众向明朝要求实行直辖统治。《大越史记全书》记载，"明诏遍求陈氏子孙立为国王。官吏耆老人等累称为黎氏（指胡氏父子）灭尽，无可继承陈后，请安南国本交州，愿复古郡县，与民更新"，明朝政府乃在越南设立都指挥使司、承宣布政使司、提刑按察使司等官署，改地名为"交址"（又作交趾或交阯）。

公元1407—1427年是越南（安南）属明时期，越南被中国明朝永乐、洪熙、宣德三代皇帝统治。这一时期，明朝扫平陈朝统治的后陈朝势力，建立起府、州、县的中央直辖方式，采取移风易俗及推行儒学教化的政策。

（六）黎朝（后黎）（1428—1527年）

1428年（顺天元年），黎利称帝，建立后黎朝，是为后黎太祖（1428—1433年在位），国号为"大越"，定都东京（今河内）。明朝亦册封黎利及承认其政权，两国订立黎氏同明三年一贡之例。

后黎朝前期，越南国民的文化水平有所提高。黎朝君主压制佛教及道教，重视儒学（理学），儒学成为显学，成为正统思想，在教育和科举制度上培养儒士任官及培养儒士成为重要学者、诗人、文学家、史学家等。农业得到恢复和发展，工商业也有新的发展。均田制得以确立，把田亩平均分配给国民，尤其是农民。黎圣宗在位期间，大力削减地方官权力，并废除宰相职位，皇帝的专权统治得到进一步加强。此时也是越南武力的强盛时期，黎圣宗推行募兵制，强迫壮丁入伍，建立了一支十几万人的常备军，对外大规模地讨伐了北方的海盗、哀牢以及占城，但这也给黎朝带来了灾难性的后果。

黎圣宗去世后，黎宪宗（1497—1504年在位）仍能达至文治。但其后的威穆帝（1505—1509年在位）、襄翼帝（1510—1516年在位），先后被贵族大臣所杀。最终，莫登庸擒杀黎昭宗，并于1527年（统元六年、明德元年）逼恭皇退位，登基为帝，建立莫朝。

（七）南北朝（1533—1592年）

莫登庸（莫太祖，1527—1529年在位）夺取黎氏帝位后，有鉴于长期以来"制度稍弛"，乃在兵制、田制、官制等方面做出调整，"仿各前朝官制，依例编补充之"。但不及把政权稳固，各个对立的封建集团就在光复正统皇帝的旗号下纷纷起兵。1530年，黎朝大将阮淦起兵，并立黎维宁为帝，是为庄宗（1533—1548年在位），从此以清化为界，莫氏控制北部，阮淦家族控制的黎朝占据南部。1592年，黎朝大将郑松带领郑家军攻下升龙，黎王复位，莫朝撤退到高平，固守至17世纪末。

（八）郑阮之争

1533—1788年，是越南历史上的"郑阮之争"。阮淦立黎维宁为帝后，黎氏政权恢复，史称"黎中兴"时期，但黎氏能够打败莫氏，主要依靠阮淦和郑松两位将军。但后黎庄宗是阮淦拥立的，不过是个没有实权的傀儡。阮淦为拉拢郑氏，将长女嫁给郑氏家族的郑检。1545年阮淦殁，其女婿郑检接手控制了整个御林军和后黎朝的实权，并排挤阮氏家族，两大家族的交恶大约始于此。当时的越南被一分为二，以峥江为界，北方由黎—郑集团控制，中部、南方由阮氏家族统治。

郑、阮两派在1627—1672年进行了七次交战。连年的战争导致人力、物力消耗过大，农田荒芜，天灾不断。郑、阮政权不断向百姓增加苛捐杂税，供战争和宗室贵族使用。广大农民的生活越来越穷困，到18世纪末终于爆发了全国性的农民起义。

16世纪末、17世纪初，欧洲葡萄牙、法国等国的天主教耶稣会传教士到越南开始进行传教活动，自此天主教传入越南。这一时期的越南农村出现许多手工业村，尤其是传统的纺织和养蚕缲丝贸易业发展兴盛。

不久，均田制被破坏，乡村的公田公土落入地主的手中，农民失去土地，流离失所。在整个18世纪，北方的农民起义此起彼伏，黎郑王权日益衰败。

（九）西山朝（1771—1802年）

因不满广南阮王政权的黑暗统治，1771年，阮文岳、阮文侣、阮文惠三兄弟发动西山起义，攻城略地，势如破竹，推翻了阮氏家族的统治，1785年击退了广南王侄儿阮福映引来的暹罗武装干涉，阮福映本人再次亡命暹罗。1786年大军进驻升龙城，灭亡北方的郑主统治集团，1787年再次进军升龙城，灭后黎朝，黎昭统帝逃到中国，请求清王朝出兵镇压。1788年，阮惠在富春（今顺化）登基，而后率军北进，于1789年正月在升龙击退清王朝19万大军。阮惠虽然大获全胜，但对清王朝的顾虑亦加深，上表向清王朝请封，清政府封其为"安南国王"。自此西山起义军基本上统一了越南全国，结束了几个世纪之久的封建割据局面。

西山朝存在时间很短，因为大多数西山朝的官吏仍由郑黎的旧官吏和地主豪绅充任。这些人表面归顺西山朝，实际上继续骑在人民头上，歪曲新政权的措施，百姓不堪其苦。不少起义军将领坐上了大司马、大司徒、大司空、大都督等官职的宝座，蜕变为新的官僚贵族，广大农民需向这些新的统治者纳税并服役。西山朝逐渐失去人民的支持。新王朝不久便被阮福映勾结的南部大地主阶级和法国殖民者所扼杀。

（十）阮朝（1802—1945年）

1802年，阮福映一统南北，自称皇帝，改元嘉隆，定都富春，建立阮朝。自此开始了越南历史上的最后一个王朝——阮朝。阮福映即位之初向中国清王朝请求册封其为"南越国王"，清朝嘉庆帝不认同"南越"二字，改封阮福映为"越南国王"，于是开始以"越南"为国名。

阮朝控制着越南历朝历代都从未有过的广大疆土，且阮朝在后黎朝旧制的基础上，参照清王朝体制，并在全国各地分设二十三镇及四营，每镇挑选兵丁以做防务，君主委任亲信担任长官，为"五军都统"。后中央设内阁管领诸事、置机密院，处理重大政务，又划定九品正从官制；改地方各镇为省；对少数民族采取"流官制"，由朝廷派员监督酋长言行。

农业方面，阮朝调整政策，鼓励开荒屯田、发展水利，国内农业生产得到了较好的恢复和发展。法律方面，阮朝以《大清律》为蓝本，修订了《嘉隆律书》398条，覆盖了军事、财政、刑法等诸多方面。此外，阮朝标榜儒学，奖励学术，促进教育事业，还组织编撰了对民族文化的建设有重要意义的文献，如《大越一统舆地志》《大南一统志》《大南实录》之类的官方史地大型编撰物，不无张扬一统王朝气派的用意。

在对外关系上，明命帝和绍治帝允许商船跨海贸易，与法国、英国、印度尼西亚、印度等建立商贸往来。1835—1840年，顺化朝廷曾派出21艘商船与东南亚各国进行贸易往来。阮朝实行重农抑商的政策，最终走向闭关锁国。嘉隆帝和明命帝曾经关闭过法国驻顺化的领事馆，还推辞了30多个外国使团与越南的建交要求。到19世纪中叶，西方资本主义竞相开拓和争夺东方市场，并逐步侵占亚洲各地。由于封建王朝自身的局限性，孱弱的阮氏封建王朝很快进入法国殖民者的视野。

1858年，法国炮轰岘港，公开武装侵略越南。从此，越南进入被法国殖民时期。一直到1945年，法国政府都保留了阮氏王朝，充当自己的傀儡。

第二节　　殖民地时期

🌼 一、法治时期

17世纪，法国殖民侵略的先驱——传教士和商人首先进入越南。法国企图占领越南，并以越南为跳板侵入中国。1858年，法国以保护传教士为名，勾结西班牙，组成法、西联合舰队，炮轰岘港，发动了对越南的殖民侵略战争。腐朽的阮朝抵抗不住西方洋枪、洋炮的进攻，节节败退，被迫于1862年6月5日和法国签订了《西贡条约》，把南圻的边和、嘉定、定祥三省和昆仑岛全部割让给法国，并接受了法国提出的一系列有损主权的要求。从此越南丧失了政治、外交独立权。

在法国军事压力下，改革志士阮长祚向嗣德帝提出学习西方技术、提高政府素质等方案，虽得嗣德帝注意，但遭朝中官员反对，这些方案随着阮长祚去世而作罢。嗣德二十年（清同治六年，1867年），法国出兵侵占南圻西三省（安江、永隆、河仙），又于嗣德二十六年（清同治十二年，1873年）攻陷河内。当时虽有中国黑旗军刘永福援越抗法，在河内大败法军，击毙法国将领安邺，使法军"胆破心寒"，但越南官员却态度消极。正如越共史家陈辉燎指出："法军前进到什么地方，那里的阮朝官吏就望风归降。"嗣德二十七年（清同治十三年，1874年），越法签订第二次《西贡条约》，其内容为承认法国对南圻的占领；开放海防、归仁、河内为通商口埠，准许外国商人通商；允许教士自由传教，并允许国内民众自由信教；给予法国航运和通商权，给予法国领事裁判权。嗣德三十五年（清光绪八年，1882年），法国殖民者企图以北圻为跳板，为侵略中国大西南再次出兵，攻打河内。阮协和元年（清光绪九年，1883年）法军占领顺安港，迫使阮朝签订《顺化条约》，承认越南为法国保护国。

就在阮氏朝廷向法军节节退让的同时，清朝与法国就越南问题展开中法战争。1885年，中国清政府和法国签订了《天津条约》，承认越南是法国的保护国，结束了越南的"藩属"关系。至此，越南彻底成为法国的殖民地。1887年，法国殖民者将越南分割为南圻（交趾支那）、中圻（安南）、北圻（东京）三个部分，并把南圻作为"直辖领地"，中圻作为"保护地"，北圻作为"半保护地"。这三个地区与柬埔寨一起组成所谓的法属"印度支那联邦"。法国总督为联邦首脑，驻河内。1893年，老挝也被并入"联邦"。1899年，法国强租中国广州湾（今广东湛江），亦由该邦管辖。

为了服务于开发殖民地的政策，法国殖民者保留了阮朝的皇帝作为傀儡，底层的国家机器完全被那些听命于法国殖民者的人使用。法国殖民者还逐渐改变了越南官员、文职人员的培训方式。1904年，印度支那联邦全权（总督）当局颁布决议，重组越南的基层行政，即通常所说的"乡政改良"，实质上是法国殖民势力渗透到乡村的制度安排，企图培植新的地主阶层，接受殖民教育，并以之取代深受儒家文化影响的老地主阶层。1905年，最初的三级普通教育，即小学、中学、秀才建立。1915年，法国废除了越南的科举制度。1917年，专门培养官员的学校正式成立，按西方的模式培养人才。

对于劳动人民，尤其是农民，法国殖民者施行残酷和苛刻的统治政策,通过官僚系统以及密探严密控制。民众需要缴纳多种税,加之法国殖民者一以贯之的愚民政策,农民生活境遇极端黑暗和凄惨。殖民初期,法国殖民者的社会经济政策还只是小规模地展开,带有实验的性质。到20世纪初,依照大规模开发殖民地的方针,法国殖民者的社会经济政策才得到切实、大规模的实施。法国殖民者集中投资的部门是矿山开采及一些技术部门。对农村的投资尽管只占极小的比例,但农业生产仍有较大的变化。土地私有化和土地向大地主集中的进程加快。除了种植水稻,还种植茶、咖啡、橡胶、蓖麻等经济作物,农业产品开始成为商品。手工业渐渐脱离农业,成为独立的商品生产部门。伴随着经济生活的变化,越南的资产阶级和无产阶级诞生了。在法国的统治下,越南由封建社会变为半殖民地半封建社会。

❀ 二、日治时期

第二次世界大战期间,越南卷入战争当中。当时侵略中国的日本军队觊觎东南亚法属印度支那一带的橡胶园、油田等资源,并为了阻截英、美通过法属印度支那运军需品给中国,便欲使印度支那置于自己的控制之下。而法国在第二次世界大战初期即被德国攻占,印度支那殖民政府亦力量薄弱,日本便趁机进军。

起初,日本在阮保大十五年(1940年)向殖民政府提出停止运送物资给中国重庆政府、允许日军经越南北部调兵入华南、驻军在东京(北圻)等要求,殖民政府自知难以抵抗而顺从,但日军仍于该年9月进袭谅山,击败法军,殖民政府不敌,日本由此在印度支那获得支配权。日军取得支配地位后,为满足其战事需要,在越南大规模搜刮粮食,并将大片农地改种蓖麻和各类可用于军需的纤维植物(如棉花、黄麻、桑树、苎麻等),造成严重饥馑。日本的入侵激起越南人民的反抗。

第二次世界大战期间,中、美、英几个大国为了战后越南的归属和走向进行了角逐。中国国民政府还在国际上开展活动,推动同盟各国支持越南独立。中美之间对于越南独立问题有所讨论。时任美国总统罗斯福反对战后将印度支那交还法国。他提出,对于一些落后国家,战后可以由临近的两三个国家联合托管,中国可能就是这两三国之一。随后在开罗会议上,罗斯福提议,战后将越南归还中国,蒋介石未予接受。罗斯福复提议对越南实行国际托管，训练越南人成立自治政府。战后越南独立问题被搁置。

三、反抗殖民侵略的斗争

法国殖民者的侵略激起了越南人民的奋起反抗。首先以南圻人民的抗法斗争为高潮，突出的有张定的鹅贡起义（1859—1864年）；潘廷逢的香溪（河静）起义（1885—1896年）。1887年，安世农民在黄花探的领导下起义，各地勤王运动的义军失败后，不少人投奔安世根据地继续战斗。黄花探的队伍日益庞大，打了不少漂亮的胜仗，沉重打击了法国殖民者的统治。1913年，在安世附近的森林里，黄花探被内奸杀害，起义失败。

20世纪初以后，越南民族解放运动进入资产阶级民主革命的发展阶段。越南的爱国者们，主要是富有民族意识的士大夫们，开始思考越南亡国的原因，探索拯救民族的道路。1904年开始，越南的资产阶级民族主义革命家潘佩珠流亡海外并建立"越南光复会"，进行武装斗争，走民主革命的道路，但是光复会缺乏群众基础，最终失败。"越南光复会"的失败标志着由资产阶级领导的民主主义革命的基本结束。此外，潘佩珠还领导了"东游运动"，组织越南青年到日本留学，培养革命人才。梁文干、阮权等共同创办了"东京义塾"，宣传维新思想，教授科学文化知识，提高国民素质。潘周桢等领导了中圻维新运动，运动最终发展成中圻各地的抗税运动等。

印度支那共产党于保大十六年（1941年）组成越南独立同盟（简称"越盟"），旨在推翻法、日的统治，并开始在越南北部领导对抗殖民运动。从此，越南人民的抗法斗争发展到由共产党领导的民族解放斗争阶段。

第三节　民主共和国时期

越南人民经过抗法、抗日斗争，于1945年8月"八月革命"取得胜利，日本法西斯被逐出越南，阮朝末代皇帝保大帝亦宣布退位。9月2日，胡志明领导的越盟（即后来的越南共产党）在越南北方的河内宣布独立，胡志明发表《独立宣言》，宣布越南民主共和国成立。

1945年9月23日，法国殖民军卷土重来，侵占西贡。9月26日，胡志明致函号召南方同胞奋起抗战，号召全国支援南方。1949年，越南南方在法国的扶持下建立"越南国"，保大帝出任国家元首。

1954年3月13日下午，越南与法国之间的奠边府战役打响。5月7日，战役以越南胜利结束。越南取得"奠边府大捷"后，1954年7月21日，有关结束越南、老挝、柬埔寨战争的印度支那问题的《日内瓦协议》得以签署。《日内瓦协议》规定，越南以北纬17°为界，南北分治，北方由胡志明领导，南方由保大帝领导。

1955年7月17日，美国撕毁了《日内瓦协议》，取代法国在越南南方的地位，吴庭艳在美国的支持下发动政变，废黜保大帝，自己担任"总统"，建立"越南共和国"（即"南越"）。

1961年，越南战争爆发，美国与南朝鲜、菲律宾、泰国、澳大利亚、新西兰等国组成联军，介入了这场战争。中国出动军方和大量民力、物资援越抗美。1973年1月27日《巴黎协定》签订，美国承认越南民主共和国在国际上的法律地位，退出越南战争，同年3月从越南南方撤出全部军队及其同盟者军队和军事人员。

1975年春，越南军民对南方政权和军队发起了总进攻，并于1975年4月底发动了著名的"胡志明战役"，4月30日攻占了西贡，解放了南方的全部城市、农村，统一了全国。

第四节　越南社会主义共和国

1976年4月25日，越南成立了统一的越南国会。6月24日—7月3日，越南举行统一后的第一次国会会议，正式定国名为"越南社会主义共和国"。

越南统一后，外交形势出现波折。1977年，越南成为联合国会员国，同时又加强与苏联合作，对邻国加强影响力，与老挝缔结《越老友好合作条约》以发展"特殊关系"，在1978年全面出兵柬埔寨（柬越战争）。1979年，越南和中国因边界问题爆发战争，此后约十年间，中越两国处于敌对状态。1991年11月5日—10日，越共中央总书

记杜梅、部长会议主席武文杰应邀访问中国，中越两国于10日发表
《中越联合公报》，标志两国关系恢复正常化。

越南于1975—1986年遭遇了许多困难，如战争遗留下来的社会问题、美国和西方国家的禁运和包围、连年的自然灾害等，以及党内领导主观上犯了急躁冒进等错误，导致越南社会经济发展停滞，国家陷入政治、经济危机。1986年12月，越南共产党第六次全国代表大会提出了"革新"路线，推行"革新开放"政策，越南开始发展市场经济，实行对外开放政策，改变了越南长期以来对外封闭的情况。

1989年，越南从柬埔寨撤军，结束了这场前后历时11年多的战争。20世纪90年代，越南与美国逐步修好并实现两国关系正常化。1995年，越南加入东南亚国家联盟（简称"东盟"），成为东盟第七个成员国。1998年，越南加入亚太经合组织，积极参与国际社会。2006年，越南加入世贸组织（WTO）。

第三章 政治

第一节 国家标志

一、国名

越南全称为越南社会主义共和国。越南在历史上的称呼几经变更，最早被称为"交趾"。据说，远古越南人的两个脚趾相交，因此被中国人称为"交趾"。公元前111年汉武帝平定南越国，即在今越南北部设立交趾郡。公元679年，中国唐朝设立安南都护府，因此越南又被称为"安南"。968年丁朝平息了十二使君之乱，建国号为"大瞿越"，这是越南历史上第一个正式国号。1010年，李朝又改国号为"大越"。"大越"是越南历史上使用最久的国号，其间虽有15世纪时胡朝改国号为"大虞"的短暂变更，但李朝、陈朝、后黎朝诸朝均以"大越"为号。不过宋朝以来中国历代仍然以"安南国"称之（北宋时则多称为"交趾"）。1802年，阮福映统一大越，建立阮朝，欲改"大越"国号为"南越"，并请求宗主国中国清王朝批准。嘉庆帝认为历史上的"南越"涵括了广东、广西，字面含义与阮氏政权统治交州故地的现实不符而予以否决，并将"南越"颠倒为"越南"。1804年，清王朝遣使册封阮福映为"越南国王"，从此越南成为这个国家的新国号。1839年，阮朝明命帝改国号为"大南"，此后同时采用"大南"和"大越南"的双轨国号。1945年，阮朝保大帝建立"越南帝国"，1945年9月2日胡志明建立越南民主共和国，1954年越南被分裂成南北两方，南方政权称为"越南共和国"，北方依然称越南民主共和国；20世纪60年代，越南南方解放阵线又成立了"越南南方共和临时革命政府"，越南出现了三个政府：北方的越南民主共和国政府，"越南南方共和临时革命政府"，越南南方的"越南共和国政府"。直到1976年，越南民主共和国改名为越南社会主义共和国。

二、国旗

越南宪法规定，"越南国旗为长方形，其宽度为长度的三分之二，红底中间有五角金星"，即通常说的"金星红旗"。国旗旗面为红色，旗中心为一枚五角金星。红色象征革命和胜利，五角金星象征越南共产党对国家的领导，五星的五个角分别代表工人、农民、士兵、知识分子和青年。

越南国旗的设计者是阮友秦，是一位对革命充满激情的革命者。1946年3月2日，越南第一届国会全体代表一致通过金星红旗为越南的国旗。

三、国徽

越南的国徽为圆形，以红色为底色，象征着越南的国家独立和主权，也是越南民族特色的象征。越南国徽的正上方是一个五角金星，红底下面是半个齿轮。五角金星代表越南共产党，越南民族革命的历史、团结的精神和光辉灿烂的未来；四周是稻穗，象征着国家坚实的基础是农业；底部两边的稻束簇拥着一轮金色的齿轮，象征着越南国家的工业，缎带下部打结处有用越南语书写的"越南社会主义共和国"的字样。

国徽由越南著名画家裴庄灼初步设计图案，由陈文谨进行修改，定稿后在1955年9月15日—20日召开的第一届国会第五次会议上，请国会全体代表审查通过，得到了大部分国会代表的赞成。

❧ 四、国歌

越南的国歌是《进军歌》，是由越南著名音乐家文高创作的。文高是一位多才多艺的艺术工作者，集音乐、绘画、文学创作于一身，也是越南文艺联合会的创始人之一。《进军歌》于1945年8月革命前产生于越北解放区。1946年召开的越南第一届国会第二次会议正式确定《进军歌》为国歌。1955年第一届国会第五次会议根据政府建议对《进军歌》的歌词做了一些小修改。1976年7月2日，越南国会通过决议，确定《进军歌》为全国统一后的越南社会主义共和国国歌。

进军歌

越南军团，为国忠诚，崎岖路上奋勇前进。枪声伴着行军歌，鲜血染红胜利旗。敌尸铺平光荣路，披荆建立根据地。永远战斗为人民，飞速上前方。向前！齐向前！保卫祖国固若金汤。

越南军团，旗标金星，指引民族脱离火坑。奋起建设新生活，打破枷锁一条心。多年仇恨积在胸，为了幸福不怕牺牲。永远战斗为人民，飞速上前方。向前！齐向前！保卫祖国固若金汤。

❧ 五、国花

越南民间把莲花作为国花，莲花象征力量、吉祥、平安与光明。

第二节　　宪法

1946年11月9日，胡志明主席签署政令，向全国正式公布了越南的第一部宪法，这是一部民主的宪法。

1956年，越南颁布了修改的第二部宪法。这部宪法正式确定当时的越南北方已经进入了社会主义过渡时期，确定越南民主共和国的国家性质为工人阶级领导的，以工农联盟为基础的人民民主国家。此部宪法还规定了宪法的修改程序，即需要由国会行使权力修改宪法。

1975年4月30日，越南南北统一。1980年12月18日，第四届国会第七次会议通过了1980年宪法，规定：越南社会主义共和国是无产阶级专政的国家；越南共产党是领导国家、领导社会的唯一力量；一切权力属于人民；越南祖国阵线是国家的坚强柱石；越南的经济主要由全民所有的国营和劳动人民集体所有的合作社经济组成；设立国务委员会，作为国会的最高常设机构；国务委员会通过委员会主席对内、对外代表越南社会主义共和国；国务委员会主席统率全国人民武装力量。

越南现行宪法是第四部宪法，于1992年4月15日在第八届国会第十一次会议上通过，是1946年、1959年、1980年宪法的继承和发展，体现了越共七大提出的社会主义目标与国家全面革新路线。

越南现行宪法规定，越南社会主义共和国是一个独立的、拥有主权、统一和领土完整，包括陆地、海岛和天空的民有、民治、民享的法治国家。国家的一切权力属于以工人阶级、农民阶级和知识阶层的联盟为基础的人民。国家权力是统一的，各国家权力机关在立法、执法、司法方面既有分工又相互配合。越南共产党是越南工人阶级的先锋队，是越南工人阶级、劳动人民和全民族利益的忠诚代表，在马列主义和胡志明思想的指引下，领导人民把越南建设成为社会主义现代化国家。越南宪法规定，国会是全国最高权力机关，国家主席是国家元首，政府是最高国家行政机关。越南经济是在国家管理下朝着社会主义方向发展的多种成分的市场经济。

第三节　政党与社团

一、政党

越南社会主义共和国实行一党制。越南共产党是越南唯一的政党，是"国家和社会的领导力量"。此外，越南还有一些在共产党领导下的社会团体和群众组织，在国家政治生活中发挥积极作用。

越南的政党是20世纪20年代在反对法国殖民主义统治的民族解放斗争中形成和发展起来的。由越南资产阶级民族独立运动领袖潘佩珠在1904年创建的"越南维新会"是越南资产阶级政党的萌芽。20世纪20年代初，潘佩珠仿效孙中山建立了越南国民党，这也是越南最早的政党组织。除国民党外，20世纪20年代在越南还先后出现了革命同盟会、青年革命同志会、新越革命党等一批民族主义、民主主义的政党组织。

1929年6月，印度支那共产党成立。一些进步分子成立了新越共产主义联盟。同年10月，安南共产党成立。1930年1月，新越党的先锋分子成立印度支那共产联团。

1930年2月3日，在胡志明的直接领导下，印度支那共产党、安南共产党和印度支那共产联团在中国香港九龙召开会议，一致同意合并组成越南共产党并选举陈富为中央委员会总书记。同年10月，越南共产党召开中央第一次会议，决定将越南共产党改名为"印度支那共产党"。1945年8月，印度支那共产党领导"八月革命"，建立了越南民主共和国。1951年2月，印度支那共产党召开第二次全国代表大会，将党的名称更名为越南劳动党并恢复公开活动，胡志明当选为越南劳动党中央委员会主席。1976年12月，越南劳动党四大将越南劳动党改名为"越南共产党"。

1986年12月，越南共产党召开第六次全国代表大会。大会认真总结了1976年以来社会主义建设中的经验教训，决定把党的工作重心转移到经济建设上来，提出了全面革新开放的路线，从此，越南逐渐走上了建设有越南特色的社会主义道路。

1991年6月召开的越共七大重申，坚持社会主义道路是越南"唯一正确的选择"，并一致肯定胡志明主席领导的越共和人民所选择的目标是正确的，表示决心要"永远沿着这一目标指引的道路前进"。大会还重申，越南共产党是越南社会主义建设的领导者，"是工人阶级的先锋队，最能代表工人阶级、劳动人民和全民族的利益""走社会主义道路不能没有共产党的领导"。这次大会的新内容是，在强调马列主义的同时，突出了胡志明思想。胡志明思想是在越南具体条件下创造性地运用马列主义所取得的成果，它已经成为越共和越南民族宝贵的精神财富。这是越共第一次正式提出胡志明思想，并把它作为越共的思想基础和行动指南。这次大会总结了越南革新开放以来的经验，制定了社会主义过渡时期的建设纲领，通过了新的完善的党章，提出新的奋斗目标，是越共历史上的一次重要大会。

1996年召开的越共八大在总结10年革新开放的成果和经验的基础上，充分肯定了六大以来的革新开放政策，越共八大还确定了到2000年和2020年的奋斗目标。根据大会的决议，在2020年以前的二三十年时间里，越共要带领全国人民努力奋斗，把越南建设成为一个工业化国家，并确立了面向21世纪的行动纲领。

2001年4月，越共九大胜利召开，为新世纪越南经济发展规划出新的蓝图。黎可漂在代表越共第八届中央委员会所做的报告中回顾了20世纪越南人民争取独立统一的战斗历程，15年革新以及越共八大后5年的形势，提出了21世纪头10年的发展目标。报告指出，到2010年要使越南摆脱不发达的状况，显著提高人民的物质和精神生活水平，为2020年基本成为一个现代化的工业国奠定基础。

越南共产党现任总书记为阮富仲，现有党员450多万人，基层组织有5.4万多个，同世界上180多个政党建立党际关系。

2005年4月18日—25日，越共十大在河内召开。大会全面回顾和总结了二十年来越南革新的经验，并提出了未来五年越南政治、经济、国防、外交等方面的发展目标与方向，确定党建的方向和任务，选举第十届中央委员会并对党章进行补充修改。此次大会是2006年越南政治生活的头等大事，越南各界认为这是越南革新以来最为重要的一次全国党代会。

2011年1月12日—19日，越共十一大在河内召开，1 377名代表出席会议。大会主题为"继续提高党的领导能力和战斗力，发挥全民族力量，全面推进革新开放事业，为到2020年越南成为现代化工业国家奠定基础"。大会通过了政治报告、修订后的《社会主义过渡时期国家建设纲领》及《2011—2020年经济社会发展战略》，确定了越南共产党和国家未来发展的任务，实现了中央领导集体的新老交替，在党内民主建设方面进行了新的尝试。

2016年1月20日—28日，越共十二大在河内举行，会议推举阮富仲连任越共总书记。政治上，越共十二大报告把"建设纯洁、强大的党"放在首位，而不像前几届报告中强调提高党的领导能力和战斗力，首次将"道德建党"与"政治建党""思想建党""组织建党"相提并论。经济上，继续稳定宏观经济、推动革新进程。外交上，越共十二大报告指出,越南贯彻独立、自主、和平、合作与发展的外交路线,开展多样化、多边化的外交方针,积极主动融入国际社会,成为国际社会可信赖的朋友、合作伙伴和负责任的成员国。

二、主要社团组织

(一)越南祖国阵线

越南祖国阵线是越南的统一战线组织,成立于1955年9月,南北方统一后于1977年同越南南方民族解放阵线和越南民族、民主及和平力量联盟合并。越南祖国阵线及其成员组织是各级人民政府的政治基础。该阵线发挥全国人民的团结传统,加强人民的政治及思想的统一,参加建立及巩固各级人民政府,配合政府照顾和保护人民的正当利益,鼓励人民实施自主权,严格执行宪法和法律,监督国家机关、国会各级代表、国家公务员和干部的活动。国家为越南祖国阵线及其成员组织的有效运作创造了良好条件。

(二)越南总工会

越南总工会于1946年7月20日成立,前身是越南劳动者救国联合会。越南总工会是世界工会成员,目前拥有300多万会员。

越南总工会是劳动人民和工人阶级的政治社会组织,配合国家机关、经济社会组织保护干部、工人、国家公务员及其他劳动者的权益。工会参与国家和社会管理工作,参加监督检察国家机关、经济组织的活动,教育干部、工人、公务员及其他劳动者参加建设和保卫祖国。

(三)其他政治、社会机构

除了越南祖国阵线和越南总工会之外,越南还有其他政治、社会机构,如妇女协会、共青团、退伍军人协会及其他行业协会。上述组织在越南国家解放事业中起着重要作用。在工业化、现代化的革新开放事业中,这些组织在把党和政府政策落到实处的进程中做出了重大贡献。

第四节　国会

越南国会是越南社会主义共和国的最高国家权力机关，也是越南唯一拥有立宪权和立法权的机关。国会的组织机构主要包括国会主席、国会常务委员会、国会专门委员会（包括司法委员会、国防安全委员会、经济委员会、财政金融委员会、社会问题委员会、对外委员会、民族委员会、科技环境委员会、文化教育青少年委员会、法律委员会、代表工作委员会和民愿委员会）。国会会议由国会常务委员会召集，由国会主席主持，分例会和特别会议两种。例会一年举行两次：一次春季会议，通常在4月—5月召开；一次秋季会议，通常在10月—11月召开。特别会议在国家主席、政府总理和国会三分之一代表的要求下召开。国会制定对内、对外基本政策，决定经济社会与国防安全的任务，决定国家机构的组织、活动及公民的社会关系与活动的主要规则。国会实施对国家全部活动的最高级监督权。国会制定宪法和修改宪法，制定法律和修改法律，任免国家主席和副主席、政府总理、最高人民法院院长和最高人民检察院总检察长，批准政府总理关于任免副总理、部长及其他政府官员的建议。每届国会任期五年。

❖ 一、国会历史

1946年1月6日，越南选举产生第一届国会，当时称为越南民主共和国国会。同年3月2日举行第一届国会第一次会议，选举胡志明为国家主席。

从1946年到1976年，越南共产生了六届国会。1976年4月25日，越南进行南北统一以后的第一次普选，选出代表492名，产生全国统一的越南国会（故第六届国会亦称为越南统一后的第一届国会）。同年7月，第六届国会第一次会议确定统一后的越南改称为越南社会主义共和国，国会亦改称为越南社会主义共和国国会。

1980年12月，越南第六届国会举行第七次会议，通过了越南第三部宪法《越南社会主义宪法》。这部宪法规定国会是最高国家权力机关，是具有立宪权和立法权的唯一机关，只有国会有修宪权，修改宪法必须得到国会代表总数的三分之二通过。国会常务委员会是国会的最高常设机关，由国会主席、副主席和委员组成，国会常务委员会成员不得兼任政府成员；国会常务委员会的法令、决议须得到常务委员会全体成员半数以上赞成才能通过。国会常务委员会会议最少每一个月举行一次，由国会主席拟订工作计划草案并指导国会常务委员会会议的准备、召集和主持工作。

迄今，越南已举行了十四届国会。

❧ 二、国会主席

越南国会主席任期与国会任期相同，由全体代表选举产生。在国会主席空缺时，国会副主席代替其履行职责。国会主席负责主持国会会议；签署法律和国会决议；领导国会常务委员会的工作；主管国会的对外联络；与国会代表保持联系；确定和修订议事日程；组织辩论和设定发言时间；将法案文本交付委员会研究等。国会主席还可以直接提出法案或修正案，干预国会的监督程序，在所有投票中均拥有表决权。国会主席由国会代表选举产生。依照法律规定，国会主席任期为五年。现任国会主席是阮氏金银。

❧ 三、国会常务委员会

国会常务委员会由国会主席、副主席、委员组成。国会常务委员会委员人数由国会决定，除国会主席、副主席外，通常还包括国会办公厅主任和各专门委员会主任，本届国会常务委员会委员共18人。常务委员会委员须为专职，不得兼任政府职务。

国会常务委员会的任期通常为五年，与国会任期相同，当国会任期届满时，国会常务委员会要继续工作，直至新一届国会选出新一届常委会（第十二届国会常务委员会任期为四年）。

国会常务委员会任务主要包括：组织准备、召开、主持国会会议；解释宪法、法律和法令；发布法令；监督宪法、法律和决议的实施情况，监督政府、最高人民法院、最高人民检察院的工作；有权停止政府、高法、高检的违宪、违法、违规文件的实施，并报请国会废止有关文件；监督并指导各级人民议会的活动，有权废止省（直辖市）人民议会的违法决议。当省（直辖市）人民议会严重侵害人民利益时，国会常务委员会有权解散省（直辖市）人民议会，指导、协调、配合国会各专门委员会的活动，并为之提供服务和保障；国会闭会期间，批准政府总理关于政府副总理、部长及其他成员的任免提名，并向最近一次国会报告；国会闭会期间，当国家遭受侵略时，决定战争状态，并报最近一次国会会议批准；全国或地方紧急状态下，宣布全国或局部动员；进行国会对外交往；依法征集民众意见。

❈ 四、国会权责权限

越南国会主要任务和权限包括：制定宪法和修改宪法，制定法律和修改法律，决定制定法律、法令的程序、章程；对遵守宪法、法律和国会决议情况实施最高监督权，审议国家主席、国会常务委员会、政府、最高人民法院和最高人民检察院的工作报告；制订国家社会经济和发展计划；制定国家财政和货币政策，决定国家财政预算和分配国家财政预算，规定、修改或者撤销某些税种；制定国家民族政策；决定国会、国家主席、政府、人民法院、人民检察院和地方政府的组织和活动原则；选举、任免或者罢免国家主席、国家副主席、国会主席、国会副主席、国会常务委员会委员、政府总理、最高人民法院院长和最高人民检察院检察长。批准国家主席关于设立国防与安全委员会的建议。批准政府总理对政府副总理、部长和其他人员的补任、免任或革职建议；决定部和部一级的政府机关的设立或者撤销，决定省、直辖市的行政区划的成立、合、分和调整，决定特别行政区——经济区的设置或撤销；废止国家主席、国会常务委员会、政府、政府总理、最高人民法院和最高人民检察院制定的违反宪法、法律和国会决议的文件；决定特赦；制定人民武装部队和外交人民的衔级制度与国家其他人员的衔级制度；决定国家的勋章、徽章和荣誉称号；决定战争与和平问题、决定国家的紧急状态和其他保障国防和安全的特别措施；决定对外基本政策，批准或废止根据国家主席的提议缔结或者参加的国际条约；决定进行民意测验。

❈ 五、国会代表制度

（一）国会代表的标准

根据国会代表选举法第三条规定，国会代表须符合以下标准：

（1）忠于祖国，拥护《越南社会主义共和国宪法》，拥护革新开放事业，为祖国工业化、现代化事业，实现民富国强、社会公平、民主文明的目标而奋斗。

（2）品行良好，勤政廉政，大公无私，模范遵守法律，坚决与官僚主义、特权、腐败和其他违法行为做斗争。

（3）有能力履行国会代表职责，参与国家重大事务的决策。

（4）密切联系群众，倾听群众意见，得到人民信任。

（二）国会代表的任务

国会代表须参加国会各次会议；参与讨论和决定国会职权范围的一些问题，如立宪、立法等；决定国家对内、对外政策，决定经济社会和国防安全任务；决定国家机构的主要组织和活动原则；监督国家机关活动。

国会代表有权讨论和决定国会的会议日程；有权提交法律草案，表决通过国会法律和决议；对国家主席、国会主席、政府总理、政府成员、最高人民法院院长、最高人民检察院总检察长进行质询；有权选举和当选国家、政府和国会的领导。国会代表还有权向有关机关和组织转交民众的申诉信，并跟踪和监督解决；参与考察和检查宪法、法律、国会决议、法律文件的落实情况，了解各地和基层实际，以便国会召开期间参加讨论和决定有关问题。

（三）国会代表的权力

1. 法律草案提交权

国会代表依照法律规定的程序，有权就法律法令提出建议和提交法律法令草案。

2. 质询权

国会代表有权对国家主席、国会主席、政府总理、政府成员、最高人民法院院长、最高人民检察院总检察长进行质询，被质询的机关和个人有义务回答质询。每年国会两次全体会议期间，代表质询由国会常务委员会转交被质询的机关和个人，并决定回答质询的期限。根据质询的内容和性质，国会常务委员会可决定由谁来回答质询。

3. 人身不可侵犯权

法律保障国会代表具有人身不可侵犯权；阻挠代表行使权力的行为将依法受到惩处；如没有国会常务委员会的同意，国会代表不得被代表工作地的机关单位革职、强行辞退。

4. 信息获得权

国会代表有权获得国会活动的相关信息，有权要求职能机关为自己的活动提供信息。

第五节　国家主席

越南社会主义共和国主席简称国家主席，为越南的国家元首，对内、对外代表越南社会主义共和国。越南社会主义共和国主席从国会代表中选举产生，主席对越南国会负责并向国会报告工作。国家主席的任期与每届国会的任期相同。当国会任期届满时，主席应任职至新国会选出新主席为止。国家主席有权出席国会常务委员会的会议。在必要时，国家主席有权出席政府会议。

根据《越南社会主义共和国宪法》第七章，越南社会主义共和国主席有下列职权：

（1）公布宪法、法律和条例。

（2）对人民武装力量发布命令和主持国防安全委员会。

（3）向国会提出选举、任免副主席、总理、最高人民法院院长和最高人民检察院总检察长的建议。

（4）根据国会或国会常务委员会的决议，任免副总理、部长和其他政府成员。

（5）根据国会或国会常务委员会的决议，宣布国家战争状态，发布大赦令。

（6）根据国会常务委员会的决议，宣布全国或局部动员；宣布全国或部分地区的紧急状态。

（7）在10天的期限内，向国会常务委员会提出审查关于第九十一条第八项、第九项规定的有关问题的国会常务委员的条例、决议的建议；如果条例或决议仍然被国会常务委员会通过但主席仍不同意时，可由主席提交国会会议做出决定。

（8）任免越南社会主义共和国最高人民法院副院长、审判员，最高人民检察院副总检察长及其他成员。

（9）决定武装力量高级官员的衔级称号，决定国家外交人员和其他的衔级称号，决定奖章、勋章和其他国家荣誉称号。

（10）任免或召回越南社会主义共和国驻外特命全权外交代表，接受外国驻越特命全权外交代表；代表越南社会主义共和国与外国元首谈判或签署国际条约。

（11）决定越南公民资格的授予、撤销或剥夺。

（12）签发特赦法令。

1945年8月16日在越北根据地新潮召开国民大会，通过了越盟的十大政策，选举产生了中央民族解放委员会，即临时政府，胡志明为临时政府主席。1946年召开的一届国会没有设国家主席一职，而在1946年3月2日召开的国会一届一次会议选举胡志明任抗战联合政府主席。

1946年11月9日召开的国会一届二次会议通过的宪法规定设立越南民主共和国政府主席，胡志明当选。

1960年7月7日国会二届一次会议和1964年6月27日国会三届一次会议选举胡志明任国家主席、孙德胜任国家副主席。

1971年4月7日国会四届一次会议、1975年6月3日国会五届一次会议和1976年6月24日国会六届一次会议选举孙德胜任国家主席、阮良朋任国家副主席。

1981年6月25日七届国会取消国家主席职务，长征当选为国务委员会主席，黎清毅、阮友寿、朱辉岷、黄晋发为副主席。

1987年6月17日国会八届一次会议选举武志公担任国务委员会主席，阮友寿、黄晋发、黎光道、阮决、谭光中、阮氏定（女）任副主席。

1992年九届国会取消国务委员会机构，恢复设立国家主席职务，9月20日召开的九届一次会议选举黎德英任国家主席、阮氏萍（女）任国家副主席。

1997年9月20日国会十届一次会议选举陈德良任国家主席、阮氏萍（女）任国家副主席。

2002年7月19日国会十一届一次会议选举陈德良任国家主席、张美华（女）任国家副主席。

2006年6月27日国会十一届九次会议选举阮明哲任国家主席，阮氏缘（女）任国家副主席。由于越南要承办2006年11月举行的亚太经合组织领导人非正式会议，因此国会十一届九次会议提前一年选举出了国家主席、政府总理和国会主席等领导人，他们的任期比通常早了一年。因此按照正常程序的规定，于2007年7月19日开幕的国会十二届一次会议对这些领导人又进行了再次投票。阮明哲和阮氏缘（女）继续当选为国家主席、副主席。

2011年7月21日召开的国会十三届一次会议上，张晋创当选国家主席，上届国家副主席阮氏缘（女）获得连任。

2016年7月25日，越南第十四届国会第一次会议在首都河内召开全体会议，选举陈大光为越南国家主席。2018年9月21日，陈大光因病医治无效，在越南首都河内108医院逝世。

现任越共中央总书记、国家主席为阮富仲。他于1944年生于河内市东英县东会乡，政治学博士，1983—1996年历任《共产主义》杂志党建部副主任、主任、编委会委员、党委副书记、书记、副总编辑、总编辑，1994年1月在越共七届七中全会上补选为中央委员，1996年8月—1998年2月任河内市委副书记，1997年12月在越共八届四中全会上当选越共中央政治局委员，1998年3月任中央理论委员会副主席，1999年8月—2000年4月任中央政治局常委，2000年1月—2006年6月任河内市委书记，2001年11月起兼任中央理论委员会主席，2001年4月在越共九大上再次当选中央政治局委员，2006年4月在越共十大上当选连任，同年6月当选国会主席。2007年7月，他连任国会主席，2011年1月，在越共十一大上当选越共中央总书记，2016年1月在越共十二大上再次当选越共中央总书记。2018年10月，越南十四届国会六次会议选举其为新一任国家主席，接替病逝的陈大光。他曾于1992年、1997年和2001年访华，2003年10月率团赴北京出席中越两党理论研讨会，2007年4月、2011年10月、2015年4月、2017年1月访华。

第六节　政府

一、政府概述

政府是国会的执行机构，是越南社会主义共和国最高国家行政机构。政府统一执行国家的政治、经济、文化、社会、国防安全和外交事务。政府对国会负责，向国会、国会常务委员会和国家主席报告工作。政府包括政府总理、副总理、各部部长和其他成员。越南祖国阵线中央委员会主席、越南劳动者总联合会主席和各人民团体的负责人在讨论有关问题时，可应邀出席政府会议。

政府是越南国家最高权力机关的执行机关和国家最高行政机关，向国会负责，在国会闭会期间向国会常务委员会负责。地方政权机构包括省、县、乡、村在内的各级地方政权机构是各级人民议会和各级行政委员会，各级人民议会是地方权力机关，由地方人民普选产生，对地方人民负责。省、中央直辖市和同级的人民议会任期为4年，其他各级人民议会的任期为2年。各级行政委员会是各级人民议会的执行机关和地方行政机构，由本级人民议会选出，任期与同期人民议会相同。

政府机构受国会、国会常务委员会和国家主席的监督并向其提交工作报告。政府机构包括：政府总理、各副总理、各部长和部级机构主任。政府总理由国家主席推荐，在国会代表中选举或任免，任期为5年。政府副总理由政府总理推荐国会批准，协助总理工作并在总理缺位时可暂时代理总理职位。各部长和部级机构主任由政府总理推荐国会批准，在其职责范围内担任国家管理工作。

政府的职责和权限包括：①领导各部、各委员会和政府所属机关、地方各级人民委员会的工作，建立健全从中央到基层的行政机构。引导和检查人民议会实现上级国家机关的决议，为人民议会根据法律规定实施任务及权力创造条件。造就、培养、管理、使用国家干部。②保障国家机关、经济组织、社会组织、武装单位和公民执行宪法、法律，组织和领导宪法与法律的宣传、教育工作。③向国会和国会常务委员会呈递法律、法令和其他议案。④统一管理国民经济的建设和发展工作，执行国家财政、货币政策，管理及保证有效使用全民所有制的财产，发展文化、教育、医疗卫生、科学、技术，实施经济社会发展计划和国家财政预算。⑤采取保障公民权利和合法利益的措施，为公民行使权利、圆满完成自己的义务、保卫国家和社会的财产、保护生态环境创造条件。⑥巩固和加强全民国防、人民安全，保证国家安全、社会安全，建设人民武装力量，下达旨在保卫国家的总动员令、戒严令并采取一切必要的措施。⑦组织和领导国家的结算、统计工作，组织和领导国家的清查和检查工作，组织和领导国家机关内部反对官僚主义、贪污行为，解决公民的申诉、上告问题。⑧统一管理对外事务，以政府名义同外国缔结国际条约和协定，指导越南社会主义共和国已签订的条约及协定的实施，保卫国家、组织和越南公民在国外的正当利益。⑨施行社会政策、民族政策、宗教政策。⑩决定和划分各省、直辖市以下的行政单位的地界。配合越南祖国阵线和各人民团体在自己权限内执行任务，为这些单位开展工作创造条件。

❧ 二、政府总理

　　政府总理的职责和权限包括：①领导政府、政府官员和各级人民委员会的工作，主持政府各次会议。②任免副部长和相当副部长职务的干部，批准选举、罢免、调动各省、直辖市人民委员会主席、副主席的职务。③向国会提交成立或取消各部和各委员会的议案，向国会或国会常务委员会提名，任免副总理、部长及各委员会主任的职务。④停止实行或撤销同宪法、法律和上级国家机关决议相抵触的各部长、政府其他成员和各省人民委员会及人民委员会主席的决定、指示、通知。⑤停止实行各省、直辖市人民议会同宪法、法律和上级国家机关相抵触的决议，建议国会常务委员会撤销这些决议。

　　越南政府现有5名副总理，其中1名为常务副总理。常务副总理协助总理工作并主管全国综合经济、工业和企业管理等；1名副总理负责全国各行业经济工作；1名副总理负责全国社会文教卫生工作；1名副总理负责外事工作；1名副总理主管司法部、政府总监察部及有关部门，负责内政反贪，司法监察，治理社会弊端等工作。

三、政府部门和直属机构

政府现有 22 个部级机构[1]，分别是国防部、公安部、外交部、司法部、财政部、工商部、社会荣军劳动部、交通运输部、建设部、通信新闻部、教育培训部、农业与农村发展部、计划与投资部、内务部、卫生部、科学技术部、文化体育旅游部、资源与环境部、国家总监察委员会、越南国家银行、国家民族委员会和政府办公厅，同时包括胡志明主席陵墓管理委员会、越南社会保险、越南通讯社、越南之声广播电台、越南电视台、胡志明国家政治行政学院、越南科技院、越南社会科学院等在内的直属机构。

（一）国防部

越南国防部是负责领导、指挥军队和国防建设的部门。国防部的直属机构有：总参谋部、政治总局、后勤总局、技术总局、国防工业总局、中央军事检察院、中央军事法庭、监察委员会[2]、办公厅、优抚政策局和外事局等。

（二）公安部

越南公安部是负责领导指挥全国公安力量和公安系统全面建设的部门。公安部直属机构有：安全总局、警察总局、情报总局、人民公安力量建设总局、人民公安后勤总局、科学技术总局、监察委员会和办公厅等。

（三）外交部

越南外交部是管理和实施对外事务的职能部门。外交部设立 1 名部长、4 名副部长和 2 名部长助理。

（四）司法部

越南司法部负责全国的法制建设、法制教育、法律规范、民事案件执行、行政司法、法律援助以及其他司法工作。

---

[1] 根据《越南政府 2003—2008 年批准的关于各部职能权限、组织编制、机构设置的决定》编写，包括 18 个部、4 个部级机关。

[2] 其职能与中国军队的纪委类似。

（五）财政部

越南财政部共下辖24个司、局、委，负责财政预算、财政收支、税费收入、国家储备、政府基金、企事业财务、海关、财会审计、价格和证券等工作。

（六）工商部

越南工商部由原工业部和商贸部合并而成，管理工业系统与贸易。工商部通常有1名部长和5名以上副部长。除了下辖各司、局、委，工商部还有下属事业单位和直属企业。工商部下属的事业单位有竞争委员会秘书处、商贸杂志社、信息中心、中央工商干部培训学校等。工商部直属企业有越南电力总公司、越南石油天然气（集团）总公司、越南化工总公司、越南纺织服装总公司、越南制鞋总公司等7家行业总公司。

（七）社会荣军劳动部

越南社会荣军劳动部负责管理劳动就业、职业培训、工资、伤兵烈士及有功人员优抚政策、社会保险、安全生产、扶贫救灾、防治社会弊端、关心保护少年儿童等。社会荣军劳动部直属的事业单位有劳动与社会问题科学研究院、智能康复与整形科学研究院、信息中心、劳动与社会杂志社、劳动部、越南少年儿童基金会等。

（八）交通运输部

越南交通运输部负责管理公路、铁路、内河航运、航海、航空交通运输。交通运输部对与交通运输相关的公益劳动活动实施国家管理，并在相关国有企业中履行法人代表职责。交通运输部下属事业单位有交通运输科学技术研究院、交通运输发展与战略研究院、航海大学、交通运输大学、交通运输报社等。

（九）建设部

越南建设部负责管理房屋修建、建筑材料、住房公署、都市规划、农村建设、城市基础建设等工作。

（十）通信新闻部

越南通信新闻部是合并原邮政电信部和原文化通信部的部分职能

而组建的，负责邮政传递、电信网络、信息技术、新闻报刊、出版五大领域的行政管理工作。

（十一）教育培训部

越南教育培训部负责管理全国教育事业，其职责包括：制定教育系统的法令、法规、条例；制定全国教育发展总体战略、规划、计划；颁布教育系统的管理决定、指示、通知等。

（十二）农业与农村发展部

越南农业与农村发展部是由原农业与农村发展部和原水产部合并而成，仍称为农业与农村发展部。农业与农村发展部直属的事业单位有统计与信息学中心、国家农业渔业发展扶持中心、国家农村环境卫生与净水中心、水产规划经济研究院、水产养殖研究院、水产信息中心、农业大学、水产大学和水产专业高等学校等。

（十三）计划与投资部

越南计划与投资部是越南政府的宏观经济管理部门，负责发展计划、投资管理，有1名部长和5～7名副部长。其下属的事业单位有发展战略研究院、中央经济管理研究院、国家社会经济通信中心、信息中心、越南投资评论杂志社等。

（十四）内务部

越南内务部的职能是保障国家行政体系的安全有序运行，其直属的事业单位有国家行政学院、国家组织机构科学研究院和信息中心等。

（十五）卫生部

越南卫生部负责全国的卫生医疗保健、人口与计划生育、医疗保险的行政管理。卫生部直属的事业单位有医疗卫生政策与战略研究院、友好医院、统一医院、白梅医院等22家部属医院，14家部直属卫生保健医学研究院，8所部直属医科大学等。

（十六）科学技术部

越南科学技术部负责科学技术领域的行政工作，其直属的事业单位有战略与科技政策研究院、国家级重点项目办公室、信息学中心、科学与发展报社、科技活动杂志社、科学技术管理学校、技术应用院、越南原子能院和知识产权科学院等。

（十七）文化体育旅游部

越南文化体育旅游部是合并原文化通信部、体育运动委员会、旅游总局以及原人口家庭少年儿童工作委员会部分职能而组建的。其直属的事业单位有越南电影研究院、遗产保护院、河内音乐院、胡志明市音乐院、胡志明博物馆、越南历史博物馆、越南革命博物馆、越南美术博物馆、越南民族文化博物馆和越南国家图书馆等。

（十八）资源与环境部

越南资源与环境部的职责是对全国的土地资源、海洋资源、水资源、矿产资源、生态环境、气象水文、地图测绘等进行管理。其直属的事业单位有国家水文气象中心、水资源调查规划中心、国家远程探测中心、环保与资源战略政策研究院等。

（十九）国家总监察委员会

越南国家总监察委员会的职责是行使全国范围内的行政监察监督权，受理申诉控告，防止和惩治贪污犯罪等。

（二十）越南国家银行

越南国家银行负责管理全国范围内的金融货币、银行周转活动。

（二十一）国家民族委员会

越南国家民族委员会的职责是管理全国的民族工作。政府民族委员会是国会民族委员会的执行机构。

（二十二）政府办公厅

越南政府办公厅是政府和政府总理的办事机构。办公厅的职责是组织协调政府的运作，提出有关总理指导政府各部门活动的建议，协调总理组织协调政府各部、部级机关、直属机构、各省市的各项活动以实现政府各项工作计划，确保政府各项议事规则、议事日程和工作计划的实施，保证政府运作活动的各种技术和物资供应。

第七节　司法机关

一、人民法院

　　越南最高人民法院是越南社会主义共和国最高的审判机构，包括法院院长、副院长、审判员、陪审和法院秘书。其机构包括：审判理事会、审判委员会、中央军事法院以及刑事法院、民事法院、复审法院和协助工作部门。最高人民法院院长由国会选出或任免，副院长和审判员是国家主席根据院长的提议而选任或任免的。最高人民法院的人民陪审是由国会常务委员会在越南祖国阵线的推荐下选派出来的。

　　越南的人民法院包括县人民法院、省人民法院和最高人民法院。人民法院实行二级审判制，但在特殊情况下，最高人民法院有权进行初审，同时进行终审。最高人民法院是最高审判机关，监督地方人民法院和军事法庭的审判工作。最高人民法院要向国会负责并报告工作，在国会休会期间向国会常务委员会负责并报告工作。地方人民法院向同级人民议会负责并报告工作。

　　各级法院的审判原则是：公开、独立，以法律为唯一准绳；集体审判；人民会审委员会参加；根据多数原则判决。为了保证在法律面前的平等权，被告有权请律师为自己辩护，包括使用特别的文字、声音为自己辩护。

二、人民检察院

　　越南的人民检察院包括县人民检察院、省人民检察院和最高人民检察院三级。人民检察院职权范围之内承担的任务包括：①保护社会主义法制；保护社会主义制度和人民当家做主的权利；保护国家和集体的财产；保护公民的生命、健康、财产、自由、名誉和人格。②与其他相关国家机构配合。对犯罪进行有效的预防和制止；在司法活动中及时严明地对各种犯罪和违法行为进行处理；对犯罪和违法行为开展研究工作。③监察国家管理机关各项决议、决定、指示和其他规划；监察侦查机关的侦查工作；监察人民法院的审判工作和执行判决工作。④组织法律宣传和教育；制定法律；对干部进行培训。

　　最高人民检察院总检察长由国家主席提名，国会选举任命和罢免；接受国会的监督，对国会负责并向国会报告工作。最高人民检察院副总检察长、检察员根据最高人民检察院总检察长的建议任命和罢免。最高人民检察院总检察长的任期与同届国会相同。

第四章　军事

第一节　概述

　　每年 12 月 22 日是"越南人民军建军节"。越南政府在 1989 年 12 月 22 日设立"越南全国人民国家防御节",取代建军节,后来又恢复使用"越南人民军建军节"至今。越南人民军的军旗与国旗相似,但军旗左上方有文字"决胜"两字,寓意着保卫国家的勇气与决心。民兵自我防御卫队、地方武装防御部队以及国家野战主力军部队三个部分共同组成越南的军事力量。这三股武装力量分工不同,战斗力、配备的武器不同,训练方法也不同。最具有威慑力的是越南国家野战主力军部队,配备的武器最为先进,战斗力最强;地方武装防御部队配备武器次之,战斗力次之,主要负责地方安全工作,战时配合国家野战主力军部队;民兵自我防御卫队战斗力最弱,不配备野战武器、重武器。这样形成了一种战力梯度,使越南既能保持具有一定战斗力的现代化部队,又减少了越南国家财政负担,有利于越南经济的快速发展,是一种科学、符合和平年代的建军模式。越南的军队拥有较高的军事素养,作战勇猛顽强。常年在热带雨林中作战的越南军队拥有丰富的雨林生存知识,并形成了一套成熟的丛林作战战术系统。

　　越南宪法规定,国家主席统领人民武装力量,并兼任国防安全委员会主席。但实际上越共中央军事委员会是最高军事决策机构,越共中央总书记兼任军委书记,通过国防部对全国武装力量实行统一领导和指挥。现任国防部部长为吴春历大将。

国会设有国防安全委员会，负责审查和监督国防安全政策的执行。国家机关设有国防安全委员会，协助国家主席统领武装力量。

国防部既是越共中央军事委员会的办事机构，又是越军的最高军事行政机关，下辖总参谋部、总政治局、总后勤局、总技术局、国防工业总局和情报局。六大总部（局）分别负责全军的军事指挥、政治思想教育、后勤供应、技术保障、军工及生产经营、情报搜集与服务。

国防部机关设有办公厅、政策局、物资局、财政局、外事局、刑事调查局、科技与环境管理局、经济局、计划投资局、车辆局、武器弹药局、计量局、科学工艺环境通信中心、监察委员会、越俄热带合作委员会，其直属单位有军事战略院、军事历史研究院等。

第二节　建军史

越南人民军是越南人民武装部队的核心力量，其前身是越南解放军宣传队，是在胡志明领导下于1944年12月22日成立的第一支军队。

在成立之初，越南解放军宣传队人数较少，经过一系列战斗和战役的磨炼，这支军队逐渐发展壮大起来，并建立了根据地。1945年5月15日，越南解放军宣传队与救国军会师，更名为解放军，在1945年"八月革命"中夺取政权后，成为越南的主要军事力量。

1945—1954年是越南人民军数量和作战能力大幅增长的时期。在短时间内，从越南获得独立到1945年11月，解放军从一支人数较少的军队发展成为越南国民军，军队约有5万人，组成40个支队。1950年，越南国民军改名为越南人民军。同时，建立了独立团（相当于师团），如三〇八、三〇四、三一二、三二〇、三一六、三二五和三五一独立团依次成立，到目前为止，这些部队仍然是越南人民军的主力部队。从只有几百人的军队，越南人民军迅速发展成为一支强大的武装力量，这保证了其在1954年5月7日取得奠边府战役的历史性胜利。

在1954年日内瓦协议签署后，越南分为南北两个部分。越南人民面临着在北方建设社会主义和争取统一国家的两项战略任务。在这一时期，越南军队的使命是在保卫北方社会主义的同时，解放南方和统一国家。

1961年2月15日，南方解放军是越南南方解放阵线的军事力量，是在统一当地武装力量的基础上建立的。在美军直接干预之前，越南人民军和其他武装力量并肩站在一起，进行全民、全面、长期、艰巨的战争，其中1968年春天发动的总进攻，为反击美国空军和海军在北方的破坏性战争，战役高潮是1972年12月的"空中奠边府"战役。1975年4月30日历史性的胡志明战役之后，国家重新统一。

1975年抗美战争胜利后，越南人民军与全国人民共同取得了维护国家独立、主权、统一和领土完整的胜利。越南进入和平的国家建设时期，提出精简整编军队，减少了近三分之二的军队。

目前，越南人民军拥有一支由正规军和地方部队组成的武装力量，共有约45万人，后备军约500万人。正规军是越南人民军的核心力量，包括各军种、兵种的机动部队，各军区的军事力量和技术职业部队，还有完整的后勤和技术保障系统、军事学术、研究机构、军事院校。

第三节　兵役制度

义务兵役制度的实施是由越南1960年出台的《义务兵役法》决定的。根据越南《义务兵役法》的规定，男性公民不分民族、社会成分、宗教信仰、文化程度、职业和居住地区，都有服兵役的义务。在战争时期，根据国家需要，女性公民也必须应征入伍并从事适合的工作。越南兵役制度规定，应征者年龄为18～27岁。普通士兵的服役期为两年，技术兵、在海军舰艇上服役的士兵以及担任正副班长等指挥职务的士兵服役期为三年。士兵满规定期限兵役后，可自愿延长服役时间。有专业技术的士兵可转为专业军人，服役年龄最长可到50岁。越南人民军的现役军官主要来自军事院校。

越南义务兵役制度有两大特点。第一，对不同军种、不同岗位的军人有不同的要求。在越南三大军种中，陆军官兵服役年限较海军、空军官兵服役年限短。这是由海军、空军官兵培养周期长于陆军官兵培养周期等因素决定的。第二，军官在军队中服役的年限长短与军官军衔高低相关。一般而言，不对中将及以上军衔的军官服役年限做出明确规定，中将以下军衔的军官则按照越高军衔的军官服役年限会越长的规定执行。越南军队注重对拥有丰富战斗经验或对军队建设做出卓越贡献的军人进行保护与奖励，以有利于军队的可持续性建设。

第四节　国防政策

越南奉行"全民国防"政策，其主要有以下几个目的：

（1）巩固和加强以人民武装力量为骨干的全民国防和安全事业，将国防与安全相结合，不断完善军事法规体系，把党关于建设全民国防安全的主张和政策体制化；加强党对军队、公安和国防安全事业的领导，加强国家对国防和安全系统的管理；充分发挥全民和政治系统的综合力量，逐步增加国防和安全潜力，建立稳固的全民国防基础。

（2）坚持国防与经济紧密结合，强调巩固国防和发展经济是越南的两大战略任务，在和平状态下，要优先发展经济，提高综合国力。同时要在经济建设过程中，逐步加大对国防建设的投资比重，建设必要的国防工业基础设施，并利用民用经济设施为国防建设服务；明确国防工业的发展方向，合理调整国防工业的战略布局，带动当地经济的发展，使之成为新的经济增长点；根据工业化、现代化的发展要求，逐步提高军队的现代化水平和战斗力。

（3）坚持争取外援与积极发展本国国防工业相结合，不断提高部队武器装备的现代化水平。强调在从国外购进大量先进装备的同时，积极发展本国的国防工业，自行研制各种武器装备。

（4）坚持国防与外交相结合。强调奉行"多交友、少树敌"的和平、务实外交路线，主张通过和平协商解决争端，坚持与世界上所有国家特别是周边国家发展友好合作关系，为经济和国防建设创造安全的外部环境。

（5）坚持建设由常备军、预备役部队、民兵自卫队和公安力量组成的武装力量。重点建设一支革命化、精锐化、正规化、逐步现代化的人民军队和人民公安；同时建设强大的预备役部队，以便在发生战事时能及时为常备军补充兵源。

（6）强化军队的对外、对内双重职能。对外，抵御侵略，捍卫国家独立、安全、主权和领土完整。对内，防暴乱、反颠覆，保卫社会主义制度，维护政局稳定；挫败各种旨在损害国家建设发展事业的阴谋破坏活动，有效地制止和严惩各类犯罪，确保社会秩序稳定与安全。

第五节　军事实力

20世纪90年代，越南周边形势趋于平稳。连年的战争使越南的国民经济和军事工业一直落后于东南亚其他国家。越南军队采取了大规模裁撤军队、精简部队人员编制的做法来改变落后的境况。20世纪90年代，军队人数从125万裁减至50万，改变"剃平头"的平均主义军队发展模式，转而有选择、有针对性地加强部队建设，既有效地增强了军队战斗力，又减少了军队开销。这种"积极防御"的国防政策，大规模裁军的做法，有效地减少了周边国家对其的戒备心理，有利于地区和平环境的构建。

一、越南陆军

越南人民军正在根据2020年前军队改革计划，推动陆军建设。改革过程的困难是越南人民军陆军组织编制结构调整和下一步陆军换装现代化技术装备的工作，装甲设备的升级问题非常突出。在武器装备采购方面，要求优先采购通信装备、反坦克综合系统、工程和汽车技术装备、射击和火炮武器弹药。在组织作战训练活动过程中，越南陆军集中精力解决防御作战、抗击敌空袭作战行动的组织和实施，加强与其他强力部门在确保国内政治稳定工作中相互协调。越南陆军改革计划提出了下列要求：提高演习水平和质量；完善部队指挥组织；探寻在敌方使用精确制导武器情况下展开作战行动的战术方式和方法；进一步完善军人参加救灾行动的训练系统。此外，计划提高陆军预备役人员动员准备水平，为应对新的挑战和威胁，越南军队在特种分队基础上组建陆军快速反应部队。

❧ 二、越南海军

在水面舰艇方面,越南重点引进和仿判价格相对低廉、战斗力形成周期较短的轻型舰艇,优先发展以先进隐身导弹护卫舰和导弹快艇为主的轻型快速突击力量,使其在近海海域具备攻击作战对手大中型水面舰艇的能力。目前,越南海军用于海上突击作战的轻型水面舰艇共计27艘,分散配置到4个舰艇旅,主要部署于金兰湾、头顿、岘港等港口。

❧ 三、越南空军

越南空军包括空中打击力量与地对空打击力量,即空中部队和防空部队。在现代化战争中,空中打击是给敌人以沉重伤害的有效方式,因而发展一支适应现代化战争的空军是越南军事现代化的必然选择。空军作为技术含量高的军种,在越南军队大规模裁减的过程中,空军人员数量基本上保持稳定,但由于陆军人数的骤减,反而使空军所占比重有所提高。一个国家对战略性打击力量发展的力度往往决定其在未来战争中是否具有主动权。越南的防空部队和空军于1999年3月合并。越南空军编有攻击机团、战斗机团、教练机团、防空师、运输机团、雷达旅、高炮旅等作战单位。各式攻击机、战斗轰炸机、教练机、海上侦察机、运输机、反潜直升机、航测机、武装直升机和数百枚空对空导弹是越南空军的主要装备。每年都会有新机型、新武器入列越南空军的武器库,但进行横向比较,越南空军力量的发展不如陆军那样稳健,也不如海军那样迅猛,这是由于空军的特殊性造成的。空军作为战略军种,每一位合格的飞行员从挑选到培训都需花费高昂的成本。越南空军于2016年购买了1架苏-30M2战斗机,用于替补在北部湾坠海的8585号苏-30MK2战斗机。从其"一对一"补位中可以看出空军的高昂成本。自越南空军于2015年封存所有性能低下的米格-21战机后,本着"用最少的钱,办最多的事"的原则,派出大批考察团到处搜寻价格适中、性能强劲的战斗机以列装部队。空军作战所要求的精细度远远高于陆军、海军。高昂的训练费用与越南航空技术的落后等原因是越南空军发展缓慢的瓶颈,这个瓶颈在短期内是难以克服的。

第五章 文化

第一节　　语言文字

一、越南语

根据民族语网站统计，若不包含手语，越南境内共有110种语言。越南语又称京语，是越南主体民族越族人以及四百多万海外越南人的母语，是越南的通用官方语言。越南语主要有三大方言区，即以河内为中心的北部方言区、以顺化为中心的中部方言区和以西贡为中心的南部方言区。这三类方言在声调及词汇等方面存在差异，但基本可以互通。

由于地理、历史等方面的原因，越南语在其发展过程中受泰语、汉语的影响较大，前者被认为在越语发展过程中发挥了机制化①的作用，后者的影响主要体现在词汇方面。唐朝时期，汉字通过书面途径全面、系统地进入越南，越南语中保留着大量的中国古汉语语音和词汇。其读音受越南语语音内部规律的影响发生了越化，越化后的汉语词称汉越语（词），其读音称为汉越音。据统计，现代越南语词汇中汉越语（词）至少占了70%以上。汉语借词是越语词汇中重要的组成部分，今天的汉语词汇仍在继续进入越语词汇之中。

---

① 所谓机制化，可以理解为较原始的"语法化"。参见【越】范德阳：《东南亚背景中的越南文化》，河内，社会科学出版社，2000年版，第182页。

二、汉字

历史上，越南曾使用汉字长达2 000年。汉字在越南又被称为"儒字"，它于两汉时期随儒学传入越南，13世纪之前一直是越南唯一使用的文字，其国家正式文字的地位直到20世纪初才被取缔。在河内的很多景点，如玉山祠、国子监，都能见到汉字的使用。至今，越南民间过春节的时候仍使用汉字书写对联。

三、喃字

13世纪，喃字出现并逐渐得到推广。13—18世纪，喃字一直和汉字并行使用，胡朝和西山朝更是大力推广喃字。但喃字书写繁复，往往是两个汉字拼成一个喃字，比汉字更难学、难懂，因而很难在民众中普及。作为记录越语"国音"的"俗字"，喃字始终没能取代汉字成为国家的正式文字。

四、拉丁化文字

现代越南语使用拉丁化文字，被称为"国语字"。17世纪上半叶，法籍传教士亚历山大·德罗（1591—1660）用他自己创制的越南罗马字出版了《越葡拉丁词典》，这标志着越南语罗马字母记音系统修改整合的阶段性成功以及越南国语字的诞生。其后他撰写了《关于安南语（或东京语）的简要报告》一书。该书从字、韵、声调、名词、代词、动词、话语中的变革、句法规则等方面对越语进行了描写。其他传教士也编撰过类似的词典，国语字的影响力逐渐扩大，但汉字仍被使用。

1858年以后，越南逐步沦为法国殖民地，法国殖民者将拼音文字作为统治越南的有力工具，他们在学校开设拼音文字课，并于1917年宣布废除科举和汉字，以此来清除汉文化影响。由于拼音文字易学易懂，越南人开始主动接受拼音文字，一些爱国志士则利用拼音文字来宣传爱国和革命思想。1936年，越南政府明令废除汉字的使用。1938年在印度支那共产党的领导下，国语字传播委员会掀起了声势浩大的国语字教学运动。1945年"八月革命"胜利后，国语字获得正式地位，成为越南民族和越南民主共和国的唯一正式文字。

第二节　　文学

越南文学起源于上古时期的神话、传说以及歌谣等口头文学。其书面文学的历史约始于公元11世纪，至今有900余年。根据越南社会历史，越南文学大致分为三个时期：深受中国文化影响的古代文学，以反殖民、反封建为主旋律的近代文学，多元化发展的现当代文学（20世纪中叶至今）。其中古代文学始于公元10世纪，兴起和繁荣于19世纪的汉文文学和喃字文学。近代文学则是指进入19世纪中叶以来，越南几度沦为殖民地，在救国救民的时代主题下，呈现出鲜明的反殖民、反封建色彩的越南文学。该时期属于古代文学向现代文学过渡阶段，表现为汉文文学和喃字文学逐渐走向式微，出现用拉丁化国语创作的文学作品。现当代文学是指越南获得独立和统一以来创作的拉丁化国语文学。该时期的文学作品充满了强烈的爱国主义精神和现实主义特色。

❖ 一、深受中国影响的古代文学

在郡县时代及以前，越南尚未产生书面文学，只有若干口头文学作品保存下来。这时的口头文学包括神话传说和民间歌谣两类：前者如关于宇宙天地创立的《天柱神》，关于越南民族来源的《貉龙君传》，关于人类与山水斗争的《山精水精》等，表现了古代越南人的生活状况和丰富想象；后者有描绘自然景色的，歌唱男女爱情的，表现生产劳动的，讥讽包办婚姻的，题材多样，形式活泼。

968年，丁部领建立丁朝（968—980年），是越南自主封建国家之开端。丁朝以后，又有前黎朝（980—1009年）、李朝（1010—1225年）和陈朝（1225—1440年）频繁更替。这400余年是自主封建国家时期的前期。

这时的书面文学几乎都用汉文写成，一般认为，1010年李朝创立者李公蕴迁都升龙的诏书（《迁都诏》）是越南存留至今的第一篇文献，也是第一篇具有文学价值的作品。此后，由于李朝和陈朝的几代皇帝都重视汉文，喜爱文学，因而促进了汉文文学的发展。陈光启的

《驾还京师》、范伍老的《述还》、陈国峻的《檄将士文》和张汉超的《白藤江赋》等都是洋溢着爱国热情的优秀诗篇，黎文休的《大越史记》也有一定的文学价值。

1428年，黎利举行起义，建立黎朝（1428—1527年），越南封建社会得到迅速发展。之后经过长期分裂，阮朝于1802年起统治越南，直到1885年越南沦为法国殖民地为止。这400余年是自主封建国家时期的后期。越南文学在这时取得了重大成就，汉文文学和国语文学共同存在，竞相发展。

汉文文学一直受到官方提倡，处于正统地位。在众多诗人作家中，阮廌、黎思诚、阮屿、邓陈琨和黎贵惇的创作格外引人注目。阮廌（1380—1442）是越南文学史上第一位重要诗人。他曾被明军长期软禁，1418年参加黎利起义，成为黎朝开国功臣。1442年，他被诬毒死皇帝，惨遭杀害。他的汉文作品有《蓝山实录》《军中词命集》《抑斋诗集》《抑斋舆地考》等，风格平易，语言流畅，表现出深厚的功底和鲜明的特色。如《海口夜泊有感（二）》一诗云："一别江湖数十年，海门今夕系吟船。波心浩渺沧洲月，树影参差浦淑烟。往事难寻时易过，国恩未报老堪怜。平生独抱先忧念，坐拥寒衾夜不眠。"黎思诚（1442—1497）是黎朝皇帝，也是诗人。他在位期间大力扶持文学创作，并与28个文臣组成"骚坛会"，互相唱和。他的汉文作品有《琼苑九歌》《明良锦绣诗集》《珠玑胜赏诗集》《征西纪行》《喻劝学》《兰山良水》等，其思想内容虽未必十分可取，但在格律和技巧方面却历来为人称道。如《西巡过东鄂州》一诗云："诗成山月上，睡觉野云飞。花落殊多意，风前点客衣。"阮屿（16世纪）生活于黎朝后期，曾一度为官，后辞职归隐，著有《传奇漫录》一书传于后世。《传奇漫录》共收入20个富有传奇色彩的故事，并附有作者的点评，情节生动，语言通畅，被誉为越南的《聊斋志异》。邓陈琨（1710—1745）曾任训导、县令和御史等官职，作有《征妇吟曲》《题潇湘八景图诗抄》《张翰思莼鲈》《邓陈琨赋抄》等，其中以长诗《征妇吟曲》最负盛名。这首诗倾诉了一个征夫妻子的哀怨，提出了反对连年混战的思想，诸如"使星天门催晓发，行人重法轻别离。弓箭兮在腰，妻孥兮别袂。猎猎旌旗出塞愁，喧喧箫鼓辞家怨。有怨兮分携，有愁兮契阔"的诗句都有感人肺腑的力量。黎贵惇（1726—1784）是诗人、作家和学者，曾任工部尚书，并出使中国。他的著作多、取材范围广，被称为当时集大成的文学家，诗文集有《桂堂诗集》《联珠诗集》《全越诗集》《皇越文海》等。

大约在13世纪时，越南创立了以汉字为基础的国语文字——喃字。自此以后，国语文学登上文坛，为越南文学开辟了新天地。阮鹰的《国音诗集》是现存最早的国语诗集，黎思诚是国语文学的提倡者和实践者（著有《洪德国音诗集》和《十界孤魂国语文》），黎贵惇曾用喃字写应试文章。此外，阮嘉韶的《宫怨吟曲》、胡春香的《春香诗集》和阮攸的《金云翘传》等优秀作品次第问世，更为国语文学增添了无限光彩。阮嘉韶（1742—1798）出身宫廷贵族，曾任校尉、总兵等官职，长期在宫廷生活，深切了解宫廷内幕。晚年由于政权变动，他隐居山林，死于升龙。他的著作有《西湖诗集》和《四斋诗集》等，但最广为传诵的作品是长诗《宫怨吟曲》。该诗通过一个失去皇帝恩宠的宫女，表现了她们"春往秋来不记年，唯向深宫望明月"（卢蔚秋、赵玉兰译文）的孤独处境，抒发了诗人对她们的同情和对昏君的不满情绪。胡春香（19世纪）出身没落世家，从小聪明好学，但生活经历颇多坎坷。她的诗歌目前仅存50首，收入《春香诗集》。思想大胆、笔锋犀利、语言辛辣是其诗歌的显著特点，她的诗有的嘲笑心猿意马的和尚，有的表现做人妾妇的悲哀。

阮攸（1765—1820）无疑是这个时期最杰出的诗人，也可以说是越南古代文学史上成就最高的诗人。他生于河静省宜春县仙田村一个没落的贵族家庭，6岁入学读书，19岁中秀才，对中国文化和文学了解颇多。他曾在黎氏王朝短期为官，其后又出仕阮氏王朝。1813年，他奉命出使中国，其间写了不少汉文作品。1820年，他再度奉命出使中国，但尚未启程即身患重病，并于当年9月16日去世。他的著作很多，汉文作品有《清轩诗集》《南中杂吟》《北行杂录》等；越文（喃字）作品有《招魂文》《帽坊青年托词》《金云翘传》等，其中以《金云翘传》最负盛名。

❀ 二、以反殖民、反封建为主旋律的近代文学

1885年，清朝政府与法国侵略者签订《天津条约》，承认法国对越南的宗主权，越南从此完全沦为法国的殖民地。1885—1930年，越

南人民进行了一系列前赴后继的抗法斗争，如1885—1896年的勤王运动、1885—1896年的香溪起义、1887—1913年的黄花探起义、20世纪初潘佩珠的东游运动以及复国运动等。

在亡国的威胁和救国热潮的鼓动下，这个时期的文坛发生了巨大的变化。拯救民族于水深火热成为文学创作的主导精神，阮光碧、阮劝、潘佩珠、潘周祯、阮尚贤等诗人和作家出现。潘佩珠便是其中出色的代表人物之一。潘佩珠（1867—1940）既是政治家和革命家，又是作家和诗人。他先后组成维新会和光复会等革命团体，并掀起东游运动，鼓励青年赴日留学，寻求救国之路。1924年，他被法国殖民当局逮捕，长期软禁，直到1940年去世。他在国外期间写下许多汉文作品，如《琉珠血泪新书》《越南亡国史》《海外血书》《狱中书》等；被捕软禁后又写下许多越文作品，如《巢南文集》《潘巢南国音诗集》《黎太祖传》《征女王传》等。他的《绝命诗》可谓慷慨悲歌，动人心魄，其中之一云："痛哭江山与国民，愚忠无计拯沉沦。此心未了身先了，羞向泉台面故人。"

1930年，越南共产党（后改名为印度支那共产党）成立，并掀起革命高潮，使越南革命步入了新时期。1940年日本帝国主义入侵越南，先与法国分庭抗礼，后则取而代之，直到1945年战败投降为止。这个时期由于社会矛盾更加尖锐、复杂，所以越南的文坛也受到多种因素影响，浪漫主义文学和现实主义文学均呈活跃势态。浪漫主义文学是在法国和欧美文艺思潮的影响下萌芽并发展起来的。起初，有些作家（如团如奎、陈俊凯等）发表若干带有浓厚感伤色彩的作品，表达自己对生活和前途悲观失望的情绪。继之，又有些诗人（如刘仲庐、世旅、春妙等）出面倡导自由体新诗，被称为"新诗派"，特点是情调缠绵，描写细腻，思想自由。春妙（1917—1985）在一首诗里写道："寂静的夜晚比什么都令人悲伤，光明在黑暗中消亡。清风带我走过蓬乱的草丛，一双双紧紧相贴的嘴唇，躲在那星光摇曳的树影中。云朵随着鸟儿飞向那遥远的兰山，有节奏地在寂静中消逝，灰色的天际好像就要变成泪的海洋。"同时，在小说界也有一批作家（如一零、概兴等）写出几部具有浪漫主义色彩的小说，大多以歌颂自由恋爱和个性解放为主题。概兴的《蝶魂梦仙》（1939），写一对青年男女热烈相爱但却不愿结婚的故事，曾经畅销一时，影响颇广。属于现实主义文学方面的作家大多受到当时蓬勃兴起的革命浪潮的洗礼，他们力图真实、深入地反映现实生活，尤其是工农劳苦大众的悲惨生活。吴必素和阮公欢的小说创作足以代表当时现实主义文学的水平。吴必素（1892—1954）是位多才多艺的作家，既写小说、杂文、报告文学和剧本，又发表有不少理论研究和翻译著作，其主要作品有长篇小说《熄灯》和《草棚竹榻》、历史小说《咸宜帝与京城失守事件》和《堤探的历史》、报告文学《乡事》、嘲剧《武氏朴》等。《熄灯》（1939）是他的代表作品，描写在官府苛捐杂税的威逼之下，贫苦农民阮文酉一家家破人亡、妻离子散的可怜景象，他们的前路一片漆黑，犹如没有灯光和星光的黑夜一般。阮公欢（1903—1977）是位多产作家，一生写了200多篇短篇小说，约30部长篇小说，此外还有许多回忆录和论文，重要作品有短篇小说集《男角四下》和《两个可怜虫》，长篇小说《男主人》《女主人》《一片好心》《最后的道路》《天亮前后》等。《最后的道路》（1938）是他在长篇小说方面的代表作品，叙述农民阮文坡和地主范赖的纠葛，阮文坡在范赖的威逼利诱下走上破产道路的过程。由于这部小说思想进步，观点鲜明，所以刚一出版便被当局查禁，作者也受到监视。

继爱国主义、浪漫主义和批判现实主义之后，无产阶级革命文学也发展起来。胡志明、陈辉燎、黎文献、志城、春水、黎德寿等无产阶级革命家纷纷投身创作，以文学为武器，唤醒被压迫的人民奋力抗敌，表现出革命的大无畏精神。代表作品有胡志明的汉语诗歌集《狱中日记》，陈辉燎的《陈辉燎诗集》，黎文献的《崑嵩监狱》，志城的《罪恶的监狱》，春水的《春水诗集》，黎德寿的诗集《在小路上》《去前线路上的日记》《万里路》等。在革命志士的带动和新文化运动文学艺术思想的引领下，南高、阮庭诗、元鸿、素友等作家、诗人也开始积极创作革命文学，其中素友的诗集《从那时起》是越南早期无产阶级革命文学的重要作品。

🏵 三、多元化发展的现当代文学

1945年8月15日，日本战败投降，阮朝末代皇帝随即退位。9月2日，越南民主共和国宣告成立。其后，经过长期的抗法战争和抗美战争，越南终于在1975年实现了北方和南方的统一。

这个时期北方的文学获得了较快的发展，取得了较大的成绩。1945年，文化救国小组主持召开第一次文化工作者代表大会，重新发表《越南文化提纲》，对文学创作起了推动作用。1948年，越南文艺会成立，鼓励作家深入生活，支持抗战。1959年，越南文学研究会成立，创办《文学研究集刊》，促进文学研究工作的开展。在这几十年里，除了吴必素、阮公欢等老一辈作家继续从事创作以外，又有一大批新作家登上文坛，如阮辉想（作家，主要作品有纪实文学《高谅记事》和长篇小说《阿陆哥》）、屠繁（诗人、作家，主要作品有诗集《口碑》和小说《发财》）、南高（作家，主要作品有小说《死亡线上的挣扎》和《一双眼睛》）、元鸿（作家，主要作品有小说《火炉》和《海口》）、辉瑾（诗人，主要作品有诗集《天越来越亮》和长诗《苗族姑娘》）和苏怀（作家，主要作品有小说《西北的故事》和《十年》）等。与此同时，南方也涌现出了若干优秀作品，其中反映现实较为真实、深刻的作品有《诺难》《爬虫的儿子》《像飞翔的鸟翼一样》等。

1976年至今是越南文学多元化和蓬勃发展的时期。这一时期的文学创作逐渐摆脱了其作为政治附属品的地位，文学的价值取向也从原来的阶级观转向人本主义观，形成以现实主义为主流，其他流派多元并举的文学创作格局。题材则涉及社会生活的方方面面，文学作品更关注普通人的命运和生活，对历史战争的解读更加大胆、真实，对社会消极现象的批判更加深刻。

这一阶段的重要作家和作品有阮凯的小说《岁末的会晤》，朱文的长篇小说《斗转星移》，阮孟俊的长篇小说《面朝大海》《蛀蚀的劬劳》，阮明洲的短篇小说集《疾行船上的女人》《故乡的码头》，麻文抗的长篇小说《叶落园中的季节》《没有结婚证的婚礼》，黎榴的长篇小说《开发森林》《逝去的时代》，范诚的《后志飘》，阮德懋的长篇小说《将军与士兵》，阮辉涉的长篇小说《可爱的二十岁》，黎明的长篇小说《车工孙德胜》《孤岛》《时期》，阮氏玉秀的长篇小说《波光里的火光》《森林的太阳》《爬满紫花架的别墅》《孤儿》，阮克长的短篇小说《林中瀑布》《太阳照耀下的大地》、长篇小说《人多鬼杂之地》，杜朱的短篇小说集《远方荒芜的园地》，朱来的长篇小说《田野的阳光》《流向远方的河流》、剧本《河内夜晚起风》，李边疆的长篇小说《浮游

命运》、短篇小说《秋感》，武辉英的长篇小说《外面的世界》，春德的
长篇小说《风门》，明江的历史小说《荔枝园悲剧》，黎成真的报告文
学集《九层云霄上的英雄》，阮生和武麒麟的报告文学《烽火之地纪
事》，武群芳的诗集《祝贺》等，此外还有何春长的文学评论《文艺问
题》等。

第三节　艺术

❀ 一、音乐

（一）古代音乐

越南文化长期受中国影响。越南早在汉朝就受到中国的统治，受
中国统治的历史长达1 000余年之久，直到公元10世纪才成为独立的
国家。由于长期受到中国的影响，越南音乐的形式、乐器、格律几乎
都以中国音乐为本，此外在长期由红河三角洲南迁的过程中，同样吸
收了印度教音乐中的精华。

越南是个多民族国家，除80%以上为越族外，尚有50多个少数民
族。越南的每个地区都有自己的音乐传统。民间音乐主要是民谣，按
其传统分类为"说""吟""呼""唱""俚""歌"六大类。其中仅
"唱"就包括"陶唱""娇唱""春唱""盲唱""单鼓""宫户"等数
种，而以"北宁宫户"最为有名，它已成为越南现代音乐创作的重要
源泉。民谣的演唱形式多为男女小组对唱，内容多为祭神、祭天、民
间故事、爱情、劳动号子和摇篮曲等。

越南音乐多为不带半音的五声音阶，也有六声和七声音阶。由于
越南语言的六声字调所致，越南音乐形成了音程大、音域宽、滑音多
等特点。其南部地区的音乐与北方音乐略有差异。但一般来说，越南
音乐分为两大类：一种是受中国影响的北方曲调，另一种是节奏比较
缓慢并带有占文化伤感的南方曲调。

越南的古代音乐多为寺庙音乐。中国的雅乐、儒家音乐（包括祭
孔音乐）、道教音乐，印度的佛教礼仪音乐，以及这些音乐的演奏方式

和使用的乐器，早在10世纪起就先后传入了越南。到15—18世纪，音乐理论（如音律、音阶、调式、工尺谱等）、乐器（如月琴、三弦、琵琶、二胡、筝、横笛等）以及戏曲音乐（如嘲剧）、说唱音乐（如大鼓词）等都与中国相似。用月琴和筝伴奏的古雅曲《征妇》《南哀》《南春》《流水》，古代歌曲《连环》《金钱》《元宵》《龙虎》等，现今虽已不再演唱、演奏，但尚有曲谱保存。

越南的音乐以合奏音乐为主，不论是宫廷的合奏音乐还是戏剧的合奏音乐，大都模仿中国，乐器的合奏有所谓的五绝，即五种乐器——筝、胡琴、月琴、琵琶、三弦的合奏音乐。戏剧的合奏乐器与中国的京剧乐器大同小异，是典型的合奏乐曲。

越南传统音乐形式多样，富有民族特色，比较典型的有顺化号子、吟唱、小调。民族乐器有笙、笛、锣、鼓、二胡等。越南现今使用的民族乐器主要有独弦琴、十六弦筝、二胡、月琴、三弦、横笛、唢呐、海螺、锣（包括30个为一套的锣）、木鱼、铃、德嘟琴（又名竹琴）以及大鼓、小鼓等。

越南有种独弦琴，又称葫芒琴，是越南特有的民族弹拨乐器。琴为长方形，琴身横卧，内空，左端有一细长把手，把手的上部向外弯垂，可握住来回摆动。把手下端穿一个横卧葫芦，葫芦肚的三分之一以下横向截去。一根琴弦一端固定在琴身右端，另一端固定在把手上，演奏时，右手拨动琴弦，左手抚动把手一紧一松，使琴发出悠扬悦耳的动听音律。其突出特点是拨动一下琴弦后，来回摆动把手，可产生余音缠绵、经久不息的效果，深受人们的喜爱。据介绍，独弦琴是越族古老的民间弹弦乐器，起源于骠国（今缅甸）。早在公元8世纪就已流行于缅甸、越南和东南亚各国。最早的独弦琴，只为诗人吟诗时做伴奏，后来才发展成为民歌和歌舞伴奏或与其他乐器合奏（尤常与洞箫一起演奏）。如今多用于独奏，亦可参加重奏或为歌舞伴奏。在民族乐队中，独弦琴往往作为色彩性乐器使用。独弦琴是越南的国剧——嘲剧的主要伴奏乐器之一。越南的国家艺术学院等音乐学府都设有独弦琴专业，著名的演奏家有孟胜等，广为流传的独奏曲有传统乐曲《穿针引线》《行云曲》以及创作曲目《欢乐的高原》等。

（二）近代音乐

20世纪初，法国人把欧洲的音乐和乐器带到越南，从宗教音乐开始逐步扩大欧洲音乐在越南的影响力。之后，美国人又通过电影等形式大力促进了欧洲音乐在越南的发展。越南热爱音乐的人士也开始使用曼陀铃、吉他等西方乐器。当时很多法国和美国歌手的歌曲在越南很受欢迎，这些歌曲大多被改译成了越南语歌曲在越南传唱。甚至有些歌手在越南有自己的歌迷会。一些法国的唱片公司也收录了部分越南歌手的歌曲。

在西方音乐的影响下，越南在20世纪30—70年代诞生了自己的"越南新乐"。在南北分裂的时代背景下，南北音乐风格及创作题材有很大差异。北方有自己的歌剧、电影音乐、交响乐，创作题材以胡志明、越南的自然风光和越南人的精神面貌、少数民族，以及反战反美、解放南方为主；南方则更细腻，更灵活多变，创作出大量情歌、年轻人音乐和反战音乐。

（三）20世纪70年代至今

越南南北统一之初，国内音乐创作的主旋律则大多为歌颂伟大领袖胡志明、歌颂党的领导以及歌颂劳动人民的力量等。国外的越南人则创作了大量表达对祖国、家乡和亲人的思念的作品。

当今的越南音乐呈现新面貌。随着文化产业的迅速发展，传媒的影响力不断扩大，年轻人成为音乐创作的主力军。越南音乐越来越频繁地吸收外国音乐元素与经验，不断输出自己的音乐文化，打造自己的音乐影响力，但同时传统音乐式微。

✤ 二、舞蹈

舞蹈是一种舞台艺术，包括手"舞"和足"蹈"两部分。像东南亚其他一些民族舞蹈一样，越南舞蹈重"舞"轻"蹈"，即多手上动作，且平缓、柔软，腿部动作较少。这种特点主要源于长期的农耕文化中人们形成的生活方式——通过双手完成大部分的生产生活动作，如耕种、除草、收割、捕猎等。这与游牧或者生活在山区的民族擅长脚上动作且强劲、激烈的舞蹈特征形成区别。

越南传统舞蹈不仅和生产实践有关，而且和宗教祭祀相联系，可分为仪式舞蹈和劳动舞蹈。仪式舞包括求雨舞、铜鼓舞和弓箭舞等，带有巫术和拜神的性质。劳动舞主要是配合农业生产活动进行的表演，有划船舞、舂米舞、斗笠舞、扇子舞和狮子舞等。

越南的少数民族，如芒族，在节会上喜欢跳竹榻舞，侬族有勒恩舞，巴那族有龙编舞等。此外，西原一些少数民族有别具特色的盾牌舞等。

除类型丰富多样的民间舞蹈外，宫廷舞在越南也得到了发展。阮朝时期的宫廷舞是越、占、高棉等多民族文化交流的产物。代表性的舞蹈有八逸舞、四灵舞、双凤舞、献花舞、马舞、花灯舞等，其中花灯舞最为普及，并流传至今。宫廷舞多出现于宫廷礼仪、祭祀以及皇子公主成婚等场合。

❦ 三、戏剧

戏剧是通过演员表演故事来反映社会生活中各种冲突的艺术。它是语言、文学、行为动作、舞蹈、音乐等艺术的综合。越南的舞台艺术分为五大剧种：㘇剧、嘲剧、改良剧、水上木偶戏和话剧。

（一）㘇剧

越南㘇剧的产生发展较为复杂。根据现状推测，它是以中国元杂剧为基础，吸收了一些越南流行的歌曲后形成的传统的古代戏剧，兼用韵文和散文，分折演出。唱词和说白全用越汉音，唱腔缠绵悱恻，舞蹈性较强，所演多为忠臣孝子等故事。

（二）嘲剧

嘲剧的产生和早期流传情况在越南古籍中未见记载，据越南戏剧研究者们推测，可能于李朝、陈朝（11—13世纪）时期即已流行民间，陈朝后期传入宫中，成为宫廷娱乐项目之一。到了黎朝，它在宫中的地位下降。但因它的剧目内容反映现实，音乐明快轻松，唱腔接近民歌，所以在人民群众中有很强的吸引力。到20世纪初，西方文艺思潮传入越南，在城市里嘲剧不再像以前那样受欢迎，20世纪初河内的嘲剧院全部被迫关闭。

1952年越南劳动党中央提出了挖掘民族艺术遗产的方针，嘲剧的状况得到改善。编导们创作出许多新剧本，为抗战和土改服务。在第三联区（中部），还把中国电影脚本《白毛女》《王贵与李香香》等改编成嘲剧。1954年越南抗法战争结束后，嘲剧获得了显著的发展，成立了嘲剧研究会，民族歌剧学院也设立了嘲剧系。

嘲剧中总有丑角的滑稽表演，富有讽刺特色。它还比较注重情节发展，剧情曲折丰富。

（三）改良剧

改良剧是法国占领越南以后产生的剧种，发源地在南圻永隆省，它原是一种由一人说唱并配合一些简单表演的曲艺形式。第一次世界大战期间，法国殖民者出于搜刮民财的需要，组织一些改良剧剧团进行巡回演出。这些剧团用古乐伴奏，演出效果较好。于是，一些剧作家把一些名著改编成剧本，并按剧情需要，将原由一人说唱的形式改为由多人扮演的多出本戏，演出很成功，从此便逐渐推广。改良剧的鼎盛时期仅10年（1920—1930年）左右，在此期间，越南几乎举国争演。第二次世界大战爆发后，改良剧开始走向衰落。

1951年文艺界贯彻越南劳动党中央的文艺方针，将改良戏推陈出新，使其题材和现代革命内容日趋接近，有些剧本深受欢迎，如《红土上的姑娘》《一位南方的女演员》等，改良剧从此得到了复苏，并逐步发展。

（四）水上木偶戏

水上木偶戏为一种越南传统的文艺表演，约有1 000年的历史。表演方式是在水池上搭起舞台，由隐藏在后台的演员用长线或竹竿操纵木偶，使之演出各式各样的动作及戏份。现在，水上木偶戏受到越南社会的普遍重视，并在国际文化交流上发挥重要作用。

水上木偶戏的传统剧目主要以农村生活、历史故事、神话传说为主，例如牧童吹笛放牛、插秧、钓青蛙、打狐狸、捕鸭、捕鱼、祭祖、龙舞、狮舞、凤凰舞、黎王还剑、孩童戏水、赛船、猛狮争球、仙女舞、四兽舞（龙狮龟凤）等。由于当前国际交流上的需要，亦增设外国故事作为剧目题材，例如《夜莺》《小锡兵》《丑小鸭》《美人鱼》《白雪公主》《阿拉丁神灯》等。

（五）话剧

话剧是通过人物对话和行动来展开故事的舞台艺术。越南话剧源自西方，最初出现在北方，出现时间与改良戏同步。从20世纪40年代起，尤其是抗法时期，话剧很快在各地流行开来，并出现了很多话剧团、艺术学校和话剧学校。

话剧的要素包括剧本、演员、音乐以及道具、服装、灯光等。较之嘲剧、改良戏，话剧的题材更侧重反映当下社会的矛盾冲突。越南话剧是西方舞台艺术越南化的结果，它与越南人的日常生活和民族心理息息相关，反映了越南的历史和文化。此外，话剧生动、现实、抒情的元素也使其深受越南人喜爱。第一次世界大战后，一些进步学生和公务人员把《一杯毒药》《安南法国大人》等剧搬上了话剧舞台，为越南话剧奠定了基础。

1931年后，革命处于低潮，越南的小资产阶级知识分子陷入彷徨之中。这种思想在话剧舞台上得到反映，出现了表现个人哀伤、怅惘感情的剧目，如《乌江上的笛声》《荆轲》等，故事虽仍取材于中国，情调却反映了越南当时的现实。1936年后，话剧舞台演出了许多反映现实的剧目，如《没有回声》《金钱》等。后殖民者对越南文化加紧控制，1940年日本军国主义踏上越南国土，话剧受到摧残。"八月革命"成功后，话剧不断向前发展，其内容及时而尖锐地反映了社会的现实生活。20世纪六七十年代，反映抗美救国斗争、北方进行社会主义建设的剧目竞相出现，如《郡长》《一条人命》《放冷枪的姑娘》《后方之火》《前线在召唤》《一双眼睛》《来自长山》《你的爱》《祖国》等，其中《哪儿有敌人咱冲向哪儿》曾获文艺奖。

音乐、舞蹈、戏剧在越南被统称为"声色艺术"。它具有以下特征：首先，较之西方舞台艺术的写实性，越南的声色艺术更具象征性，重在"神"而非"形"。这种象征性体现在三个方面：第一，讲究对称和谐，表现在音乐节奏和舞蹈动作等方面；第二，通过约定俗成的象征符号或事物的某一部分或者某个细节来表现内容，激发观众的联想，表现在音乐班的构成，舞台剧的动作设计、化妆等方面；第三，运用模式化的表现手法，如嘲剧中将演员分为固定角色等。其次，越南声色艺术具有高度的传情性。民间音乐通过其缓慢的节奏及对音律的讲究来表达内心的情感。比如低沉的音色饱含的是无尽的乡愁等；越南舞蹈动作的含蓄和隽永也有利于表达深沉的情感；嘲剧中的传情性则体现在妇女的角色作用方面，如氏敬的慈悲、氏牟的轻佻、帅云的痴情等。最后，越南声色艺术具有综合性和灵活性。与西方舞台艺术的区分性不同，越南舞台艺术往往是歌、舞、乐、剧的综合，没有严格的悲剧和喜剧之分，而是有喜有悲。灵活性则体现在乐工班的相对随意性、喜剧演员的台词和动作的可变通性、演员和观众的互动性、剧本版本的多样性等方面。

❖ 四、绘画艺术

越南绘画艺术大概起源于新石器时代。迄今为止越南发现的最早的绘画作品是位于同内洞（和平文化时期）石壁上的三个笔画最简单的人头像，沙巴地区的石林中也发现了一些人形、兽形图案。

李朝时出现大量反映佛教内容的画作。胡朝时，印刷的纸币上画有图案。黎朝时，越南绘画艺术有较大发展，这一时期的绘画主题以肖像、生活和信仰为主。民间画则主要以祈福、生活、信仰、历史和讽刺等为主题，其中祈福画最为普遍。但总的来看，这一时期的民间绘画艺术在线条、布局、颜色等方面还比较粗糙。阮朝时，越南民间画进入了蓬勃发展的时期。这一时期的主题集中在国家家乡、历史文化、宗教信仰等方面；表现方式以现实主义为主，象征主义和立体手法为辅；绘画技术也逐渐多样化，不仅有纸质画，还出现木版画、丝绸画、磨漆画和油画等。民间画要数越南北宁东湖村和河内还剑湖鼓行街的画最为有名。

磨漆画是越南独具特色的工艺美术品，堪称越南之国宝，更是传承越南民间传统文化艺术精华之重要载体。考古结果表明，在公元3世纪前后，越南漆器就已经具有成熟的工艺和考究的品质。19世纪从法国统治越南开始，越南磨漆器蜚声国际，至20世纪20年代，悠久的漆画艺术得到了广泛的传播，并且开始向磨漆画的方向发展。越南用胶漆装饰宫殿、亭台楼阁的习俗由来已久，并在许多建筑物上留下宝贵的遗产。磨漆画及各种磨漆制品已经遍及越南全国，成为越南重要的出口商品，而在越南美术博物馆里，仅磨漆画就陈列了两百多件精美作品。至今磨漆画仍是越南最著名的艺术输出品之一。

与声色艺术一样，越南绘画艺术也具有象征性、传情性、综合性和灵活性的特征。其象征性首先体现在绘画原理和目的方面，即注重启发性而非写实性，引导欣赏者将目光投向作品的思想性而非形式的美丑与对错上；其次，善于运用强调、省略、"两个视角"、"透视"等手法，着重表现人物内心和情感，因而在形式方面多有减省，哪怕这样会与现实的合理性相悖。比如在《老鼠的婚礼》作品中，为突出统治阶级的地位，猫比老鼠骑的马要大出几倍。《摔跤》画作中除了用鞭炮表现节日气氛外，省掉了其他景致，甚至连看客也没有。再次，运用类型化和符号化的表现方式以满足祈福求寿的文化心理，如龙象征权威，麒麟象征太平，龟象征长寿，凤象征幸福，虎象征力量，鹤象征神仙风格，蝙蝠象征福德等。

越南绘画艺术既注重象征性，又注重传情性，即以象征的形式传达感情的内容。在表现风格方面，既有象征，又有写实；既有动，又有静；既体现时间概念，又体现空间概念；注重阴阳和谐等。这些都是其综合性和灵活性的体现。

五、建筑艺术

民居是体现一个地区或一个民族的地域经济、文化传统、人文景观特征的综合体。越南的民居也有其鲜明的地区和民族特色。越南建筑如同越南文化一样，拥有十分悠久的历史。历史上，越南封建王朝时期受到中国传统文化的影响，随后也渐渐发展出属于越南的独特文化风格。当中国文化开始传入越南时，中国建筑文化也开始对很多越南建筑的基本构造产生影响，寺庙、塔、公共建筑、文人及贵族的宅第、皇家的宫殿均受到很大程度的影响。此外，越南将南方的占城纳入版图之后，占婆建筑（印度风格建筑）也被纳入越南建筑的大范围之内。到了近代的法属时期，越南国内亦建造出较多法式风格的建筑。

（一）越南传统民居

越南早期，人们多居住在高脚屋中，现在越南仍存在类似的房舍。有些地方还可以看见茅草屋时代的民居，还有用简易木棒支撑的木屋或铁皮遮阳小屋。这类民居充分考虑方便实用、就地取材。房顶盖的是茅草、秸秆、竹篾，墙体用竹片纵横绑成方格代替钢筋结构，之后用稻草和淤泥覆盖，稍好一些的是木板结构的房屋，这种结构抗震能力很强。

越南主要民族越族人的传统住房是草庐茅舍，越族人称之为"栏栅屋"。其墙壁是用木条和竹片编织，有的再糊上一层泥巴，或用竹篾夹茅草、稻草等作为墙壁。屋顶盖上茅草、树枝叶或稻草。为防风吹，屋顶还压以砖块、石块。屋内四角以20～33厘米高的木墩（多为苦楝木）或大竹、石头做柱墩，再在柱墩上横竖交叉地架以木条和粗竹片，上铺竹席或草垫。屋内用竹片隔成三个小间。老人住正间，子女住左右侧间。栏栅屋保留了百越"干栏"式建筑的遗风。

此外，越南的各少数民族也受气候和地形等因素影响，因地制宜地建造独具特色的民居。

（二）越南现代民居

现代越南的民居深受法国外来文化和欧洲宗教的一些影响，比较陈旧的民居建筑装饰以欧式风格多见，有极其鲜明的法兰西浪漫色彩。无论是乡村公路或城市街道两侧的民居，外表及内部结构都不尽相同，无不渗透着浓郁的美轮美奂、不拘一格的法式建筑风格。随着近年越南实行革新开放，激活了经济，许多新建的民居除了门面为欧式风格外，特别讲究楼台外形精巧的布局，民居外墙也很少见到瓷砖，多以涂料粉刷。受越南本国传统民俗的影响，色调多为米黄色，越南人称之为国色，整体上显得格外柔和与安宁。

（三）越南融合外来文化的特色建筑

1. 顺化古建筑群

越南人十分重视学习中国建筑技术，参照中国城市布局，如河内城。在李太祖顺天元年（1010），即下诏迁都之年，东、西两市并存，后来逐渐扩展为三十六坊。陈英宗英隆七年（1299年），越南使臣邓汝霖以北京密画宫苑图本等作为建城的参考。如果我们拿唐代长安城，日本平城京（奈良）、平安京（京都）和越南河内城乃至阮朝首都顺化城做一番比较的话，就不难看出古代中国、日本和越南在建筑艺术和城市布局方面的共同渊源。

阮朝时期，越南的建筑艺术和雕刻艺术获得高度发展，其精华集中在首都顺化。顺化皇城建于1802年，是19世纪初期越南封建王朝国力达到顶峰的最好见证，也是越南现存最大、最完整的古建筑群，代表了越南古代建筑艺术的最高成就，是东方封建都城的杰出代表，被列入《世界文化遗产名录》。由三重城墙、众多的壕沟和渠道、数以千计的门和门楼以及砖石构造的拱形桥组成的首都顺化是越南民族建筑中唯一保持完整原貌的遗产，轴线对称与院落空间是其最大特色。顺化皇城也是东南亚地区唯一保存最完整的、按照中国明清故宫形制建造的宫殿建筑群。太和殿、隆安殿是越南独一无二的宫殿建筑，也是越南民族建筑遗产中最大的木结构建筑物。越南紫禁城同北京紫禁城相似，殿名也仿效北京紫禁城。

顺化古建筑群包括了大量壮丽又极其豪华的宫殿、陵墓、堡垒、城墙、庙宇和其他重要的古建筑。该建筑群是越南人民宝贵的精神源泉。古老的风俗习惯、节日、艺术和传统手工艺品都经由这一载体传承下来。因此顺化皇城在越南人民心里有着至高无上的地位。

2. 占婆遗址

美山的占婆庙宇采用红色砖石建成。装饰性的雕刻被直接刻制于砖石上。圣子修道院中第一座木质结构的寺庙建于公元4世纪末，200年后寺庙在一场大火中被焚毁。该寺庙在重修时，使用了大量的更为持久耐用的建筑材料。每一代富强的占婆王朝都修建新寺庙，或对旧寺庙予以修复。4—13世纪，修建的寺庙总数达70余个，从而使得圣子修道院成为王国的圣地。

越南占婆庙塔是一种具有独特魅力的建筑类型。虽然它受到较多国家文化因素的影响，如印度文化，但占婆庙塔的特殊性和独特性无论跟哪个民族相比都毫不逊色。从细节角度来看，每一座庙塔都是一个统一的实体，并且带有传统占婆建筑的特点，这也是其特色之处，所以几乎看不到两座完全一样的庙塔。能取得这样的成就，这也要归功于占婆人的特殊建造技术。在严格地遵循建筑艺术造型规律的基础上，占婆人又有自己独特的艺术创造。

在占婆庙塔建筑艺术的历史中，我们能很容易地发现各建筑样式的变化，这反映了占婆文化的本土化过程。占婆庙塔体现的是一种越南民族本土的、具有独特价值的文化。古占婆人创造出的这种极具特色的景观风貌，是人类丰富的文化遗产的一部分。

3. 法式建筑

法属时期建设的许多大型建筑散布在越南河内各地，如原总督府（今主席府）、原统使府（今政府宾馆）、龙边桥、河内大剧院、同春市场等至今几乎保留完整。法国建筑输入河内改变了河内传统建筑的规模、艺术风格、技术结构和材料。过去以竹子、树叶、木材、砖瓦等材料为主，到法属时期已开始接触建筑设计图，利用水泥、钢筋等新建筑材料。

河内大剧院是法国人于1901年6月7日动工兴建，1911年完工的。其初衷是上演西方戏剧，为法国殖民当局官员服务。该剧院曾见证了越南多项重大事件。经过一个多世纪的洗礼，河内大剧院已经成为河内市民的骄傲，也吸引了大批国内外游客。

河内大剧院以法国首都巴黎的加尼叶歌剧院为样板，因此表演空间、楼梯、走廊等都具有20世纪欧洲歌剧院的建筑风格。河内大剧院占地面积约为2 600平方米，长87米，宽30米，高34米。大剧院门前是广场。建筑师也大量借鉴古希腊建筑元素，使其成为一座融贯欧陆风情的独特工程。大剧院内设一座大型舞台，观众席有870个座位，使用皮革或羽绒座椅。二层和三层设多间贵宾和家庭包厢。大剧院后部建有办公室、演员休息室、排练厅、图书室和会议厅。二层的大厅设有豪华镜厅，用于聚会和宴会。

大剧院是河内市的一座代表性建筑工程。1997年，为迎接越南首次承办的法语国家国际组织会议，河内大剧院按原状维修，以服务于会议。除了具有建筑艺术价值外，河内大剧院还是一处理想的艺术表演场所，并成为旅游者不可错过的一站。对越南人来说，河内大剧院是具有历史意义的地点。河内市民于1945年8月19日在这里举行大规模集会，示威者从这里走向总督府夺回政权，发动"八月革命"，争取国家的独立和自由。目前，河内大剧院是各种重要会议、集会和国内外艺术团演出的举办地。河内大剧院以其作为代表性建筑工程的自身价值成为河内市的宝贵文化遗产之一。

越南建筑具有各种文化融合的特点，中国文化、印度文化和西方文化在这里交汇，不同风格的建筑共同造就了别具一格的越南建筑艺术。

第六章 社会

第一节 人口与民族

一、人口

越南人口密集的区域主要分布在地形较为平坦的三角洲和沿海平原地区。在越南北部以首都河内市为中心的红河三角洲和在越南南部以最大城市胡志明市为中心的湄公河三角洲（九龙江平原），是越南人口最为密集的区域。

根据越南中央人口与住房普查工作指导委员会公布的2019年越南人口普查结果，截至2019年4月1日，越南人口达9 620万，其中4 788万人为男性（占49.8%），4 830万人为女性（占50.2%），在东南亚地区排名第三位，世界排名第十五位。越南地域上划分为8个大区，即红河平原、东北、西北、中部北区、中部南沿海地区、西原、南部东区、九龙江平原。8个大区中，人口密度最大的是红河平原，平均每平方千米为1 217人；人口密度最小的是西北地区，平均每平方千米为69人；人口密度最大的省是北宁省，平均每平方千米为1 227人；人口密度最小的省是莱州省，平均每平方千米仅为34人。

二、民族

越南有54个民族，越族是其主体民族，人口最多，分布最广。53个少数民族中，人口较多的少数民族有岱族、芒族、高棉族、赫蒙族和侬族等。这些人口较多的民族生活在北部的边远深山地区、西原地区、中部地区和九龙江平原。人口较少的少数民族有热曼族、布娄族和尔都族，各只有300多人。

按照各民族使用的语言系统来划分，越南54个民族主要分成南亚、南岛和汉藏等三大语系、八个语支，即越芒语支、岱泰语支、孟高棉语支、苗瑶语支、南岛语支、汉语支、藏缅语支和仡央语支。

（一）南亚语系文化族群

1. 越芒语支

越芒语支包括越族、哲族、芒族和土族四个民族，人口近7 500万（2009年），占国家总人口的87%以上。四个民族有着共同的历史渊源，他们的祖先雒越人最初生活在越南中部和北部平原。考古结果证明，雒越人从早期青铜时代到早期铁器时代的不断发展，最终形成了著名的东山文化。

传统上，四个民族在语言和习俗方面有许多相似之处。但是，由于自身生活环境的不同、历史的变动和外来文化的吸收使这些民族具有不同之处。越族是越南的主体民族，占越南总人口的86%，分布在全国63个省市，而最集中的是分布在各大平原和河流流域。芒族在许多方面与泰国人联系紧密，特别是在社会组织方面。芒族人主要生活在红河和马江平原西方的丘陵山区，集中在和平省和清化省。土族和哲族的人口很少，土族人主要生活在清化省南部和义安省西部，哲族人主要居于广平省北部和河静省西南部的几个乡，哲族由于交通闭塞，与外界联系较少，民众生活贫困。

越芒语支的民族主要以种植水稻和捕鱼为主，传统手工艺发展到较高的水平。越芒语支的民族信仰主要是祖先崇拜。

2. 岱泰语支

在越南，岱泰语支包括热依族、佬族、岱族、侬族、山斋族、泐族等八个民族，总人口近440万（2009年）。岱族、侬族、山斋族、热依族居住在越南东北部，佬族和泐族分布于清化省和义安省。岱族祖先在2 000多年前就已经出现在越南，其他民族随后迁徙而来，只有300多年的历史。

岱泰语支的民族通常居住在山谷中，在水稻种植方面有很高的技术水平，包括使用水牛耕作、集约化耕作和灌溉。传统手工业高度发达，特别是机织织物。家庭制度遵循父权制传统，很早就出现了早期的封建社会组织形式。岱泰语支的民族崇拜他们的祖先，在不同程度上受到儒家、佛教和道教的影响。他们的许多文化价值观也影响了该地区的许多其他民族。在许多地方，泰语或岱语已经成为当地的常用语言。一些民族还根据印度字母或象形文字创造了自己的文字。

3. 孟高棉语支

在越南，有21个民族属于孟高棉语支，即巴拿族、布娄族、布鲁-云乔族、格贺族、遮罗族、戈族、耶坚族、仡都族、高棉族、赫列族、莽族、克木族、康族、墨侬族、热曼族、尔都族、色登族、斯丁族、达维族、兴门族、麻族。孟高棉语支有近260万人（2009年），从西北地区到长山—西原地区再到南部，均有分布。

高棉族有120多万人，主要居住在平原，其他民族主要分布在山区，其中人口最多的是巴拿族，人口近23万人；还有不到500人的民族，如热曼族、布娄族和尔都族。孟高棉语支的大部分民族都是土著人，但由于历史原因，缅人的祖先也迁徙至此。今天许多民族都居住在边界地区，如高棉族、克木族、仡都族、耶坚族和达维族等。

孟高棉语支各民族与该地区的其他各民族有着长期的文化交流。在义安省的西北和山区，他们受到泰国人的强烈影响；在中部高地，他们与南岛语支有许多共同或相似的地方；在南部，高棉族人和越族人之间也有文化交流。

4. 苗瑶语支

在越南，苗瑶语支包括赫蒙族和巴天族等3个民族，总人口超过180万人（2009年）。这三个民族大多数集中居住在北部山区省份，如高平省、太原省、河江省、宣光省、山萝省、老街省、莱州省等。赫蒙族聚居在高地，巴天族主要居住在山腰，一些族群沿着河流和小溪建造村落，这些少数民族顺着地势建高脚楼、建房屋或者是一半是普通住房一半是木头顶、粉土墙的房屋。

这些少数民族人们擅长农业耕作，在山间的耕地和梯田上种植玉米、糯稻、粳稻和各类蔬菜、豆类，同时发展了各类手工业，如炼铁、织布、编制竹具等。尤其是山区的妇女特别手巧，擅长织布、刺绣，为自己、家人和亲朋好友们制作富有民族风情的服装。赶圩的地方是能清晰体现山区文化本色的，从极具族群文化印迹的饮食文化、服饰文化、刺绣艺术、音乐表演和民间文艺等中显示出少数民族族群的全部经济社会生活。

（二）南岛语系文化族群

南岛语居民居住在越南、柬埔寨、泰国，但主要分布在印度尼西亚、东帝汶、马来西亚、菲律宾、新加坡、文莱、马达加斯加、密克罗尼西亚、波利尼西亚、美拉尼西亚、巴布亚新几内亚和中国台湾地区。南岛语居民大约有150个民族，估计人口为2.5亿，其中只有900万分布在中南半岛。

在越南，南岛语支包括占族、埃地族、嘉莱族、拉格莱族和朱鲁族5个民族，总人口超过100万（2009年）。南岛文化带有浓厚的母系色彩和海洋文化印记。他们聚居在越南中部和西原地区，只有一部分占族人生活在南部地区。南岛民族通常被认为是约公元前2世纪迁徙到越南的民族，其中，占族人在中部的沿海平原生活，其他民族沿着长山山脉分散生活。

占族人曾在越南中南部建占婆王国，首都为占城。占婆王国留下了非常丰富的文化，包括很多著名的寺庙。占族文字属于原始印度文字。占族女性擅长编织丝绸和制作陶器。现在，中部沿海的部分占族人信奉婆罗门教或婆尼教。占族的主要传统经济是稻作农业。部分生活在胡志明市和南部省份的占族信奉伊斯兰教。他们主要靠捕鱼、做小生意和造船维持生计。

（三）汉藏语系文化族群

1. 汉语支

在越南，汉语支包括华人、山由族和艾族3个民族，分布广泛，人口众多。在东南亚，许多城市都有华人居住，如新加坡、越南的胡志明市等。

华人分散居住在农村和城市的许多地方，他们的谋生渠道多种多样，但最突出的是经商和服务业。艾族分布在北江省、高平省、谅山省、广宁省、太平省等，以从事农业、制作手工艺品和开设小企业为生。山由族分布在广宁省和越南北部、中部的许多地方，他们主要从事耕种、养牛和饲养家禽以及制作传统手工艺品。

2. 藏缅语支

藏缅语支广泛分布于东南亚大陆，如缅甸、泰国北部、老挝北部、越南西北部到中国南部，以及印度东北部。在越南，藏缅语支包括贡族、西拉族、普拉族和俸俸族等6个民族，总人口近5万人（2009年）。

藏缅语支大部分民族都是在17—20世纪初迁移过来的。他们分散住在越南北部边境附近高山的小村庄里，主要依靠农业种植（种植玉米、水稻等）为生，结合狩猎、捕鱼和采集。在生活中，许多传统元素被保留下来。在藏缅语支民族中非常流行在衣服上使用拼接的彩色布料，带有游牧文化的印记。果核、贝壳和银币也用于装饰或作为装饰品。

3. 仡央语支

在越南，仡央语支有拉基族、拉哈族和布标族等4个民族。这4个民族人口数量不多，主要分布在越南北部的河江省、山萝省和安沛省。

越南有的少数民族没有明显的生活区域，许多民族交叉生活在一起。其中一些民族在不同历史时期迁徙到越南北部和北中部地区，如俸俸族是10世纪迁移到越南的。赫蒙族、山斋族和热依族约300年前移居到越南。

目前，许多越族人已经迁移到越南的山区省市，其中在西原地区生活的越族人也比较多，生活在越南北部各省的大部分少数民族也迁移到西原、东南部和南中部各省。越族是主体民族，生活在越南领土的各个地方，但主要生活在平原、海岛和各城市区里，而除了华族、高棉族、占族，几乎所有的少数民族群体都生活在山区和丘陵地区。

🌸 三、越南民族的主要特点

越南人口总数在10万～100万的少数民族有12个，1万～10万的有21个，0.1万～1万的有15个，1 000人以下的有5个。越南北方是多民族混居区，南方多为单一民族聚居区，中越边境上有侬、华、赫蒙、山斋、热依、克木、俸俸等十几个民族。越南各民族都有自己独特的文字、语言、服饰、风俗习惯、文化艺术和宗教信仰。越南54个民族有以下基本特点：

第一，各民族经济社会发展水平不均衡。由于历史、社会和自然条件等因素的影响，各民族经济社会发展不均衡是多民族国家的普遍现象。越南山区和平原地区经济社会发展水平就很不均衡。居住在平原地区的民族生产生活条件相对便利，社会经济发展水平比偏远山区的少数民族要高。一些民族（如赫蒙族）居住在自然条件恶劣地区，这些民族的社会经济生活有诸多困难。

第二，每个民族都有自己的文化特色。越南民族文化内容丰富，包括语言文字、文学艺术、风俗习惯、生活方式、民族心理等。各民族语言分属不同语系和语族，越南语是其国语，是各民族交流的桥梁，同时，各民族母语和传统文化仍然得到保护和发展，有利于保持各民族自身的民族意识。越南少数民族有丰富的民间文化知识、民歌、音乐、舞蹈等。

第三，越南少数民族居住地区在国家政治、经济、文化、安全、国防、保护生态环境中占据重要的特殊战略位置。越南少数民族主要分布在山区和沿中越、越老、越柬3 000多千米边境线的地区，其分布地区占越南国土面积的四分之三。在这些边境线上有众多越南与邻国交往的交通要道，这便于他们同邻国开展经济、文化交流。这些地区有丰富的森林资源、矿产资源等，如煤、铁、铜、黄金、白银等。

四、三个语系的代表民族

（一）使用南亚语系的代表民族

1. 越族（越芒语支）

越族是越南的主体民族，有7 359万人口（2009年），属于使用越芒语支的民族，分布遍及63个省市，主要生活在平原和河流中游地区，是从原始社会发展至今的本地区原住民。约3 000年前，越族人有很多不同的称呼，如瓯雒、西瓯、雒越。

越族人在越南1 000多年的中国郡县制时期接受汉文化的基础上还保留着古越族的民族特色。

过去，越族男子头包黑布，穿宽大的短上衣、肥大的长裤，跣足或穿木屐。现在上年纪的老人也还有此穿着的。现今越族男子多穿时装，皮鞋和西服也较普遍。妇女过去和现在喜穿无高领的宽袖咖啡色短上衣，用黑布包头，下穿肥大的黑裤。所谓的越南国服，是1938年设计出来的，用各种颜色鲜艳的布料制作的肥大且长至拖地的长衣。从前的妇女爱嚼槟榔，染黑牙，此习俗现在在改变中。槟榔是越族人最普遍但又是最珍贵的礼品。有客人来，必以槟榔相待。越族人以吃大米为主，喜吃糯米，用大米、糯米可制作各种可口的食品。饮食以生、酸、辣和清淡为特色，调料以鱼露为主，无酱油。

在经济方面，自原始社会，古越族人就掌握铸造青铜和铜器的技术，制造铁器作为劳动工具，随着铁器劳动工具的出现，古越族人已经创造了灿烂的古越文明。农业以种植水稻为主，开垦出肥沃的平原。随着稻作文化的发展，越族人已经创造了很多的传统手工业，制造出无数的生活用具。经过千年的发展，越族人的经济生活直到现代时期前（19世纪末20世纪初），仍然是农业与传统手工业相结合的经济形式，被认为是越南和区域具有代表性的经济。

在社会组织方面，越族人在结束山洞生活后，就开始了定居生活，并把村社当作定居生活的场所。村里面常有很多组，以前，每一个村都有亭，作为集中开会和祭祀的场所。越族人的住宅在历史上是干栏，现在农村民居有干栏和平房两种，贫困户住草竹结构或草木结构的房屋，富裕户住矮瓦屋，屋内有厅堂、卧室、厨房等。每村有一座公共建筑，供村民聚会、娱乐。

从物质文化、精神文化到文化交流，越族人创造出本民族的特色文化，有选择性地吸收了其他文明的优点，以丰富自身民族文化。越族文化的表现形式丰富多样，例如在信仰文化方面，从祖先崇拜到祭拜民族英雄，并在此基础上吸收了佛教、儒学、道教、天主教等的内容。从传统文学到现代文学的众多文学艺术创造也是越族人十分典型的文化特色。其民间文学艺术有丰富的体裁，如神话传说、歌谣、民歌、俗语等，反映了民族生活的各个方面，越族的民间文学为保持其民族特色做出了巨大的贡献。书面文学也在李朝、陈朝时期取得了巨大的成就，特别是15世纪以后出现了许多杰出文豪，如阮廌、阮攸、胡春香等。此外，各种艺术形式，如美术、音乐、舞台表演等发展到较高水平，得到专业性发展。

越族信仰大乘佛教、儒教、天主教、高台教、和好教，崇拜、祭祀祖先，每家都有祖先神台，都有家谱记载祖先来历。各宗族有一位长者任族长，处理本宗族内部的事务。越族人的姓名一般由3个字组成，呼唤时只叫最后一个字。第一个字是姓，第二个字有5种作用：一是复姓；二是作为支派的标志，因此祖、父、孙几代人的名字第二个字是相同的；三是双名；四是不同辈分的标志；五起衬垫作用。第二个字男性多用"文"字，女性用"氏"字。

2. 侬族（岱泰语支）

越南侬族人口约有96.88万（2009年），为越南第三大少数民族，主要居住在越南北方的北江、老街、高平、谅山、太原、河江、广宁、宣光各省以及西原地区的林同、多乐两省和南方的胡志明市。

早在东汉到魏晋南北朝时期，当时的岭南西部（即后来的两广地区）的土著居民中就出现了一些大姓，如番禺的吕氏、钦州的宁氏、邕州的黄氏和侬氏等。到了宋朝，侬氏势力在广西和越南北部地区为最强。从居住在越南侬族的一些居民家中保存的家谱和唱本的内容中了解到，他们迁居越南至今不过十代左右，即只有几百年的历史。

侬族居住在不同的地区，并分为江侬、安侬、雷侬、万承侬、照侬、英侬和贵林侬等多个支系。侬族人常分处一个个村寨生活，每个村为30～70户家庭。村前为水稻田，村后是坡地和果园。

住房主要分为传统高脚屋和土基平房，此外还有一种是半高脚屋半平房形式。侬族住房通常较宽大，铺阴阳瓦，以木板分为内外两部分。内屋有火塘和女居室，外屋是男居室和摆放供台的地方。

和其他民族色彩斑斓的服装不同，侬族服装比较简单，常用粗布缝制并染成靛蓝色，基本上没有刺绣或装饰花纹。男性服装为对襟，竖领，布纽扣，常有四个或两个口袋。女性服装有五个衣襟，腋下系扣，常在袖口或胸前缝上不同颜色的布块作为装饰。

侬族以种水稻为主。自然采摘这种经济形式依然存在。女人到森林里或到田地上干活时，常在身旁挂着小篮子，以采摘各种野菜、蘑菇、木耳等，丰富日常饮食。侬族擅长垦荒修整梯田，开垦平原土地种植水稻。除了以大米作为主粮外，侬族还种植玉米、木薯、各种杂粮等农作物，以及常年水果、经济作物，其中要特别提到八角、香桂、砂仁等高经济价值的作物。侬族的饲养业较为发达，培育出了多种高经济价值的优良品种，如著名的孟姜黑猪、高平马等。

除了农业生产外，侬族还从事多种手工行业，主要服务日常生活需求。妇女种棉、缫丝、织布、染布等。男人从事打铁、铸造，制作木器、阴阳瓦，造纸等。勤恳劳动、孝敬父母、充满人情味，是侬族家庭关系中的优良传统。

侬族有许多独特的节日盛会和风俗习惯，其中吸引众多不同年龄人群参与的是每年农历正月举行的侬峒节（即下田节）。侬族在每年农历三月初三举行仪式，缅怀祖先和逝者。

侬族有着丰富的民族文化和多种极富特色的民歌。侬族的集市也相当发达。他们赶圩不仅是为了进行商品交易，而且还互相见面交流。侬族青年尤其是万承侬青年很喜欢赶圩，对歌交友。此外，侬族还有舞狮的习俗。

（二）使用南岛语系的代表民族：占族

作为生活在越南领土上的54个民族之一的占族，人口约为161 729，主要集中生活在宁顺、平顺两个省，另外在安江、平定、同奈、富安、西宁和胡志明市等省市也有分布。占族是越南的一个本土民族，具有千年的发展历史，公元前后吸收了印度文化，形成了具有特色的占文化。占族人以农业为主，他们种植水稻，耕作技术比较成熟，而最典型的就是水利工程技术，其引渠灌溉技术相当完善，占族也是在越南种植水稻最古老和最发达的民族之一。发展农业的同时，占族人也熟练掌握手工业技术，如制瓷业、棉纺织业，同时也发展商业和渔业。居民集中生活在邑中，每邑有50～100户，掌权者叫作"长老"，每邑都有公共的场所，许多邑组成村，村里的长者担任头领。村里和邑里的房子要遵守一定的次序，房子和门的朝向也要遵守一定的规定。占族人信仰伊斯兰教和婆罗门教。

在文化艺术方面，占族人为后代留下了很多宝藏，除了丰富的民间文艺宝库，还有数百座壮丽的占婆塔、美山圣地等。

（三）使用汉藏语系的代表民族

1. 华人（汉语支）

大多数的越南少数民族生活在山区，只有三四个少数民族生活在平原地区，华人就是其中之一。他们分散生活在越南各省的农村和城市。华人根据自己居住地的不同而采用不同的谋生手段，无论在哪里他们都辛勤劳作，在商业和服务业等行业里取得了巨大的成绩。华人一般都聚居在一起，在农村分成村落，在城市里有帮会；普遍居住在

"门"字形状的房子内，通常采取3间主房、2间次房的居住模式，4~5代人始终维持着传统的父系大家庭。

华人的传统服饰只有一些老人穿着或在婚礼、葬礼等各种仪式上才能看到。在华人社会中非常重视与同姓人的关系，每一个姓氏都有一个祭拜祖先的祠堂。生产经营活动经常有相应的职业会所，这些协会都有行业神，华人还会在每年特定的时间祭祀。葬礼仪式从报丧到追悼会都要严格遵守。突出的民间信仰是祭拜祖先。华人祭拜各种保佑神（如灶王爷、土地爷、财神爷等）以及一些神灵和菩萨。与儒教、佛教、道教相适应的寺庙体系相当发达。华人的文化、文艺生活丰富，有不同主题的"山歌"，有许多种乐器演奏的歌剧，春节庙会时的舞狮子和舞麒麟，太极拳以及许多传统民间游戏。

2. 布标族（仡央语支）

布标族主要生活在河江和宣光省的同文、安明等县。该族人民在18世纪前已经在该地区生活。布标族人主要以刀耕火种和做梯田为主要谋生方式。他们使用犁进行深耕、杂耕等。传统农作物主要有玉米、稻谷、三角麦、豆类等。目前，随着经济技术的发展，布标族人的农作物越来越丰富，增加了包菜、卷心菜及草药等，在他们房子周围种着许多水果树，如梨树、桃树、李树等。

布标族人擅长制作木雕。最近几年，为了满足村里和地区附近的人民对建设材料的需求，许多家庭开始生产砖瓦。很久以前，布标族人过着定居的生活，若散居在山区，四五户家庭便一起生活，组成居民组。

布标族妇女常常穿两件衣服，外衣分开，没有扣子，穿在里面的衣服从右边的腰部扣扣子，下面穿黑色的裙子，裙子外面带兜肚。她们的衣服以多颜色的装饰方式为主。头发束在头顶，用木头的小梳子扎着，头顶上戴花纹鲜艳的方巾。

布标族家庭的普遍形态是父系家庭，以前，富贵家庭存在大家庭形式。跟其他少数民族相比起来，布标族人对婚姻的规定比较严格，一夫一妻的制度很早就制定了，离婚现象和多妻现象罕见，结婚以后在婆家生活，没有入赘的习俗。现在，布标族与其他民族通婚的现象较为普遍。

在布标族人的观念中，每个人都有八个灵魂和九个魄，这对人的身体有较大的影响。布标族人在春节腊月二十九日或者三十日有为家庭每个人招魂的风俗。布标族人祭祀三代祖先，在祭台上有几个陶瓷的小缸，每一缸代表一代。当有人生病时，巫师占卜后判有应该分开祭祀的某位祖先，就多放一缸。

过春节的时候，布标族人在大年二十九日晚上有包黑粽子的习俗，以便结束过去的一年，并在三十日包白粽子来迎接新年、祭拜祖先。春节三天期间不能洗碗和洗筷子，而只能用纸来擦。从正月初三到正月十三全村举行动土节仪式，这个节旨在开始新生产季节，祈求村寨平安、人们身体健康。布标族人按照十二生肖来算时间和年历。

布标族人是目前还使用铜鼓的少数民族之一。以前，铜鼓得到普遍使用，而现在只在举行仪式时使用。布标族的铜鼓包括大铜鼓和小铜鼓两种。铜鼓有一对，即公鼓和母鼓。打鼓的时候，两个鼓面对面，打鼓人站在中间。布标族人把铜鼓放在楼层，不用的时候禁止把它搬移出去。他们认为玉米和稻谷的灵魂很怕鼓声，因此，只有粮食收获以后，他们才举行仪式。使用铜鼓之前要祭拜每个铜鼓。

第二节　宗教

越南是一个多民族、多宗教的国家。据统计，越南信教人数约占越南人口总数的80%，各个民族都有自己的宗教信仰。

❖ 一、越南各民族的信仰简介

1. 祖先崇拜（祭祀祖先）

祖先崇拜是越南主体民族——越族普遍的信仰，同时也是岱族、侬族、芒族、华人、赫蒙族等少数民族的信仰和崇拜，被视为本地民族的宗教信仰。越南众多民族崇拜祖先，有关信仰仪式相同或相似，但不同民族都具有其独特性。比如：芒族的祖先崇拜是祭拜巴维山神。在越南，祖先崇拜受到其他宗教信仰的影响，如佛教、儒教。

越南的一些少数民族保存有图腾崇拜，尤其是使用孟高棉语族语言的民族，如克木族、兴门族、莽族。同一血统的族群选择某一种动物、植物作为自己崇拜的对象，如虎、狗熊、狗、狐狸等。

2. 与人生周期有关的信仰形式

有很多信仰、仪式的形式与人的一生，从生到死相关联，越南的民族主要有以下几种典型的信仰形式：

（1）与婴儿出生相关的一些信仰仪式，其中，最具代表性的是祭拜母婆和满月仪式。按照越族民间观念，人的身体是由十二母婆捏造的，每一个母婆捏造一部分身体。在满月仪式上要祭拜母婆，以表示对母婆的感谢并祈求母婆们保佑婴儿。

以前的越族和现在的少数民族还有母婆祭台，当孩子生病或者遇到困难（摔倒）的时候，越族人常常祈祷母婆保佑。

（2）与婚姻有关的信仰仪式：在越族中，男女结婚时需要由一位叫作月老的神灵主持。有时候，人间把这位神灵女性化成"月婆"，所以在越族人的观念中，月婆像媒婆一样安排青年男女见面并结缘。

像越族人一样，在侬族人和岱族人的观念中，一样存在表示爱情的女神，叫作"二女神"。因此，在举行盛会的时候，有很多青年男女举行各种仪式，向这位女神祈求姻缘。

（3）与葬礼有关的信仰仪式：这是人们最早的信仰之一，从旧石器时代出现后一直到现在。

芒族、赫蒙族认为人死后会到另一个世界里生活；倮倮族在埋葬逝者以后，会举行各种招魂仪式。

3. 与职业相关的信仰

对越南人来说，与职业相关的活动都有信仰形式，其中最为普遍和重要的是农业信仰。此外还有手工业、渔业和商业。

农业信仰：越族人以种植水稻为主。很久以前，在这里的人以及许多其他东方国家的人都受到原始阴阳宇宙观念的影响。越族人农业信仰的代表是求雨仪式、稻谷神、龙神等。岱族人、侬族人信仰农神、"二女神"等。这些信仰的主要目的是祈求风调雨顺和五谷丰登。

行业神信仰：这种信仰主要是祭拜某行业的开创之人，主要存在手工业中。人们常在庙、亭里祭拜行业神。此外，越族人最普遍的是拜财神。按照民间观点，财神是给人们带来财禄的神。这种信仰日益受到商家的青睐。

对于渔民来说，他们在海上捕鱼时经常会遇到风险，所以在很久以前就形成了多种信仰仪式，其中最具代表性的是广平省以南地区的渔民信仰鱼公。

4. 神灵信仰

神灵信仰是越南很独特的信仰，产生于人们的生活。他们认为，人们周边也存在一个无形的世界，在那里，神灵陪伴着人们并保佑他们平安。

有神灵信仰的家族在祠堂供奉祖先神灵。另外还供奉其他神灵，比如土地神、财神等。在乡村范围里，有城隍、圣师；在国家范围内，祭拜历代圣君以及民族英雄，如陈兴道、黎利等。这些都是对国家做出过重大贡献的历史人物，去世以后成为圣神，人们为其建庙并供奉他们。

目前，在越南少数民族社会，尤其是越北山区的少数民族中，因为受到儒、佛、道的不同影响，因此形成了各种形式不同的民间信仰，如拜佛、拜神、拜玉皇大帝，从而也形成了专门从事宗教祭拜的神职人员，如巫公等。

除了以上这些信仰以外，越南人还有道教、儒教、佛教和伊斯兰教等信抑。另外，越南还有许多融合本土信仰和上述宗教的信仰形式。越南人有一整套非常丰富和复杂的仪式、风俗、禁忌，从而构成了越南人民精神生活丰富的图景。

二、越南的主要宗教

越南的主要宗教有佛教、道教、伊斯兰教、天主教、基督教新教，同时也有本土宗教，如高台教、和好教等。越南约有 2 000 万信教的民众、近 62 500 名宗教人员和 22 354 处宗教活动场所。目前越南有 3 所佛学院、6 所天主教神学院、1 所基督教神学院和 40 所宗教人员培训机构。

1. 佛教

公元 2 世纪，佛教从印度传播到越南，传播方式有两种：一是通过水路上与印度商人的贸易传播；二是通过陆路上与古代中国的文化交流传播。佛教是以和平方式传播到越南的，同时佛教教义主要宣扬平等、博爱、救苦救难等，与越南的传统文化及民间信仰接近，因此，较容易被越南统治阶级和民众接受。佛教在越南发展的历史进程中兴衰更迭。佛教在李朝和陈朝，被视为"国教"。这一时期，很多僧侣不仅是修行者，而且是政治家或文学家。李朝和陈朝的皇帝崇尚佛教，他们退位以后出家、隐居。经过近2 000年的发展，佛教的思想、文化、道德规范以及生活思想已经深入人心，并成为大多数越南人精神生活的主要内容之一。

1920—1975年：阮朝末期及法国侵略越南以后，佛教的地位逐渐衰落。20世纪二三十年代，由于国内的要求，并受到中国和日本振兴佛教的影响，越南佛教也有一定的发展。这个时期，佛教在民族历史上发挥了很大的作用，尤其是参加了反对殖民主义、帝国主义侵略的斗争。1954年后，美国与越南南方政权以天主教为主要宗教，并设立统治机构，镇压佛教及其他宗教。尤其是吴庭艳政府在越南南方依靠美国及一部分极端天主教的势力建立统治机构，镇压人民并迫害佛教。因此，在南方发生了许多佛教反抗运动，其目的是为了反抗宗教歧视政策、倡议爱国运动，反对帝国主义侵略。

越往南走，佛教内容越丰富，不仅体现在宗派和佛教理论上，而且体现在与其他宗教的融合上，佛教甚至成为形成南部地区革新宗教的要素。佛教现代化的倾向在建设和巩固各宗派组织、培训方面也日益明显。

在越南民族的发展进程中，尤其是经历了抗法斗争和抗美斗争，越南国家领土南北分裂。至1975年，越南佛教已有巨大变化，社会政治倾向、理解、吸收佛教理论和修行方式等方面都被分化，越南全国佛教统一性减弱。1981年，越南全国佛教组织举行了佛教大会，合并为一，取名"越南佛教会"。此大会通过了宪章、活动项目并确定组织机构，选举教会领导机构。

目前，越南佛教会有700万名正式信徒，4.2万个分支机构，有15 500个佛教活动场所。越南佛教组织分为不同的派别，如北宗派、南宗派、密宗派等。在组织方面，中央级别的有越南佛教会，在地方，有省、市佛教委员会，郡、县、镇有佛教代表委员会。现在，大多数佛教代表以及信徒继续发扬爱国传统，与民族发展紧密相连，按照"教法—民族—社会主义"的方针，积极履行地方政府提出的各类政策主张并支持越南佛教会在全国团结统一的主张。近年来，越南佛教注重举行佛教培训班和各类佛教讲座，印发资料，积极参加社会慈善事业及道德教育活动。以国会代表、委员会代表和各级越南祖国阵线委员会成员的身份参加国家以及各级政府的各项活动。尤其是，在市场体制带来的贫富两极分化、社会陋习的负面影响下，佛教的各项活动为保持越南民族的道德、传统文化以及社会秩序的良性发展发挥正面的作用。

在当前的情形下，越南佛教本身也存在许多问题，平原、城市地区和少数民族居住的偏远地区的僧尼在文化水平、佛教理论的修行方面参差不齐；佛教在越南全国各地发展不平衡，佛教的大多数信徒主要是越南的主体民族——越族，另外，尤其是高棉族几乎全族信仰佛教。而在山区，特别是边远地区、少数民族居住区和边界地带，佛教的发展程度尚不及其他宗教。在一些地方，寺庙的祭拜活动带有商业色彩，如祈平安、求签解难、抓阄等。

2. 伊斯兰教

越南信仰伊斯兰教的群体主要是占族人。伊斯兰教在公元8—15世纪，通过和平的方式，伴随着占婆国的衰败以及印度教（占族人以前的国教）地位下降的背景下而传入占族。由于地理位置、传教形式、生活条件和占族人与外部，尤其是与伊斯兰教世界的交流程度，在越南形成了有诸多区别的两个不同的伊斯兰教派。

第一，在宁顺省和平顺省的伊斯兰教主要从印度传入并与外界的伊斯兰教少有接触，因此也可以称作婆尼占。其主要特点是宗教信仰和宗教活动仍然具有浓厚的占族传统文化特色。伊斯兰教的观念和仪式已经本土化和民族化，适应占族的女神崇拜、母系家庭制度和农业相关信仰等特点。

第二，越南南部地区的伊斯兰教派，如安江省、胡志明市、同奈省、西宁省，被称为伊斯兰占。这一支派的伊斯兰教是正统的伊斯兰教派，很少和民族传统信仰、风俗习惯融合，经常通过东南亚的伊斯兰教群体与外部伊斯兰教世界联系，如柬埔寨、马来西亚、印度尼西亚以及中东地区的阿拉伯联合酋长国。这种联系在1986年以后得到充分发展，越南革新开放后，许多信徒前往信仰伊斯兰教的国家，如马来西亚、阿拉伯联合酋长国，学习宗教、语言以及科学知识；协助投资生产、经营资金，为各宗教组织和国内信徒提供宗教材料；信徒到麦加圣地朝拜。

由于生活地点相对分离，伊斯兰教的这两个教派具有一定的区别，很少往来，但是也没有相互歧视。然而，婆尼占很少在南部寻找发展机会，相反，伊斯兰占一直在寻找传入婆尼占的机会，并在宁顺省和平顺省已有少量信徒。在扩张势力范围的过程中，婆尼占信徒与传教士和当地刚改信伊斯兰占的信徒产生了矛盾。

1960年，伊斯兰占族人成立了越南伊斯兰教占族协会，办公地点设在西贡（现在的胡志明市），1966年，又在州督省（现在的安江省）成立了越南伊斯兰教圣堂宗教委员会并存续至今。越南的伊斯兰教目前有正式信徒约76 000人、700名工作人员及77处宗教活动场所，有五个组织已得到国家的认可，包括胡志明市伊斯兰教信众代表委员会（1992年成立）、安江省伊斯兰教信众代表委员会（2004年成立）、宁顺省婆尼伊斯兰教委员会（2007年成立）、西宁省伊斯兰教信众（临时）代表委员会（2008年成立）、宁顺省伊斯兰教信众临时代表委员会（2011年成立）。

越南的伊斯兰教信徒一直安心修行，遵守伊斯兰教教义，履行公民义务，拥护各级党委的领导和地方政府的管理。各伊斯兰教信徒和工作人员常常希望扩大、维持和世界伊斯兰教组织的关系以及去麦加圣地朝拜。在过去的几年里，越南的伊斯兰教信徒和工作人员人数增长缓慢。尽管主要是在占族群体中发展信徒，南部和中南部的其他一些民族已经开始有人改信伊斯兰教，但人数仍然很少。同时，还有一部分信仰伊斯兰教的外国人在越南工作、学习，他们主要居住在大城市，如胡志明市和河内。

3. 天主教

越南的天主教是葡萄牙、西班牙和法国传教士在16世纪传入的，其传入、发展的过程演变复杂。传教初期，天主教的传教活动遇到的阻碍较小。尽管如此，他们在这一时期的传教收效甚微，到了17世纪，当天主教信徒数量相当多的时候，教主建立了里路和外路两个教区并把它们交给两个法国人管理。到了18世纪末，越南天主教教会已有三片教区（里路、外路、外路西部），有约35万的信徒和70名越南神父。

阮朝时期，天主教传入越南的过程很复杂。初期，越南封建王侯允许西方传教士到越南传教，并许以好处，当看到传教士不仅仅是传教而且还充当外国侵略势力的急先锋时，他们改变了态度。当法国完全暴露侵略越南的意图时，阮朝政府实行严格禁止传教的政策，这一点引发了天主教信徒一定程度上的不满，他们落入了殖民主义分化信徒的圈套中，给法国人侵略越南以可乘之机。

　　天主教通过各种方式传教，包括武力和战争，所以其发展相当迅猛，并在一些越族聚居区如北部平原形成了虔诚信徒聚集的教区，如宁平省的裴周教区和发艳教区。天主教向山区和少数民族地区传播。在北部山区，从19世纪后半叶开始，法属政权任用信仰天主教的官员把一部分平原地区的信徒迁移到山区。此时，在这些山区，天主教出现了官员传教的现象。1954年，天主教在几乎北部山区各省都有分布，有数以千计的少数民族信徒，如侬族、岱族和赫蒙族等民族的信徒。《日内瓦协议》签署后，法国人退到南方，并蛊惑信徒上演了一出"耶稣已到南方"的闹剧，这使得约90万名北方信徒迁移到南方。除了越族人是主要信徒以外，还有一部分是侬族、芒族信徒。这些移民主要分散居住在越南西原和东南部地区。

　　在长山–西原地区，一直到1848年才有来自巴黎的传教士到广南省和昆嵩省的山区传教。起初并没收到很好的效果，甚至一些传教士还被当地有不同信仰的民众杀害，但是此后，传教士吸取教训，把传教工作与当地民族的信仰特点、风俗习惯、语言和生活方式联系在一起，因此，信徒数量日渐增多，传教范围日渐扩大。到2012年，仅昆嵩省就有130 352名天主教信徒，占全省人口的35%，其中少数民族信徒占78%。

　　最近几年，越南的天主教有迅猛发展的势头。人口的自然增加带动天主教信徒数量的增加。目前在越南的天主教，有约600万名信徒，约2万名宗教人员和6 000处宗教活动场所。虽然天主教内部分成了许多不同的派别，但是天主教信徒有共同的宗教组织。目前，越南的各级政治体系中，有数以千计的天主教信徒是在许多领域工作的干部、职员、公务员等。

　　4. 基督教新教

　　基督教新教在19世纪末到20世纪初由福音和传教联合会的基督教组织传入越南。但由于法国人的阻挠、天主教的镇压、其他宗教信仰的影响和越南民族具有深厚的传统文化，一直到1911年基督教新教才在岘港建立了第一个教区。自此，基督教新教教会的一系列宗派先后传入越南，如1927年越南基督教新教圣会总联合会成立。

到1954年，越南的基督教新教约有6万名信徒和近100名主要属于越南基督教新教总圣会的牧师。此外，还有一些信徒和牧师在福音基督组织中传教。1954年以后，越南分南北两部分，南北两地的基督教新教有一些差别。在北部，由于信徒和牧师移居到南方并转入西贡的总联合会，1955年，留在北方的信徒和牧师成立了（北方）越南基督教新教圣会总联合会并留存至今。

1975年以前，越南南方约有20个不同的基督教新教系派活动。这些系派经常相互争夺信徒，偏重政治、社会、教育活动。其中，（南方）越南基督教新教圣会总联合会是最大的派系，越南南北统一以后，随着海外牧师的离开和一部分越南传教士、信徒和牧师的离散，（南方）越南基督教新教圣会总联合会活动逐步减少。

在革新开放时期，基督教新教在越南全国蓬勃发展，但最集中的地区仍然是西原和西北少数民族地区。获得国家承认的10个组织是：（南方）越南基督教新教圣会总联合会（2001年成立），（北方）越南基督教新教圣会总会（1958年成立），越南基督教新教传教会（2006年成立），越南巴地总会（2008年成立），（南方）越南巴地圣会（2008年成立），越南服林基督教新教教会（2008年成立），越南长老基督教新教圣会（2008年成立），越南门诺圣会（2009年成立），越南基督教新教联友圣会（2010年成立），越南五旬福音圣会（2009年成立）。

在上述10个组织中，有两个规模较大的组织是（北方）越南基督教新教圣会总会（1958年成立）和（南方）越南基督教新教圣会总联合会（2001年成立）。它们以"福音生活、供奉天主、服务祖国和民族；遵守越南社会主义共和国的宪法和法律，遵守当地政府的规定进行宗教活动"为活动方针。

2012年，越南基督教新教正式信徒有857 319名，3 000名宗教人员和500处宗教活动场所。其中少数民族的信徒约有63万名，占越南基督教新教信徒总数的73.48%。在北部山区，赫蒙族信徒有174 429人（包括迁移到西原地区的信徒）。在南方，少数民族约有40万信徒，主要是西原的少数民族，如埃地族有113 048人，嘉莱族有46 355人，格贺族有61 122人，其他少数民族只有几百或几十人。

越南信仰基督教新教的人数日益增加,值得注意的是,有一部分基督教新教信徒是国家干部、教师、学生以及在社会有较大影响的人,如家族头人、山村头人等。

5. 高台教

高台教全称为"大道三圻普度高台教",是越南的本土宗教,也是越南第三大宗教(仅次于佛教和天主教)。其教义认为:上帝曾两次普度众生,如今,上帝化身为"高台仙翁大菩萨",简称"高台",创立了一个"大教",把世界上的宗教统一起来,将第三次普度众生,故称为"三期普度"。高台教的宗旨是"天人合一、万教一理"。高台教创立于1926年,创始人是吴文昭和黎文忠。高台教的主要宗教中心位于胡志明市西北约100千米处的西宁。

高台教是一种融合性宗教,融合了世界上许多主要宗教的元素,包括佛教、儒教、基督教、印度教、伊斯兰教、犹太教、道教以及越南的本土宗教。释迦牟尼、老子、孔子、观世音、耶稣,甚至李白、关公、姜太公、牛顿、维克多·雨果、莎士比亚、丘吉尔、孙中山等历代东西方圣贤都被列为该教崇拜的对象。在神台的最高处画着一只大大的眼睛,称为"通天眼",意为可以看透世间一切。

高台教的祭祀仪式十分烦琐,服装要求严格,拜颂时各祭司分别穿着代表儒教的红袍(代表权威)、代表佛教的黄袍(代表德行)、代表道教的蓝袍(代表宽容),而信徒则身穿白袍。信徒脱鞋进入庙宇后,在主持人的带领下,面朝神坛,念经颂唱。所念经文综合了佛教、道教、儒教等经典的内容,改编成上口押韵的经文格式诵读。每天按照卯、午、酉、子时举行四次仪式。每个月的朔日和望日举行两次较大的祭祀仪式。每年的农历一月初九、二月十五、四月初八、七月十五、八月十五、十月十五和腊月十五举行盛大的祭祀仪式。

越南的高台教信徒约有300万人。在国外,大约有3万名信徒,主要分布在澳大利亚、加拿大、欧洲和美国。

6. 和好教

和好教又称为和好佛教,产生于1939年,由黄富数在州督省新洲郡和好村(现在的安江省富新县)创立。从创立至今,和好教主要在九龙江平原地区活动。近年,和好教有近150万名正式信徒,2 579名宗教人员和39处宗教活动场所。

　　和好教产生的根源被认为是在两次世界大战期间，越南南部地区的经济、社会、政治环境变得十分复杂，南部地区农民的心理认知、道德生活方式、性格特点和信仰生活等受到振兴佛教运动的影响，从而形成的。和好教确立的宗旨和目的是"为道法，为民族"（奉道与爱国和爱民族紧密相连）和"学佛，修人"。

第三节　　传统风俗

　　越南是一个有着54个民族的多民族国家，各个民族都有自己的风俗习惯，在礼仪、庙会、饮食、服装、禁忌等方面各有差异。越族作为越南的主体民族、历史悠久，文明程度较高。因此，在越南各民族中，越族的风俗习惯具有一定的代表性。

❋ 一、饮食

　　越南的气候、地理环境和农业生产模式决定了越南人获取淀粉和蛋白质的途径。多雨的热带季风气候和江河平原有利于水稻和蔬菜的种植，有利于各种鱼类的生长，大米、蔬菜和鱼类是越南饮食的基本食材。

　　越南人以大米为主食，爱吃粳米，有的民族则以食糯米为主，法国的殖民者还给越南带来了吃面包的习惯。以大米为原料制作的米粉是越南人的最爱，单单米粉的种类就有十几种之多，从北到南叫法也有区别，再根据制作方式和添加辅料的差异，竟可以变化出上百种米粉。河内市的几乎每个街区都有自己引以为豪的招牌米粉店。

　　越南的河流、湖泊、水塘众多，鱼虾产量大；海岸线长，海域面积广，有不少丰产渔场，海产品丰富，海鱼产量极大，所以鱼在越南人生活中占有重要地位。越南人烹制鱼时一般采用清蒸和油煎两种方式。用鲜鱼加工而成的"鱼露"是越南人日常生活中不可缺少的调味品，其地位、作用相当于中国的酱油。其他肉类副食还有牛肉、猪肉和鸡肉等，不少地方还有吃狗肉的习俗。蔬菜和腌茄子也很常见。大米饭、清水煮空心菜浇鱼露、煎鱼块，外带小螃蟹酸汤，是越南人最爱吃也最常见的家常饭菜。越南俗语云"无鸡不成席"，每逢节日、祭日或办酒席必不可少的是白切鸡。此外，炸春卷、酸肉丸、方粽子、烤肉等也是越南人常见的节日菜肴。

在饮料方面，越南人喜欢饮酒、喝茶、喝咖啡。越南传统的酒类，主要有糯米酒、菊花酒、莲花酒、槟榔酒等。由于越南地处热带，啤酒越来越成为城市居民，尤其是青年的最爱。茶是越南人最常见的饮料，不少人喜欢喝"功夫茶"。农村人多喝粗茶，城市人喜欢喝绿茶，无论贫富，每家都有一套茶具，可见喝茶在越南之普遍。喝咖啡也是越南的一大特色，以西原地区所产的咖啡为佳。在饮食器皿方面，越南人用筷子吃饭，开饭时把菜和汤放在圆形或方形的大托盘上，一起端出，置于床上、席上或茶几上，全家围坐而食，两腿盘坐是比较普遍的姿势。在城市，坐在餐桌边吃饭逐渐取代席地而食。

自古以来越南人还有嚼槟榔的习俗。长期嚼食槟榔，嘴唇变红，牙齿变黑，以前妇女以此为美。据说，嚼槟榔还有健齿和杀菌的作用。槟榔在越南人的社会生活中还有重要的社交作用，婚丧嫁娶、节日祭祀都要用到槟榔。

总体来看，越南人喜食生、冷、酸、辣的食物，饮食清淡。

二、婚俗

越南现行婚姻法规定男子20岁、女子18岁可以登记结婚，实行一夫一妻制，结婚需到政府相关部门办理婚姻登记手续。由于各民族风俗习惯不同，民间的婚俗各具特色，在农村，这种特色体现得尤为明显。提亲订婚要通过媒人介绍，然后男女双方见面，最后由父母双方决定。一门亲事一般包括问名礼、红绸礼、订婚礼、送彩礼、缴费礼、婚礼、喜酒礼（由男女双方家庭分别主办）、回门礼等步骤。现在虽然提倡自由恋爱，但一旦确定关系，还是要托媒人上门提亲，问名、订婚、送彩礼、婚礼四个主要环节不能少。不过这些都是传统婚俗，今天越南人的婚俗已经发生了较大的转变，尤其是在城市，程序已经大大简化，但无论如何简化，婚礼是必不可少的。

越南少数民族的风俗也颇有特点。芒族举行婚礼当天，新娘会烧一锅污水，全家放声大哭，新娘被迎出门时，娘家人就会向参加婚礼的人群扔大米和盐，并把准备好的污水泼向人群。赫蒙族还遗留有抢亲的习俗，先把姑娘抢到手，第二天"新郎"去敬告"岳父岳母"，使其放心，第三天"新郎"托媒人去提亲，最后把彩礼送到女方家及其村寨。

🌸 三、传统节日

越南很早就使用中国历法。越族民间节日与中国基本相同，只是赋予一些节日新的内涵，或因地制宜地增减一些庆祝方式。比较重要的传统节日有春节、上元节（元宵节）、寒食节、雄王节、清明节、端午节、中元节、中秋节、重阳节、冬至节、祭灶王等。

1. 春节

春节是越族最重要的传统节日。与中国一样，春节是辞旧迎新、合家团圆的时候，有贴春联、采绿、开笔、冲喜、贺岁、送年礼以及各种娱乐活动。

从腊月二十三祭灶王开始，家家户户打扫房间，清理旧物垃圾，整理供奉祖先牌位的供桌或供台，理发，置办新衣服等。到年三十，家家户户都贴上了春联，春联有直接用汉字书写的，也有用越南文书写的。除夕夜一般要守岁，等待新年的来临。除夕时刻，燃放鞭炮。大年初一开始互相拜年，人人见面都要说吉祥话，越族人还特别忌讳有不吉之人"冲喜"——开门看见的第一个人，因此，过去的一年家里发生不吉之事的人在大年初一上午都会自觉在家待着。同时第一个来拜年的人非常重要，因为这预示着新的一年全家的运势，不少家庭会事先安排最亲近和尊敬的亲友第一个来拜年，被邀请第一个来拜年是很大的面子。在农村地区，拜年时要喝点酒、吃点菜，主人才高兴。孩子给长辈拜年，长辈会给孩子压岁钱。此外，春节还有"采绿"的习俗，越南语"绿"与"禄"同音，"采绿"即有"进财进禄"的寓意。一般在初一（也有在除夕夜的）早上，越早越好，到庭院或田野采一枝新绿的枝条回家，插在瓶中，预示来年财运好。

越南春节的传统食品中最具特色的要数年粽，年粽也是过年祭祖必备的祭品。年粽与一般粽子相比，要大很多，且是方形的，与之相配的是圆形糯米饼，象征"天圆地方"。此外，春节期间越南人还举行文艺娱乐活动，比如传统的戏剧表演、杂耍、舞狮、舞龙、荡秋千、斗鸡、下人棋等。整个春节期间，充满热闹欢乐的气氛。

2. 上元节

农历正月十五这一天为上元节，与中国人一般认为这天是元宵节不同。在历史上，农历正月十五越南从朝廷到民间都举行拜佛仪式，佛教徒相约到庙里敬香拜佛。越南俗语云："终年拜佛，不如正月十五。"越南是传统的佛教国家，认为正月十五是新年的第一个月圆之夜，拜佛最灵验。

3. 清明节

清明节是二十四节气的第五个节气，一般在公历4月4日或5日，农历一般为三月。清明即气清光明，是一年之中的美好时光。此时草长莺飞，杂花生树，正是踏青的好时节。越南人在清明节期间到祖坟祭奠扫墓。扫墓，顾名思义就是清扫坟墓，一般会清除坟头杂草和败叶，如果需要也会培一些土，然后焚香烧纸，献上鲜花等祭品，燃放鞭炮。有的地方还有插一支纸幡或铺上新冥币等习俗。人们在扫墓的过程中也顺带欣赏乡村美景，呼吸乡野清甜的空气，进行野餐等活动。

4. 端午节

端午节为农历五月初五。在越南，端午节不仅有吃粽子纪念屈原、除虫等风俗，还有尊师重教的意味。按惯例，端午节要在正午12点，即午时正刻祭拜祖先。

在越南，端午节一般被认为是为了纪念屈原。传说屈原投汨罗江后，楚襄王十分悔恨，让人们到江边祭祀屈原，并把食品投入江中，但这些食品都被鱼虾吃掉了。于是屈原托梦给楚襄王，说如果真的怀念他，投入江中的祭品必须用叶子包起来，用五彩线拴好，如此，则祭品不会被鱼虾吃掉。楚襄王下令照办，用绿叶包裹、五彩线拴缚的粽子出现了，端午节吃粽子的习俗也就沿袭下来。

端午节时，阳气上升，万物活跃，故端午节还有除虫的习俗。端午节清晨，越南人让孩子在床上就吃下柠檬、杨桃或李子等水果，喝点儿糯米酒酿，吃煮鸡蛋，同时，把雄黄酒涂在小孩的头上、胸前、肚脐等处以除虫。成人则喝雄黄酒、糯米酒酿或化有"三神丹"的药酒。此外，各地区在辟邪方面的习俗也略有差异，如：有的地方人们在门口挂菖蒲；有的地方小孩用指甲草染手指甲和脚指甲；有的地方佩戴特别的香囊；有的地方佩戴巫师用五彩线编制的符咒或者在衣服上别布制的杨桃、柠檬、辣椒图案以辟邪。

5. 中秋节

农历八月十五为中秋节。中秋即"秋之正中"之意,此时,秋收已毕,天气转凉,正是阳气和阴气的交接点。中秋节这一天,代表阳气的炎夏彻底退去,代表阴气的冬季开始来临,中秋夜之圆月即节气转换的标志。与其他民间传统节日一样,祭祖在中秋节是必不可少的。

中秋节,越南各地吃月饼的习俗比较普遍,不少地方还有月饼制作比赛的习俗,不少妇女乘机展示自己制作月饼的手艺。此外,中秋夜还有点彩灯的习俗,比较典型的是鲤鱼形状的灯笼。

在越南,中秋之夜,人们聚在一起,喝酒、赏月、吃月饼、玩游戏,有的地方还组织舞狮、舞麒麟等娱乐活动。在北方农村,青年男女载歌载舞,同时也结识如意伴侣。

越南的中秋节除了上述习俗外,更重要的功能是"民间儿童节"。节前,国家领导人一般会接见优秀儿童代表,通过国家电台的节目给孩子们写一封信等。这一天,14岁以下的孩子一般都会收到礼物。至于为什么中秋节变成了"儿童节",从什么时候变成了"儿童节",大概因为越南家庭等级观念使然,平时在家孩子们都比较拘谨,在中秋月夜,举家在露天吃喝玩乐,大人自顾说话聊天、饮酒赏月,孩子们便撒欢儿在月亮底下疯玩,难得地高兴放纵,于是,中秋节逐渐演变成以孩子们为主的节日。关于中秋节,越南也有嫦娥、玉兔等传说。

此外,越南还有一些传统节日,如农历三月初三的寒食节,缅怀介子推、祭祀祖先;农历七月十五的中元节,祭祀亡魂;农历九月初九的重阳节,登高踏秋;农历十月初十,俗称下元节,人们祭天祭祖,避灾祈福;阳历12月21日、22日为冬至节,一般要杀鸡、割肉,进补御寒,祭祖。

四、交际

越南人注重社交,见面要打招呼问好或点头致意,妇女喜欢串门,此外村亭也为越南人提供了交际平台。越族人的名字与中国汉族的姓名特征基本相同,一般是"姓+垫字+名"的模式,称呼时只称名。越族人的称呼极其复杂,同时缺乏汉语中"你、我、他"一类的中性称谓,有时难以选择。越族的称谓向来被认为充满了越族人的交际智慧,初学越语者很难真正地理解这个系统的精华,因为它有定式无定论，有规则看情形，特例繁多，因势灵活，灵活是核心，但须是恰当的灵活，不合时宜的灵活只能给交际带来麻烦。比如，在交际过程中他们常常以降低自己的身份和辈分的方式贯彻"称谦呼尊"的礼貌原则，如有客来访，称作"龙到虾家"；应称为"哥、姐"的却称作"伯"，应称作"弟、妹"的却称作"叔、姑"（以自己小孩儿的身份来称呼）等。但是现在城市人，尤其是女性，不喜欢别人把自己叫得老了，所以，近年来，"称谦呼尊"原则也遇到挑战。"称兄道弟，呼姐叫妹"变得十分流行。总的来说，需要交际者在每一个交际场合重新定位，并通过尝试交际获得肯定或否定来进行修正。

越南人非常好客，周到殷勤，热情大方，"逼"客人吃喝，把最好吃的留给客人，把方便留给客人。越南人做客时一般不空手，礼物不必珍贵，主要为表达心意。家中待客的一般程序是男主人陪着喝茶聊天；然后是家宴，开饭时，小辈儿要逐个请餐桌上比自己辈分高的人先用，餐后男主人继续陪着喝茶；告别时，全家送到门外，并热情邀请客人下次再来。

越南人好奇心也非常强。陌生人即使初次见面也会问姓名、年龄、籍贯、收入、受教育程度、社会地位、家庭情况、婚姻状况、有几个小孩等。这是因为越南语有家庭式的人称称谓，人与人交往的家庭式氛围较浓厚。

越南人与人交际时非常重感情，只要有感情，规定、原则都可以灵活变通，俗语云"一亲二熟"，因此，在越南生活，交几个朋友很重要。不守时也是越南人的痼疾之一，越南人也常常自嘲为"橡胶时间"，不管政府机关的会议还是重要的商业谈判都可能会迟到，好在大街小巷无数的咖啡馆和路边茶水摊可以打发等待的时间。

越南人的交际风格总体表现为含蓄、温情、重和睦、重细节等，越南人微妙的民族心理还使他们十分注重面子。

　第四节　　教育与文化事业

一、教育事业发展历程

受儒教影响，越南历来重视教育。从内容、特征等方面看，越南教育史可分为三大阶段，即自主封建时期的儒学教育、法属时期的近代教育（1885—1945年）以及1945年后的现当代教育。

1. 自主封建时期的儒学教育

丁朝和前黎朝，越南教育主要由私塾和寺院组织，此时教育并未受到统治阶层的重视。直到李朝、陈朝时期，越南封建教育才真正开始。

2. 法属时期的近代教育

法属时期的近代教育可分为三个阶段。第一阶段是19世纪末—20世纪初儒学教育与法式教育并存。法国殖民者一方面清除儒学教育的影响，另一方面积极建立殖民学校和研究机构，如在西贡建法越学校、师范学校、印度支那大学堂和法国远东博古学院等。第二阶段是1918年以后法式教育体系逐渐形成，1917年颁布了第一部印度支那教育法律，规定1918年废除汉字教学和科举制度，汉语被越南语和法语取代，越南教育推行法式教育体系，初级学校、小学、初中、高中、职业学校、大学等教育体系逐渐形成。第三阶段是1930年后，随着越南民族意识的增强，越南国民教育体系开始萌芽，越南人称之为"革命教育体系"，或法越教育。这一阶段的重要教育事件有：胡志明主席和越南革命青年会及越南语国语普及协会等对国民教育的推动以及1943年诞生的文化教育领域的重要纲领——《越南文化纲领》。

3. 1945年后的现当代教育

第二次世界大战期间，日本取代法国在越南建立了亲日傀儡政权，对越南实行殖民统治。越南法越教育体系逐渐向本土教育转变，最终建立了国民教育体系。

（1）1945—1954年，越南民族民主教育体系和服务于抗战建国教育体系的建立。这一时期的教育以民族、科学、大众为原则，目标是重视人格、磨炼意志、培养才能。1945 年 9 月 3 日，胡志明主持越南临时政府首次会议时指出，政府的当务之急是消灭饥饿、贫困和扫盲。同年 9 月 8 日，政府颁布成立平民学务署法令。一年后平民学习班发展到约 7.5 万个，教师约 9.5 万名，250 万人脱盲。1950 年越南进行了第一次教育改革，提出了"学行并举，理论联系实际"的教育方针。

（2）1954—1975 年，服务于越南社会主义建设和统一事业的教育体系的建立。这一阶段越南进行了第二次教育改革，旨在建立包括大学和职业学校的社会主义教育体系，教育内容包括德、智、体、美四方面，教育方针是"理论联系实际，学校与社会生活接轨"。

（3）1975 年以后，越南建立了国民教育体系并推行教育革新。这一时期越南开展了第三次教育改革，其成效包括：十二年制教育体系得以建立；教科书逐步更新；中央、地方的本科、专科、职业中学等学校体系在培养目标、教学内容和教学方法等方面逐步更新。

1987—1990 年，越南实行了教育发展三年计划；1991 年第八届国会第九次会议通过了普及小学教育法；1991 年越共七大第四次会议提出把教育培训与科学技术当作头等国策；1996 年 12 月，第八届中央执行委员会第二次会议通过教育培训专题决议。1998 年越南国会通过《越南教育法》。

4.21 世纪初越南教育事业的发展

21 世纪初，越南的教育事业逐渐摆脱了落后状况，其成就主要体现在以下几个方面：发展幼儿教育，集中力量普及初中教育；调整教育结构；编写教育大纲及普通教育教科书，并在全国范围内推广使用；革新教学方法，发挥学习者创新的思维及自学的能力；建设教师队伍，注重教育质量和师范道德；加强物质基础建设，建设现代化学校；加强国家财政对教育的投入，推进教育培训社会化。

存在的问题主要有：教育质量总的来说还不高，落后于世界和本地区先进水平，尚不能完全满足社会需求；学生知识结构、专业结构以及教育资源分布的失衡状况仍然存在；师资队伍不足，质量不高；教学手段的变革及现代化进程缓慢；教育管理工作的效率有待提高。

针对上述教育任务和存在的问题，越南采取了以下举措：①对于基本教育：巩固和发展教师队伍，改革基本教育大纲；教育内容着眼基础，精简内容；保证人文、科学、技术之间的平衡，为个人能够快速适应职业创造条件；增强实践能力，运用知识和技术解决实践中遇到的问题，特别注重获取信息能力和将信息转化为知识的能力；贯彻"学为知，学为用，学习和生活统一，学做人"四大理念；为终生学习创造条件；为自学和自我评价创造条件；为个人发挥潜能、发展天赋创造条件。②对于大学教育：管理各个大学的教育网络；管理国家的科学活动；管理招生和毕业生分配；管理教师干部队伍；管理并有效使用大学教育的财政开支；调整大学教育政策。③对于困难地区和少数民族地区：优先发展特困地区的教育事业；在少数民族地区教授越南语和本民族语言，开设本民族语言的相应课程；大力培养师资力量，裁减不符合标准的教师，调整师资分布结构，鼓励教师去偏远地区任教；加强硬、软件设施的建设；提高少数民族地区的教育质量；对生活困难的少数民族地区采取入学优惠政策。

二、文化事业

1. 越南共产党关于建设和发展文化事业的政策主张

1998年7月，越共八届五中全会做出了"关于建设和发展先进的、具有浓郁民族特色的文化"的决议，为越南文化事业的发展指明了方向。该决议将文化定位为社会的精神基础和促进经济社会发展的目标及动力，并将其与工业化、现代化以及应对全球化和市场经济出现的若干问题联系起来。2001年，越共九大进一步阐发了八届五中全会决议精神，提出建设先进的、具有浓厚民族特色的社会主义文化，突出了"民族特色"和"社会主义"两大因素。2006年，越共十大确立了"继续深入发展先进的、具有浓厚民族特色的文化"的方针，并提出了一系列文化举措。

2011年，越共十一大政治报告继续肯定了越南共产党在建设和发展文化方面的观点，并提出了发展文化事业的四项具体内容：①巩固并继续营造健康、丰富、多样的文化氛围；继续推进婚、丧、庙会等活动中的文明建设；开展家庭建设运动，保持和发扬传统文化价值，教育年轻一代。②发展文学、艺术事业，保护和发扬传统和革命文化遗产价值，据此继续发展先进的、具有浓郁民族特色和人文民主性质的，并能真实、深刻反映民族生活、历史和国家革新的文学和艺术形式；肯定、发扬真善美，同时否定、批判假恶丑；完善并严格执行关于知识产权以及民族物质和非物质文化遗产保护的相关规定；建立并实施关于培养、管理物质、精神生活的政策和制度，创造条件，使从事文化、文学艺术创作的工作者多创作出思想和艺术性高的作品。③大力发挥大众传媒的传播、教育职能；集中培养、建立一支政治素质过硬、业务水平高的报刊、出版从业人员队伍。④加强向世界介绍和宣传越南文化、文学、艺术及人文地理，在国外建立若干越南文化中心以及翻译、传播越南文化中心；吸收借鉴其他国家关于文化发展的经验，将具有国外特色的文学艺术作品介绍给越南民众，阻止国外堕落、反动的文化产品进入越南；培养并提高越南民众尤其是年轻一代对不良文化的抵抗能力。

2. **越南文化事业机构**

文化事业是指在文化领域从事研究创作、精神产品创作和文化公共服务的事业。越南文化事业的主要类别包括演出、艺术创作、图书文献、文物、群众文化、旅游、体育、广播电视、报刊、新闻出版等，其中前7项主要由越南文化体育旅游部负责，后3项由越南信息传媒部承担。此外，越南文学艺术作家协会联合会（简称越南文联）及其下设专门协会如美术家协会、作家协会、舞台艺术家协会、音乐家协会、摄影家协会、民间文艺协会、舞蹈家协会、少数民族艺术协会等对于越南文化事业的发展也发挥了积极作用。

越南文化体育旅游部成立于2007年，其前身是越南文化通信部。该部的职能是在全国范围内实施文化、体育和旅游的国家管理以及上述领域公共服务的国家管理。各省和中央直辖市设有文化体育旅游厅，县、郡和县级市则设有文化体育旅游局。

越南文化体育旅游部实施国家管理的职能机构包括：旅游总局、越南民族文化村旅游管理委员会、体育总局、美术摄影和展览局、国际合作局、基础文化局、版权局、电影局、表演艺术局、文化遗产局、驻胡志明市办事处、部办公厅、监察局、法制培训司、竞赛奖励司、组织干部司、计划财政司、科学技术和环境司、家庭司、民族文化司和图书馆司等部门。部直属事业单位包括文化报社、文化艺术杂志社、文化体育和旅游干部培养学校、信息技术中心和越南文化艺术研究院等。部下辖的其他事业单位包括：体育科学院、旅游发展研究院、越南文化艺术展览中心、老挝越南文化中心、越南文化体育旅游和传媒中心、电影技术中心、国家电影放映中心、体育信息中心、巴亭体育中心、越南电影体育和旅游中心、旅游信息中心以及河内、胡志明市、岘港、芹苴的体育训练中心等科研院所，此外还有相关高校、中等专业学校和博物馆等机构，如越南国家音乐学院、胡志明市音乐学院、顺化音乐学院、河内文化大学、胡志明市文化大学、越南美术大学、胡志明市美术大学、河内戏剧电影大学、胡志明市戏剧电影大学、北宁体育大学、胡志明市体育大学、岘港体育大学、胡志明市舞蹈中学、越南杂技中学、芽庄旅游中专、大叻旅游中专、芹苴旅游中专、头顿旅游中专等艺术院校；胡志明博物馆、越南历史博物馆、越南革命博物馆、越南美术博物馆、越南各民族文化博物馆、国家主席府的胡志明主席遗迹区、越南国家图书馆等博物馆、图书馆；越南歌舞音乐剧院、越南改良剧院、越南嘲剧院、越南歌舞杂技剧院、越南木偶剧院、越南交响乐团、越南戏剧院、越南音乐舞蹈戏剧院、越南歌舞轻音乐剧院、越北歌舞民间音乐剧院、青少年剧院、越南杂技联合会、河内大剧院管理委员会等文艺演出单位及管理机构；《电影》杂志、《体育》杂志、《旅游》杂志、《旅游报》等报刊；古螺影视城、国家体育联合区、越南体育医院等服务性机构。越南信息传媒部成立于2007年，它是在原越南邮政电信部的基础上，与隶属前文化通信部的报刊局以及出版局合并而成。其与文化事业相关的职能仍由报刊局、出版局以及广播电视和电子通信管理局承担，主要实现报纸、杂志、出版、广播电视等的国家管理，以及上述领域公共服务的国家管理。各省和中央直辖市设有信息传媒厅，县、郡和县级市则设有信息传媒局。

越南信息传媒部下辖的相关事业单位有：信息与传媒出版社、信息与传媒战略院、报纸杂志与国际传媒合作中心、信息与传媒管理干部培养学校等。其直属企业是越南传媒总公司（VTC）。

3. 越南报刊业、出版业、广播电视业等

越南报刊业较为发达。全国发行的报刊按级别大致可分为两类：第一类是中央各部门及其下属机构，包括祖国战线、各群众团体、宗教团体和专业协会的机关报刊，以及教育培训部下属各大学的学刊等；第二类是地方省市委及各部门，包括各省市群众团体、宗教团体和专业协会的机关报刊，以及隶属省市各大学的学刊等。属于第一类

的有《人民报》《共产》《前锋报》《青年报》《劳动报》《妇女报》《大团结报》《人民军队报》《全民国防》等在内的报刊共计500多种，分属77个部门或团体。其中《人民报》是越南共产党的机关报，创刊于1951年3月11日，目前出版日报、周报和月报3种，日报为8版，发行量为20万～22万份；《人民军队报》是越共中央军事委员会和越南国防部的机关报，出版有日报、周报和月报，日报4版，发行量超过7万份。属于第二类的有越南63个省市发行的报刊共计200多种，其中河内和胡志明市发行的报刊数量最多，分别有19份和4份；各省市的省市委与绝大部分省市文联均有固定报刊，如《新河内报》、《经济和都市报》（河内）、《西贡解放报》、《海防报》、《岘港报》、《同塔文艺报》、《芹苴文艺》、《海口》（海防）、《胡志明市文艺报》、《文人》（南定）等；部分市的文化体育旅游局、科学技术局、教育培训局等也发行报刊，如《今日体育报》（河内）、《胡志明市体育报》、《科学与发展》（岘港）、《嘉莱科学和技术》、《庆和科学技术和环境》、《首都教育》、《胡志明市教育报》等。

革新开放以来，越南的出版、印刷行业获得迅速发展，出版物的数量、质量以及印刷技术都有显著提升，出版产品的内容、形式和题材也更加丰富新颖。2002年，越南出版业出版图书达到1.1万种，约为2亿册，并提出至2010年达到图书出版人均6本/年、年均涨幅15%～20%，以及印刷7 850亿页标准纸张的行业目标。

近年来越南出版、印刷、发行事业取得的成就主要有：出版社从1999年的42家增加到55家，其中中央一级出版社43家，地方出版社12家；马列主义经典、胡志明著作等政治类图书，科技文学艺术等专业类图书的出版进一步丰富，中学及高等教育教科书以及教育类图书的出版需求得到保障；印刷公司数量激增了6倍，达到了3 000多家，行业收入每年增长约15%；图书发行和进出口行业已基本形成了全国发行网络，地区差距逐步缩小，并扩大了海外市场。

越南广播电视业也有较大发展。国家设有越南之声广播电台（VOV）、胡志明市人民之声广播电台、越南电视台（VTV）以及VTC数码技术电视台。越南之声广播电台是直属政府的国家广播电台，其职能是宣传越南共产党的路线、政策以及国家法律，教育、提高文化水平、丰富人民的精神生活。除了以越南语和6种少数民族语对内广播外，还以越南语、华语（普通话和广东话）、英语、法语、俄语、德语、西班牙语、日语、泰语、印尼语、老挝语、柬埔寨语等对外广播。该台共设有8个频道，其中VOV1为时事政治频道，VOV2为文化和社会生活频道，VOV3为音乐、通信和娱乐频道，VOV4为少数民族频道，VOV5是为生活在越南的外国人开设的，VOV6是海外越侨和世界频道（覆盖区域包括东南亚、非洲、中东、欧洲、美洲等），此外还有交通台和声像广播台。

越南电视台是越南国家中央电视台。该台下设九个频道，VTV1为政治、经济、文化、社会等综合频道，VTV2为科教频道，VTV3为体育、娱乐和经济频道，VTV4为国际频道（主要服务对象为越侨），VTV5为少数民族频道，VTV6为青少年频道，VTV7为青年和教育频道，VTV8为英语频道，VTV9则主要服务于胡志明市东南部等地区。此外，越南电视台越南电视中心还在顺化、岘港、富安、芹苴等地区设有专门频道，其logo分别为HVTV、DVTV、PVTV、CVTV等。VTV还设有两个收费频道，分别是数码技术电视（DHT）以及光缆电视（VCTV）。自2010年起，越南电视台又增设了收费频道K+。

除越南之声广播电台、越南电视台等国家中央广播电视台外，越南全国63个省、直辖市均有广播电视台。少数民族聚居的省级广播电视台，除播出越南语节目外，还播出少数民族语言节目。

第七章　外交

第一节　对外政策

一、越南独立到革新开放前时期（1945—1986 年）

　　从 1945 年到 20 世纪 60 年代末的 20 多年中，越南对外政策的主旨是"为了人民的普遍利益，越南民主共和国政府准备与任何愿意在平等和互相尊重国家主权领土的基础上一致合作的政府建立外交关系，以谋求共同保卫世界的和平和民主"，即团结一切可以团结的力量，赢得国际社会对越南的同情和支持，促进越南的独立和统一。在这一对外政策的指导下，越南民主共和国政府相继与中国、苏联和东欧各个社会主义国家以及一些发展中国家建立了外交关系。

　　1976 年越南南北统一后，越南的外交政策则发生了明显的变化，倚仗其强大的军事力量，在错综复杂的国际环境中尽可能地充分利用世界大国，在印度支那乃至东南亚地区建立越南的"领导地位"，为"东南亚的政治局面发生深刻变化做出贡献"。

　　进入 20 世纪 80 年代以来，特别是 80 年代中期以后，国际形势发生了重大变化，长期存在的冷战格局开始发生动摇和变化，这些变化使越南政府不得不在急剧变化的国际、国内环境中不断调整对外政策和对外关系。

✿ 二、革新开放后时期（1986—1999年）

1986年召开的越共六大，以其对国内外政策的大幅度调整而成为越南进入新的历史发展时期的标志。越共六大对越共的领导班子、内外政策进行了一系列的调整，确立了进行全面的革新开放的政治路线和以经济建设为中心的国家发展战略。越共六大制定了"广交友，少树敌，创造有利的国际环境，为国内经济建设服务"的外交方针，这标志着一种全新的、开放型的对外政策的初步确立。经过几年的努力，越南已基本形成多元化的对外政策格局。主要表现为：逐步调整了对苏联"一边倒"的政策，主动拉开了与苏联的距离，寻求建立一种新型的越苏合作方式；调整对中国的政策，使越中关系由对抗逐渐走向对话，为实现两国关系正常化做出种种努力；调整地区政策，努力改善与东盟的关系，发展了越南与印度、韩国等国家的合作关系；扩大与西方国家的交往，重点放在发展同西方国家的经济关系上。

1991年6月召开的越共七大是越南共产党历史上的一次重要会议。在对外政策方面，越共七大继续遵循六大制定的"广交友，少树敌"的外交方针，表示愿意在和平共处五项原则的基础上同包括社会制度不同的国家在内的所有国家建立和发展友好关系。七大文件明确指出越南的对外政策目标是"继续坚持独立自主和国际团结的对外路线，为巩固和发展同苏联及其他各社会主义国家的友好关系和传统合作进行不懈的奋斗，为恢复同中国共产党和中华人民共和国的友谊和全面合作而奋斗。同所有政治社会制度不同的国家，在和平共处、尊重独立主权、互不干涉内政、在国际关系中不使用武力威胁、扩大平等互利合作五项原则基础上建立和扩大友好交流与合作"。

1995年8月，越南外交部部长阮孟琴就越南的外交政策发表讲话，指出越南的外交方针和政策是"多元化和全方位"的，其主要任务是为越南的经济恢复和发展创造有利的国际环境，争取国际社会的援助和支持，越南"希望成为国际社会所有国家的朋友，为和平、独立和发展而奋斗"。

随着"全方位、多元化"外交政策的逐步确立，越南的外交活动日趋活跃，越南的国际地位和国际形象得到了明显的改善和提高，到20世纪90年代中期，已基本实现了"全方位、多元化"的外交工作目标。这一时期的外交成就主要体现在与中国、美国及西方国家、东盟及东盟国家关系的全面改善。1991 年 11 月，中越双方共同发表了旨在恢复正常关系的《中越联合公报》，实现了两国关系的正常化。1995 年 7 月，越南与美国正式建立外交关系。1996 年 5 月，越、美互派大使，实现了关系正常化。与此同时，越南与法国、德国、英国、澳大利亚等西方国家的关系也有了明显的改善和发展。1995 年 7 月，越南与欧盟签署了《合作框架协定》。1995 年 7 月，越南正式加入东盟，越南与东盟国家的关系迅速上升为合作伙伴关系，这对越南提高国际地位，改善国际形象，促进经济开放，稳定周边和建立地区安全体制都具有重要意义。

到 20 世纪 90 年代末，越南的对外政策已基本形成"独立自主、多样化、全方位"的格局。1998 年年底，越南已与世界上 165 个国家建立了正式的外交关系，与 120 多个国家建立了贸易关系。一个新型的、灵活的和充满活力的开放型外交格局基本形成。

❀ 三、21 世纪 "多元化、全方位" 外交政策全面推进

2001 年 4 月召开的越共九大是越共历史上一次具有划时代意义的会议，对越南社会经济发展具有深远的影响。越共九大确立了以农德孟为首的新一代领导集体，稳健、务实、意识形态色彩较为淡化的技术官员执掌越南政权，给越南带来了全新的管理国家的理念，在国内和国际社会都受到了广泛的欢迎。在对外政策方面，新一代领导集体继续坚持"多元化、全方位"的外交政策，同时赋予"多元化、全方位"外交政策新的内涵，"多元化、全方位"外交政策得到了全面的推进，并取得了明显的成效。

越共九大以后，越南的对外政策出现了一些新的变化：优先发展与邻国、大国的外交关系；寻求与世界上重要国家和国际组织建立合作伙伴关系；优先发展经济外交。九大通过的政治报告把越南对外政策的基调定为：继续实行一贯的独立自主、开放、全方位、多样化的外交路线，强调越南希望成为世界各国的朋友和可信赖的合作伙伴，为和平、独立、发展而努力。越南提出了外交工作的几个重点领域：重视和大力发展与各社会主义国家、各邻国的友好、合作关系；继续巩固和扩大与各传统友好国家、民族独立国家，亚洲、非洲、中东和

拉丁美洲发展中国家及不结盟运动的关系，互相支持、共同发展，合作保护相互的正当利益；促进与发达国家和各种国际组织的多样化关系。九大以后，越南与中国、美国、欧盟、俄罗斯、印度、东盟及东盟国家的关系得到了迅速发展。

2006 年 11 月，越共十大明确指出继续全面推行九大的外交战略。"全方位、多样化"是一种完全开放的外交战略。从 20 世纪 90 年代中期开始，经过十几年的发展，"全方位、多样化"外交战略不断丰富和发展，成为越南外交的一个基本特色。全方位体现出越南外交的开放程度，表明越南政府不以国家制度与意识形态来决定自己的交往对象和交往形式，而是主动融入国际社会，扩大与世界各国、国际和地区组织的双边和多边交往，体现出越南"愿意成为各国的朋友""愿意成为各国可信赖伙伴"的意愿。多样化则体现出越南外交的务实性和灵活性，表明越南政府对外政策是基于对国家利益的需要考虑，基于对国际形势的判断而制定出来的。尽快地融入国际社会，加入区域和全球性的国际组织，适应世界经济的全球化趋势，为革新开放事业争取更多、更大的国际支持，促进越南经济社会的发展，是越南政府多样化外交的基本目标。

2011 年 1 月，越共十一大通过的修订版《社会主义过渡时期国家建设纲领》规定："越南将继续坚持多边化、多样化的外交政策。"在国际形势复杂变化和地区局势不稳定因素增多的背景下，越南在巩固同中国、俄罗斯等传统友好国家关系的同时，提高国际社会地位，主动、积极地融入世界，为国内革新事业争取广阔的外部市场和稳定的外部环境。

2016 年 1 月，越共十二大重申将"一贯奉行独立、自主、和平、合作与发展的外交路线；对外关系多样化、多边化；主动、积极融入国际社会；成为国际社会值得信赖的朋友、伙伴和负责任的成员"，基本沿袭了十一大以来的提法。越南副总理、外交部部长范平明在十二大发言时指出，未来越南外交将集中做好如下四方面工作：第一，坚持"同步展开"的方针，彻底落实十二大通过的各项对外工作方向，加强党对融入国际进程的领导；提高政党外交、国家外交、人民外交之间以及各部委、各级别、各地方之间的配合效果。第二，在确保国家、民族最高利益的基础上，进一步大力推动和深化各种外交伙伴关系，尤其是战略伙伴、全面伙伴关系，为国家营造和平稳定环境，促进政治、经济、贸易、投资、科学、技术等领域的对外关系，为国家发展和融入国际进程营造有利的条件。第三，提高融入国际效果，充分落实各项国际承诺，加强宣传和普及工作，使每个组织和每个公民清楚地了解他们在融入国际中将会面对的挑战和机遇，以便积极主动地参与其中；把融入国际过程主要由国家相关部门推动变成各地方、组织、企业和人民积极主动参与的进程。第四，落实大会文件中有关融入国际的重大决定，集中落实《到2020年、面向2030年融入国际总体战略》和中央政治局关于融入国际的第22号决议。

2018年8月8日，越共中央书记处颁布《关于至2030年推动与打造多边外交升级版》的第25号决议。这是越共第一次颁布关于多边外交的指导性文件，目的是把越共十二大关于积极主动融入国际社会的主张纳入制度化轨道。

21世纪以来，越南与中国的关系不断向前发展。中国既是越南的邻国，又是社会主义国家和传统友好国家，同时还是在国际上有着相当影响力的大国，因此，发展与中国的友好合作关系一直是越南党和政府外交工作的重中之重。越南对中国外交政策的基点是：以政治合作为立足点，全面发展各个领域的合作关系。2001年11月，农德孟在访问中国时对发展越中关系的原则进行了阐述："我可以在这里再次确认，越南和中国的关系在未来将得到进一步发展。"1999年越中确定的"长期稳定、面向未来，睦邻友好、全面合作"的16字方针是指导两国关系发展的重大方针，越南党和政府在这一方针的指引下，努力推动越中关系更深入、更扎实地向前发展。在越中两国的共同努力下，越中关系迅速发展成为战略伙伴关系。两国一直保持着高层领导人经常性会晤的传统，深入交流改革和建设经验，加强在维护世界和平、稳定、发展事业中的相互合作。

越南与美国、俄罗斯、印度、东盟等国家和组织的关系也得到了不同程度的提升。1995年越南加入东盟，成为东盟的正式一员。2001年以后，随着东盟国家经济的日渐复苏和越南新一代领导集体实行更加开放和灵活的对外政策，越南与东盟的关系迅速发展。东盟既是越南的战略依托，又是越南开展地区外交活动的重要舞台。越南对东盟的基本政策是积极融入东盟组织，力求成为东盟的一个重要成员，发挥越来越重要的作用。在东盟内部，越南与老挝、柬埔寨有着特殊的关系，发展与邻国老挝、柬埔寨的紧密关系一直是越南外交工作的一个重点，越南领导人与这些国家之间的高层互访频繁。

截至2018年，越南的全面伙伴达到16个国家，战略伙伴达到11个国家。

第二节　对外关系

一、中越关系

中国和越南于1950年1月18日建交。中越两国和两国人民之间的传统友谊源远流长。在长期的革命斗争中，中国政府和人民全力支持越南抗法、抗美斗争，两国在政治、军事、经济等领域进行了广泛的合作。20世纪70年代后期，中越关系经历严重波折。1991年11月，越共中央总书记杜梅、部长会议主席武文杰率团访华，同江泽民总书记、李鹏总理举行会谈，双方就"结束过去，开辟未来"达成共识，两党两国关系实现正常化。

此后，两党两国关系全面恢复并深入发展。两国领导人保持频繁互访和接触，双方在各领域的友好交往与互利合作不断加强。1999年年初，两党总书记共同确定了新世纪发展两国关系的十六字方针："长期稳定、面向未来、睦邻友好、全面合作"。2000年，两国发表关于新世纪全面合作的联合声明，对发展双边友好合作关系做出了具体规划。

2002年2月27日—3月1日，中共中央总书记、国家主席江泽民对越南进行正式友好访问。双方就加强新世纪两党两国关系深入交换意见，确立了中越关系"好邻居、好朋友、好同志、好伙伴"的四好精神，并达成重要共识，即：保持高层交往；扩大和加深两国经贸合作；以中越长期友好的精神教育两国人民；加快陆地边界勘界工作和北部湾渔业合作协定后续谈判；深化双方在治党治国经验和社会主义建设理论方面的交流；扩大和加深两国外交、国防、安全和公安等部门以及青少年交流。双方签署了《中越两国政府经济技术合作协定》

和《中越两国政府关于中国向越南提供优惠贷款的框架协议》。江泽民还在河内国家大学发表了《共创中越关系的美好未来》的演讲。

2003年4月7日—11日，越共中央总书记农德孟对华进行工作访问，两党两国领导人均表示要继续加强和发展中越传统友谊和全面友好合作关系，进一步充实和丰富"长期稳定、面向未来、睦邻友好、全面合作"十六字方针的内涵，把中越关系不断提高到新的水平，使两国和两国人民永做好邻居、好朋友、好同志、好伙伴。6月13日—15日，中国外交部部长李肇星访越，同越南领导人就加强两国关系、深化互利合作和共同关心的国际地区问题深入交换意见并达成广泛共识。

2004年10月6日—7日，应越南社会主义共和国政府总理潘文凯的邀请，中华人民共和国国务院总理温家宝对越南进行了正式访问。访问期间，温家宝和潘文凯总理举行了会谈，并会见了越南共产党中央委员会总书记农德孟、国家主席陈德良和国会主席阮文安。两国领导人在诚挚、友好和务实的气氛中就加强双边关系及共同关心的国际和地区问题深入交换了意见，达成广泛共识。此次访问取得了圆满成功。双方发表了联合公报。

2005年7月18日—22日，越南社会主义共和国主席陈德良对中国进行国事访问。访问期间，中共中央总书记、国家主席胡锦涛和陈德良主席举行了会谈，两国领导人在诚挚、友好的气氛中就如何巩固和加强双边关系以及共同关心的地区和国际问题深入交换了意见，达成广泛共识。此次访问取得了圆满成功，对推动中越睦邻友好与全面合作关系的发展起到了积极作用。双方发表了联合公报。

2005年10月31日—11月2日，胡锦涛对越南进行了正式友好访问。访问期间，胡锦涛与农德孟总书记、陈德良主席举行了会谈，分别会见了越南政府总理潘文凯、国会主席阮文安，并应邀在越南国会发表了演讲。双方领导人在亲切、友好的气氛中，就进一步加强和发展两党两国关系以及共同关心的地区和国际问题深入交换了意见，取得了广泛共识。双方认为这次成功访问将中越两党两国睦邻友好与全面合作关系提高到了一个新的发展水平，同时也将对本地区和世界的和平、稳定、发展与合作产生积极影响。

2006年3月20日—24日，中共中央政治局常委、全国政协主席贾庆林对越南进行了正式友好访问。访问期间，贾庆林分别会见了农德孟总书记、国家主席陈德良、政府总理潘文凯，并分别与越共中央政治局委员、书记处常务书记潘演，越南祖国阵线中央主席团主席范世阅举行会谈。双方就深化新时期两党两国关系及共同关心的地区和国际问题交换了意见，达成了广泛共识，进一步增进了了解，加深了友谊，扩大了合作，有力推动了中越睦邻友好与全面合作关系的发展。

2006年8月22日—26日，应胡锦涛总书记的邀请，越南共产党中央委员会总书记农德孟对华进行正式友好访问。访问期间，胡锦涛与农德孟总书记举行了会谈，全国人大常委会委员长吴邦国、温家宝总理和全国政协主席贾庆林分别会见了农德孟总书记。双方相互通报了各自党和国家的情况，并就两党两国关系及共同关心的国际和地区问题深入交换了意见，取得了广泛共识。双方一致认为访问获得了圆满成功，将有力地推动中越睦邻友好与全面合作关系进一步向前发展。双方发表了联合新闻公报。

2006年11月15日—17日，应越南共产党中央委员会总书记农德孟、越南社会主义共和国主席阮明哲的邀请，胡锦涛对越南进行国事访问。访问期间，胡锦涛与农德孟总书记、阮明哲主席举行会谈，并分别会见了越南政府总理阮晋勇、国会主席阮富仲。双方相互通报了各自党和国家的情况，并就两党、两国关系及共同关心的国际和地区问题深入交换意见，达成广泛共识。双方一致认为，此次访问取得了圆满成功，必将有力地推动中越睦邻友好与全面合作关系继续向前发展。双方发表了联合声明。

2007年5月15日—18日，应胡锦涛的邀请，越南社会主义共和国主席阮明哲对中国进行国事访问。访问期间，胡锦涛与阮明哲主席举行会谈，吴邦国、温家宝、贾庆林分别会见了阮明哲主席。双方就双边关系及共同关心的国际和地区问题深入交换意见，达成广泛共识。双方一致认为，此次访问取得了圆满成功，有力地推动了中越睦邻友好与全面合作关系向前发展。双方发表了联合新闻公报。

2008年5月30日—6月2日，应胡锦涛的邀请，越南共产党中央委员会总书记农德孟对华进行正式友好访问。访问期间，胡锦涛与农德孟总书记举行了会谈，吴邦国、温家宝、贾庆林分别会见了农德孟总书记。双方发表了联合声明，宣布建立全面战略合作伙伴关系，双方领导人还就治党理政经验等深入交换了意见。

2008年8月7日—9日，越南国家主席阮明哲来华出席北京奥运会开幕式，胡锦涛和贾庆林分别会见了阮明哲主席。

2008年10月20日—25日，越南政府总理阮晋勇正式访华并出席第七届亚欧首脑会议，胡锦涛、吴邦国、温家宝、国务院副总理李克强分别与阮晋勇总理举行了会见和会谈，双方签署了经贸、卫生检疫、民间交往等领域合作文件，发表了联合声明。除北京外，阮晋勇总理还访问了海南省。

2009年4月17日—21日，越南政府总理阮晋勇来华出席博鳌亚洲论坛2009年年会并顺访广东、香港、澳门。温家宝在三亚与阮晋勇举行了会晤。

2009年10月15日—17日，越南政府总理阮晋勇来华出席第十届中国西部国际博览会并顺访四川、重庆，温家宝与之会见。

2010年4月26日—5月1日，越南政府总理阮晋勇来华出席上海世博会开幕式并顺访沪、苏、浙，胡锦涛与之会见。

2010年10月28日—30日，温家宝赴越南河内出席东亚领导人系列会议，会见越南共产党中央委员会总书记农德孟、政府总理阮晋勇。

2011年10月11日—15日，应胡锦涛的邀请，越南共产党中央委员会总书记阮富仲对华进行正式访问。访问期间，胡锦涛同阮富仲总书记举行了会谈。吴邦国、温家宝和贾庆林分别会见了阮富仲总书记。中共中央政治局常委、国家副主席习近平，中共中央政治局常委、国务院副总理李克强分别出席了有关活动。在友好、坦诚的气氛中，双方相互通报了各自党和国家的情况，就新形势下进一步加强中越两党两国关系及共同关心的国际和地区问题深入交换了意见，达成广泛共识。除北京外，阮富仲总书记还前往广东省访问。

2011年12月20日—22日，应越共中央政治局委员、书记处常务书记黎鸿英和越南国家副主席阮氏缘邀请，中共中央政治局常委、国家副主席习近平对越南进行正式访问。访问期间，越南共产党中央委员会总书记阮富仲、国家主席张晋创、政府总理阮晋勇和国会主席阮生雄分别会见了习近平。越共中央政治局委员、书记处常务书记黎鸿英和越南国家副主席阮氏缘同习近平举行会谈。习近平还与黎鸿英常务书记共同会见了出席第十二届中越青年友好会见的两国青年代表。

2012年9月21日，越南政府总理阮晋勇出席第九届中国-东盟博览会，习近平与之会见。

2012年11月16日—18日，应中国共产党邀请，越共中央委员、中央对外部部长黄平君作为越南共产党中央委员会总书记阮富仲特使访华，祝贺中国共产党十八大召开，转交致习近平总书记等中国共产党新一届中央领导同志的贺信。中共中央政治局常委、中央书记处书记、中宣部部长刘云山与之会见。

2013年3月21日，中共中央总书记、国家主席习近平同越南共产党中央委员会总书记阮富仲进行热线通话。

2013年6月19日—21日，应习近平的邀请，越南国家主席张晋创对中国进行国事访问。访问期间，习近平同张晋创主席举行了会谈。国务院总理李克强、全国人民代表大会常务委员会委员长张德江分别会见了张晋创主席。两国领导人在友好坦诚的气氛中，就新形势下进一步深化中越全面战略合作和共同关心的国际地区问题深入交换意见，达成广泛共识。双方发表了联合声明。除北京外，张晋创主席还前往广东省访问。

2013年9月2日，越南政府总理阮晋勇来华出席第十届中国-东盟博览会，李克强与之会见。

2013年10月13日—15日，应越南政府总理阮晋勇邀请，李克强对越南进行正式访问。访问期间，李克强同阮晋勇总理举行会谈，同越南共产党中央委员会总书记阮富仲、国家主席张晋创、国会主席阮生雄举行会见。在真诚友好、相互理解的气氛中，双方就新形势下进一步深化中越全面战略合作、当前国际和地区形势及共同关心的问题深入交换意见，达成广泛共识。双方发表了《新时期深化中越全面战略合作的联合声明》。

2014年1月22日，习近平同越南共产党中央委员会总书记阮富仲进行热线通话。双方互致新春问候并就两国关系发展交换了意见。

2014年8月26日—27日，越南共产党中央委员会总书记特使、越共中央政治局委员、书记处常务书记黎鸿英访华，中共中央总书记、国家主席习近平，中共中央政治局常委、中央书记处书记刘云山分别与之会见会谈。

2014年11月9日—11日，越南国家主席张晋创来华出席2014亚太经合组织第二十二次领导人非正式会议，习近平与之会见。

2014年12月25日—27日，中共中央政治局常委、全国政协主席俞正声对越南进行了正式访问。访问期间，俞正声分别会见了越南共产党中央委员会总书记阮富仲、国家主席张晋创、政府总理阮晋勇、越共中央书记处常务书记黎鸿英，并与越南祖国阵线主席阮善仁举行了会谈。

2015年2月11日，中共中央总书记、国家主席习近平同越南共产党中央委员会总书记阮富仲进行热线通话。

2015年4月7日—10日，应中共中央总书记、国家主席习近平邀请，越南共产党中央委员会总书记阮富仲对中国进行正式访问。访问期间，习近平同阮富仲总书记举行了会谈。双方强调要珍惜和维护中越传统友谊，推动全面战略合作伙伴关系持续发展。双方还同意共同努力，管控好海上分歧，共同维护南海和平稳定。会谈前，习近平在人民大会堂东门外广场为阮富仲总书记举行欢迎仪式。会谈后，习近平和阮富仲总书记共同见证了两党未来五年合作计划以及金融、基础设施、文化、司法等领域合作文件的签署。随后，习近平和阮富仲总书记共同出席第十五届中越青年友好会见活动，与两国青年代表亲切交流。此外，中共中央政治局常委、国务院总理李克强，中共中央政治局常委、全国人大常委会委员长张德江，俞正声分别会见阮富仲。除北京外，代表团一行还访问了云南。

2015年9月3日，越南国家主席张晋创来华出席中国人民抗日战争暨世界反法西斯战争胜利70周年纪念活动，习近平与之会见。

2015年11月5日—6日，应越南共产党中央委员会总书记阮富仲、越南国家主席张晋创邀请，中共中央总书记、国家主席习近平对越南进行了国事访问。访问期间，习近平分别同阮富仲总书记、张晋创主席举行了会谈，会见了越南政府总理阮晋勇、国会主席阮生雄，并应邀在越南国会发表了演讲。两党两国领导人在友好坦诚的气氛中，就进一步深化两党两国关系及共同关心的国际和地区问题深入交换意见，达成了重要共识。双方一致认为，访问取得了圆满成功，为巩固中越传统友谊，深化全面战略合作，促进本地区乃至世界的和平、稳定与发展做出了重要贡献。双方发表了联合声明。习近平还和阮富仲总书记共同会见了参加第十六届中越青年友好会见活动的中越青年代表。

2015年12月23日—27日，应张德江邀请，越南国会主席阮生雄对华进行正式友好访问。习近平、俞正声、张德江同其会谈会见。除北京外，阮生雄国会主席还前往湖南省、广东省访问。

2016年1月28日—30日，习近平总书记特使、中联部部长宋涛访问越南，会见越南共产党中央委员会总书记阮富仲，转交习近平的贺信并转达口信。

2016年2月29日—30日，越南共产党中央委员会总书记阮富仲特使、中央对外部部长黄平君访华，中共中央总书记习近平会见。黄平君通报了越共十二大情况并转达了阮富仲总书记致习近平的口信。

2016年9月10日—15日，应李克强总理的邀请，越南政府总理阮春福对中国进行正式访问。访问期间，习近平会见阮春福总理，李克强总理同阮春福总理举行会谈，张德江、俞正声分别会见阮春福总理。双方在友好、坦诚的气氛中，相互通报了各自党和国家的情况，就新形势下进一步深化中越全面战略合作伙伴关系及共同关心的国际地区问题深入交换意见，达成了广泛共识。除北京外，阮春福总理还出席了在南宁举行的第十三届中国–东盟博览会和中国–东盟商务与投资峰会，并访问了广西壮族自治区和香港特别行政区。

2016年11月8日—11日，应越南共产党中央政治局委员、国会主席阮氏金银邀请，张德江率中国党政代表团对越南社会主义共和国进行正式友好访问。访问期间，张德江分别会见越南共产党中央委员会总书记阮富仲、国家主席陈大光、总理阮春福，与阮氏金银举行会谈，会见祖国阵线主席阮善仁，并出席了中越人民友好交流活动和第三届中越青年大联欢。

2017年1月12日—15日，应习近平的邀请，越南共产党中央委员会总书记阮富仲对中华人民共和国进行正式访问。访问期间，习近平同阮富仲总书记举行会谈。李克强、张德江、俞正声，中共中央政治局常委、中央纪委书记王岐山分别会见阮富仲总书记。俞正声并与阮富仲总书记共同出席庆祝中越建交67周年暨2017年迎新春友好活动。在亲切、友好的氛围中，双方相互通报了各自党和国家的情况，就进一步深化发展新时期两党两国关系及共同关心的国际地区问题深入交换意见，达成了广泛共识。双方发表了联合公报。除北京外，阮富仲总书记还前往浙江省参观访问。

2017年5月11日—15日，应习近平的邀请，越南国家主席陈大光对中国进行国事访问并出席"一带一路"国际合作高峰论坛。访问期间，习近平同陈大光主席举行会谈，李克强、张德江、俞正声，中共中央政治局常委、书记处书记刘云山分别会见陈大光主席。在友好、坦诚的气氛中，双方相互通报了各自党和国家的情况，就双边关系及共同关心的国际地区问题深入交换意见，就不断深化中越全面战略合作伙伴关系达成重要共识。双方发表了联合公报。除北京外，陈大光主席还前往福建省参观访问。

2017年10月30日，越南共产党中央委员会总书记阮富仲特使、中央对外部部长黄平君访华，习近平与之会见，黄平君转交了阮富仲总书记致习近平总书记的贺信并转达口信。

2017年10月31日—11月3日，习近平总书记特使、中联部部长宋涛访越，与越南共产党中央委员会总书记阮富仲会见，转达习近平总书记的口信，通报中共十九大情况，同越共中央政治局委员、中央书记处常务书记、中央检查委员会主任陈国旺举行会见。

2017年11月10日—13日，应越南共产党中央委员会总书记阮富仲、越南国家主席陈大光邀请，习近平对越南社会主义共和国进行国事访问并出席亚太经合组织第二十五次领导人非正式会议。访问期间，习近平分别同阮富仲总书记、陈大光主席举行会谈，并会见了越南政府总理阮春福、国会主席阮氏金银。两党两国领导人相互通报了各自党和国家情况，就双边关系及共同关心的国际地区问题深入交换意见，并就新形势下进一步深化中越全面战略合作伙伴关系达成了重要共识。双方发表了《中越联合声明》。

2018年2月8日，习近平与越南共产党中央委员会总书记阮富仲互致新年贺信。

2018年11月4日—5日，越南政府总理阮春福来华出席首届中国国际进口博览会，会议期间，习近平同其会见。

2019年1月28日，习近平与越南共产党中央委员会总书记、国家主席阮富仲互致新年贺信。

2019年4月25日—27日，越南政府总理阮春福来华出席第二届"一带一路"国际合作高峰论坛，习近平等中国领导人与之会见。

　　2019年7月8日—12日，越南国会主席阮氏金银率团访华，习近平、全国人大常委会委员长栗战书、全国政协主席汪洋分别同阮氏金银会见会谈。

二、越美关系

　　1973年1月，巴黎会谈结束，美国与越南民主共和国的代表共同签署了《关于在越南结束战争、恢复和平的协定》，越南战争正式结束。越战结束以后，美越关系的正常化经历了漫长的历程。越南同美国于1995年8月正式建立外交关系，两国关系才实现了正常化。

　　两国建交以来，两国关系主要经历了两个阶段：

　　第一阶段为1995—2009年，双边关系稳定发展。自20世纪90年代中后期以来，美国全球军事战略重点开始向亚太地区转移。2000年11月，克林顿进行了越南统一后美国总统的首次访越。2001年"9·11"事件后，鉴于东南亚在美国反恐战争中的重要性，美国将该地区视为反恐的"第二战场"。在小布什任期内，美国采取多项措施加大对越南的援助力度。2006年，美国总统小布什访越，美国给予越南永久正常贸易关系待遇，将越南从"宗教状况特别关注国家"名单中删除，逐步解除对越武器禁运。2007年3月越南副总理兼外交部部长范家谦访美，同年6月，越南国家主席阮明哲访美，这是越战结束和越美建交以来越南国家元首首次访美，双方签署了贸易投资框架协定和总值约110亿美元的经贸合作协议。2008年6月，越美两国宣布建立"友好和建设性的伙伴关系"。

　　第二阶段为2009年至今。2009年奥巴马上台后，美国调整全球战略，提出"重返亚太"战略，并将中南半岛作为重要支点。对此，越南积极向美国靠拢，以谋求地区影响力的提升。越美两国的政治、经济、军事关系得到迅速提升。

　　越南与美国于2013年建立"全面伙伴关系"后，越美关系日渐紧密。2015年是越南与美国建立外交关系20周年，7月，越共中央总书记阮富仲正式访问美国，美国总统奥巴马与阮富仲在白宫举行会谈，双方通过了《越南-美国关系愿景联合声明》，两国签订了越南政府与美国政府《对所得避免双重征税和防止偷漏税的协定》及其议定书，越南国防部与美国国防部《联合国维和领域合作备忘录》、越南农业与农村发展部与美国国际发展署关于《新型流行病威胁》及《全球医疗卫生安全》等合作备忘录，美国贸易发展署与越南民用航空局之间的赞助协议，越南为新的越南富布赖特大学建设项目颁发投资许可证。阮富仲是第一位访问美国的越共中央总书记，越南通讯社将阮富仲访美称为"一次历史性的访问"。2016年5月，奥巴马总统访问越南，庆祝两国建立全面伙伴关系。

2017年，越美关系稳步发展。经贸投资合作仍然是两国关系的核心。5月28日，越南政府总理阮春福率领高级代表团访问美国。访问期间，两国发表了《关于加强越南-美国全面伙伴关系的联合公报》。2017年11月，美国总统特朗普访问越南并出席在岘港市举行的亚洲太平洋经济合作组织第二十五次领导人非正式会议。访问期间，越南国家主席陈大光与特朗普就两国关系和双方共同关心的地区和国际问题举行会谈，双方发表《越南-美国联合公报》。

2018年1月25日，美国国防部部长马蒂斯访越并会见越南国家主席陈大光。陈大光表示希望与美国开展长期安全合作，包括武器装备、军队交流、海上搜救、防灾减灾、海上执法、维和、军医培训、国防工业以及搜寻越战美军失踪人员遗骨（MIA）、二噁英污染清理等方面的合作。

美国一直是越南重要的经济贸易伙伴。据越南统计总局的统计数据显示，2018年越南向美国出口商品总额达475亿美元，同比增长14.2%，占越南贸易出口总额的20%。同时，越南从美国进口额达128亿美元，同比增长36.4%。截至2019年7月，越南与美国的双边贸易额达411亿美元。2019年，美国以投资注册总额93亿美元位列越南外商投资前十大来源地。

❀ 三、越俄关系

越南民主共和国同苏联于1950年1月30日正式建立外交关系。建交以来，两国关系主要经历了三个阶段。第一阶段，1964—1976年。1964年勃列日涅夫上台后，越苏关系日益密切。苏联给予越南政治、经济和军事的大力支持，同时帮助越南进行社会主义建设，向越南的诸多领域派遣了大批经济建设专家，帮助越南建立起一批工业项目和完成了许多建设项目。第二阶段，1976—1992年。1976年越南南北统一后,越南开始实行向苏联"一边倒"的政策。1977年5月,越南加入以苏联为首的经互会;1978年6月29日,越南加入华沙条约国组织(SEV)。1978年11月3日,越南与苏联签订了《越苏友好互助条约》。第三阶段,1992年至今。1991年苏联解体后,1992年12月27日越南与俄罗斯联邦正式建立外交关系。2001年两国正式建立战略伙伴关系;2012年,两国关系提升为全面战略伙伴关系。

进入21世纪,越俄政治关系的突出点为政治互信高与合作形式多样化。双方已建立年度高层接触机制,在联合国和以东盟为核心的组织等国际框架中的合作日益密切。近年来,越俄两国延续高层互访势头。2018年3月,俄罗斯外交部部长谢尔盖·拉夫罗夫对越南进行正式访问。同年9月,越共中央总书记阮富仲访问俄罗斯,这是阮富仲在越共十二大后首次访俄,也是普京连任俄罗斯总统后越南高层首次访问俄罗斯;俄罗斯总理梅德韦杰夫与俄罗斯国家杜马主席沃洛金分别于11月和12月访问越南。一年来,两国在能源和安全方面的合作进一步提升。

2019年5月,越南政府总理阮春福在莫斯科扎里亚季耶音乐厅同俄罗斯总理梅德韦杰夫出席了"俄罗斯越南年和越南俄罗斯年"开幕式,庆祝《越俄友好关系基本原则条约》签署25周年(1994—2019年)和两国建交70周年(1950—2020年)。此次访问肯定了越南重视越俄传统友好与全面战略伙伴关系,推动两国在经贸和投资等领域的合作蓬勃发展。

2018年越俄双边贸易额约达62亿美元,在经贸关系方面,两国力争2020年实现双边贸易额达200亿美元的目标。在投资领域,截至目前,俄罗斯对越投资总额约为26亿美元,越南对俄投资总额约为29亿美元。

❀ 四、越法关系

1954年关于在印度支那停战的《日内瓦协议》的签订,标志着越南摆脱殖民统治,法国撤军,承认越南独立。越南同法国于1973年4月正式建立外交关系。1977年4月,越南政府总理范文同访问法国,标志着越法关系进入新的阶段,1978年9月,法国外交部部长路易斯·吉兰戈访问越南。到1993年,随着法国总统密特朗访问越南,双边关系才有了真正的改善。1997年，法国总统希拉克访问越南。同年11月，法国积极帮助越南在河内成功组织召开了第七届法语国家首脑会议，有27个法语国家的元首出席了会议。

自2013年两国建立战略伙伴关系以来，两国的合作集中体现在政治、国防与安全、经贸、投资、发展合作、文化、教育、科技等领域。

2015年11月，越南政府总理阮晋勇访问法国。阮晋勇分别会见法国参议院议长杰拉德·拉赫尔与国民议会（下院）议长洛德·巴尔托洛内。2016年9月6日，法国总统奥朗德对越南进行国事访问。访问期间，两国领导人同意制定符合两国利益的长期合作愿景，密切高层以及各级别往来，强调要充分利用双方在政治、经贸、防务、科技、文化、教育等领域合作机制的作用。此外，还强调了经济合作是两国关系的重点领域，双方应加强基础设施建设、能源、航空、卫生、环保、农业等方面的合作，同意加强防务合作，增进两国军队友好往来与合作，法国将协助越南参与联合国维和行动，携手处理传统和非传统安全问题。

2018年3月，应法国总统马克龙的邀请，越共中央委员会总书记阮富仲对法国进行正式访问，阮富仲的此次访问正值纪念越法建交45周年（1973—2018年）暨双方建立战略伙伴关系5周年（2013—2018年）之际，也是自马克龙担任法国总统以来越法两国首次高层会晤。访问期间越法发表联合声明，支持欧盟与东盟建立战略伙伴关系，欢迎欧盟参与由东盟主导的各类多边合作机制。此外，法国还表示支持《越欧自贸协定》早日获得欧盟批准，两国企业还签订了价值100亿欧元的合同，以加强航空、信息技术、能源、基础设施等领域的经济合作。同年11月法国总理爱德华·菲利浦访问越南。

🌸 五、越南与日本、韩国的关系

越南同日本于1973年9月21日正式建交。建交以来，两国关系主要经历了三个阶段。第一阶段，建交之初至1979年，两国关系主要围绕日本对越援助展开。1975年越南南北统一，两国互设大使馆，并签署了日本以无偿援助名义向越南支付139亿日元（折合4 900万美元，以当时汇率计算）战争赔偿款的相关协议。1977年日本推出旨在拓展其在东南亚影响力的"福田主义"，开始对越提供技术援助和无偿援助，越日关系步入正轨。第二阶段，1979—1992年，由于越南和苏联结盟并入侵柬埔寨，日本与美国等西方国家联手对越制裁，暂停对越援助，越日关系陷入低谷。第三阶段，1992年至今，冷战结束、柬埔寨问题解决，日本于1992年解除对越制裁、重启对越援助并实现两国关系正常化，直至2009年两国正式建立"致力于亚洲和平与繁荣的战略伙伴关系"；2014年3月，两国关系提升为"致力于亚洲和平与繁荣的纵深战略伙伴关系"。

1992年后，越南与日本两国政治互信提升、高层互访频繁。据统计，建交以来日本首相先后10次访越；越共中央总书记4次访日，越南国家主席2次访日，政府总理6次访日、10次非正式访日，国会主席2次访日。仅以2017年为例，两国实现了5次高层访问，包括日本天皇和皇后首次对越南进行历史性访问；日本首相安倍晋三两次访问越南；日本国会众议院议长在15年后访问越南；越南政府总理阮春福对日本进行正式访问。2018年5月，越南国家主席陈大光首次对日本进行国事访问。另据越南外交部网站消息，日本还是首个接受越共中央总书记访问（1995年）、与越南建立战略伙伴关系（2009年）以及承认越南市场经济地位的七国集团国家。

目前，越南与日本两国政治高度互信，经济、安全等各领域合作密切，日本是越南第一大官方发展援助国、第二大外国直接投资国和第四大贸易伙伴。

1992年12月22日，越南与韩国签署了建立外交关系的联合声明。同一天，韩国在河内开设了大使馆。1993年3月，越南在首尔开设了大使馆。2001年8月，在越南国家主席陈德良访问韩国期间，两国发表了关于《21世纪全面伙伴关系》的联合声明。2009年10月，在韩国总统李明博访问越南之际，两国关系升级为"战略合作伙伴关系"。

2011年4月，越南与韩国两国举行首次副外长级外交、国防、安全战略对话。11月，越南国家主席张晋创访韩。越共中央总书记阮富仲率越南高级代表团于2014年10月对韩国进行访问。访问期间双方发表了《越韩联合声明》。11月11日，越南国家主席张晋创出席在北京举行的第二十二次APEC领导人非正式会议时会见了韩国总统朴槿惠。2015年，韩国前总统李明博（2015年10月）访问越南；越南副总理武文灵（2015年5月）、胡志明市委书记黎清海（2015年5月）访问了韩国。

自从2015年《越南–韩国自由贸易协定》生效后，双边经贸关系发展迅速，在经济利益的推动下，越韩双边关系迅速升温。2017年3月，韩国外交部部长尹炳世访问了越南；11月，越南政治局委员、常务副总理张和平访问了韩国；12月，中共中央政治局委员、副总理兼外交部部长范平明访问了韩国。

2018年3月，韩国总统文在寅对越南进行国事访问，这是文在寅2018年的首场外交活动，也是他继2017年11月赴越出席APEC峰会后再次出访越南，体现出文在寅对越南及越韩关系的高度重视。同年9月，韩国总理李洛渊赴越南出席越南原国家主席陈大光的国葬。同年12月，越南国会主席阮氏金银正式访问韩国，越南副总理郑廷勇访问了韩国。

目前，韩国是越南最大的投资来源国、第二大贸易伙伴和第二大官方发展援助国，越南也成为韩国第四大贸易伙伴。

六、越南与东盟的关系

东南亚国家联盟（简称东盟）成立于1967年，成立时有五个成员国：印度尼西亚、菲律宾、新加坡、马来西亚、泰国。1976年2月，东盟举行第一次首脑会议，签署了《东南亚友好条约》，又称《巴厘条约》。

1978年越南与苏联签订了带有结盟性质的友好合作互助条约，越南派兵入侵柬埔寨后，与东盟的关系急转直下，东盟国家对越南产生强烈的对抗情绪，其中泰国与越南的关系由于柬埔寨问题尤为紧张。1989年1月，越南军队撤出柬埔寨，越南与东盟的关系日趋缓和。1995年7月27日，越南正式加入东盟。

柬埔寨和老挝作为越南的邻国，越南一直把柬埔寨和老挝视为特殊战略伙伴关系国，长期以来特别注重发展与两国的关系。近年来，三国之间不断加强经济合作，柬老越发展三角区（Cambodia Laos Vietnam，CLV）就是一个卓有成效的经济合作机制成果。2017年是越南与柬埔寨友好年、越南与老挝友好年，越南与这两个国家开展了各项庆祝活动。越南政府总理阮春福于2017年4月率团出访这两个国家，这是阮春福担任越南政府总理后首次对柬埔寨和老挝进行正式访问。2018年，越柬在"越柬两个经济体互联互通共同框架协议""避免双重征税协定"基础之上展开"互联互通总体规划"，讨论和推进边贸协定谈判，双边贸易额达到46亿美元，2020年有望达到50亿美元。越南是柬埔寨最大的外资来源国，也是柬埔寨第二大旅游客源来源地。越柬两国安全关系紧密，在联合巡逻、打击犯罪等方面合作密切。2019年1月7日，越柬双方还隆重庆祝了越南军队占领金边40周年。越老关系定位为传统友好、特殊团结与全面合作关系。除了在柬老越发展三角区合作峰会框架下的经济合作外，2018年7月以"友好、合作与发展"为主题的2018年越老贸易博览会在万象举行。该博览会由两国国防部与工贸部发起举办，带有深厚的军队背景，大量越南涉军企业参与其中。2018年，越老双边贸易额达10亿美元，同比增长14%；越南对老投资达40亿美元，是老挝第三大外资来源国。越老安全关系非常紧密，两国的安全合作不仅被认为是两国传统友谊与特殊关系的体现，也是两国关系的重要支柱之一。

越南同泰国于2013年6月建立战略伙伴关系，成为东盟区内首个战略伙伴关系。其后，越泰两国关系在各领域都取得蓬勃发展。2017年8月，阮春福访问泰国期间出席了越泰经济合作论坛。经贸关系方面，两国力争2020年实现双边贸易额达200亿美元的目标。在促进经贸投资关系的同时，越南与泰国还大力开展国防安全、交通运输、农业、文化和旅游等领域的合作。目前，泰国是越南在东盟第一大贸易伙伴、第八大投资来源地。

近年来，在湄公河次区域合作框架下，越南与缅甸的关系发展迅速。2017年8月，越共中央总书记阮富仲率领越南高级代表团对缅甸进行国事访问，两国把双边关系提升为全面合作伙伴关系后，两国关系的发展进入快车道。2018年4月19日，缅甸国务资政昂山素季访越，在强化全方位合作、尽早批准越缅全面合作伙伴关系2018—2023年行动计划上达成一致。在经贸关系方面，两国力争尽快使双边贸易额达到10亿美元，并加强交通、旅游、司法等各方面合作。安全关系方面，两国同意加大在军事培训、军事医学、人员搜救等方面的合作，并开始举办副部长级国防政策对话。在参加东盟峰会期间，阮春福重申了越南支持缅甸政府推进民族和解进程的立场。

作为南海沿岸国家，越南与马来西亚一直保持密切关系，特别是在 2015 年两国关系上升为战略伙伴关系后，两国关系发展进入新阶段。2018 年 10 月 25 日，马来西亚副总理旺·阿兹莎访越，两国在外交、经济、安全等领域的合作得到进一步加强。目前，马来西亚是越南的第八大贸易伙伴，双方计划到 2020 年把双边贸易额提高到 150 亿美元。马来西亚在越南投资较多，是越南第七大外资来源国。在与旺·阿兹莎会谈时阮春福强调，两国作为南海沿岸国有海域重叠区，要加强合作特别是渔业合作，并在南海问题的立场上保持一致。

越南与印度尼西亚于 2013 年 6 月建立战略伙伴关系，近年来，两国在多个领域签订了 30 多项合作协议。2017 年 8 月，阮富仲率领越南高级代表团对印度尼西亚进行正式访问。在访问期间，阮富仲与印度尼西亚总统佐科·维多多及该国其他领导人分别举行会谈；8 月 23 日，阮富仲在印度尼西亚战略与国际研究中心做题为"东盟：50 年形成、发展和展望"的演讲。2018 年，两国高层领导人互访，双边关系获得极大推动。4 月和 8 月，两国外长接连会晤，并举行越南–印度尼西亚双边合作委员会第三次会议。两国外长强调尽快建立部门级经贸、安全磋商机制；以落实《2017—2022 年越南–印度尼西亚防务合作共同愿景声明》为基础不断加强安全合作，共同打击恐怖主义、海盗和跨国犯罪等活动，妥善处理渔业纠纷；在南海问题上统一立场，共同推动尽早达成"南海行为准则"（COC）；相互支持 2019—2020 年（印度尼西亚）和 2020—2021 年（越南）联合国安理会非常任理事国竞选。9 月 11 日，应陈大光邀请，印度尼西亚总统佐科访越，两国签订《2019—2023 年越南–印度尼西亚战略伙伴关系落实行动计划》《志愿参与打击非法、未申报和无管制捕鱼行为（IUU）国际合作联合公告》。在强化战略伙伴关系、加强渔业合作的同时，两国继续推动经济、安全等领域合作，提出尽快使双边贸易额提升至 100 亿美元，并加强海上合作，维护地区安全与航行、飞跃自由。阮春福于 10 月 12 日访问印度尼西亚期间也强调要通过加强经济合作、海上合作来巩固和提高两国的战略伙伴关系。目前，印度尼西亚是越南在东盟的第四大贸易伙伴，对越投资在东盟各国中位列第五位。

越南同新加坡于 1973 年正式建交，2013 年建立战略伙伴关系。两国间除了召开越南–新加坡第十一次政治磋商等年度会议外，阮春福赴新加坡参加东盟峰会期间顺道访新，两国签订了16项经贸合作协议，进一步深化两国战略伙伴关系。经济合作一直是越新关系的重要支柱，早在1994年，双方就开始合作建立越新工业区。新加坡投资的8个越新工业区为越南经济发展做出重要贡献。2018年4月25日阮春福访新，两国着力谋求超越经济关系的新突破。近年来，两国在安全领域的合作不断取得进展，尤其是在海军舰艇互访、反恐和网络安全方面合作不断加强。阮春福访新除进一步加强经济合作、发挥互补优势外，还强调要在南海问题、非传统安全挑战、海盗和跨国犯罪以及非法捕鱼等领域加强合作。目前，新加坡成为越南在东盟的第一大、世界第六大贸易伙伴，东盟第一大、世界第三大外资来源国。

越南加入东盟二十多年来，一直把参与东盟的建设作为对外工作的重点，为东盟的建设和发展做出了贡献，参与拟订东盟的目标、发展方向和重大决策，参与东盟系列会议，积极发展与东盟各国的经济贸易合作，继续保持与东盟各国的密切关系。

第八章　经济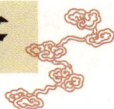

第一节　　概述

　　越南属于发展中国家，越南经济是社会主义导向的市场经济，其高度依赖原材料出口和外国直接投资。截至2018年，经过各双边贸易和国际自由贸易协定的努力谈判，已有71个国家公认越南为市场经济。越南逐渐成为"东南亚地区新工业基地""亚洲最热投资目的地""世界新工厂"乃至"全球经济的新亮点"，亚洲经济"新虎"正在崛起。

一、1975—1986年经济状况

　　统一之后的越南千疮百孔，经济面临崩溃。由于战争的破坏，加上僵化的经济管理模式和官僚主义，越南全国陷入严重的社会经济危机，人民生活非常困难，生活必需品必须由国家定量分配，日用品奇缺，通货膨胀率高达三位数，1976年为128%，1981年为313%。20世纪80年代初，越南党和政府开始尝试一些改革，尤其是在农业方面，鼓励合作社和社员开荒复垦，试行产品承包，有效地调动了广大农民的生产积极性，农业出现了复苏；工业方面，政府试行了一些初步的改革，包括下放经营自主权，实行承包工资、计件工资等多种工资方式以调动工人的生产积极性；在流通领域也进行了初步的改革，如取消票证制等。

❖ 二、1986—2006年经济状况

越南经济真正进入高速增长与发展，始于1986年实行革新开放。其革新开放也是首先从农业方面开始的。农业革新的核心是把土地还给农民，使农民对土地与收成完全拥有自主权，从而充分调动了农民的生产积极性。工业方面则是强调市场因素，改变过分强调发展重工业的战略，引进外资，鼓励发展以出口为导向的制造业。通过几年的努力，到20世纪90年代初，越南已初步摆脱经济危机，国家的社会经济状况得到明显改善，通货膨胀率在1990年下降至67.4%，粮食连年增产。革新开放充分解放了越南的生产力，1991—1995年，国内生产总值每年增长8.2%，其中工业增长13.3%、农业增长4.5%、出口增长20%、通货膨胀率从1991年的67.1%降至1995年的12.7%，每年创造100多万个就业机会。

❖ 三、2006年至今

越南在2006年加入世界贸易组织，扩大了越南经济的开放程度，使越南加速融入世界经济。社会持续发展、贫困率下降、出口迅速增长，经济结构开始发生较大的变化：工业和服务业的比重逐步上升、农业的比重逐步下降，越南已开始从一个农业国向工业化和现代化国家过渡。

2008年是越南国内生产总值增长不乐观的一年，因为国内生产总值增长率仅为6.23%，是1999年以来的最低水平。2011年7月，阮晋勇总理进入第二届任期，替换了主要的经济官员。在此期间，越南的通货膨胀率急剧上升。政府出台了第11号决议，收紧货币，减少通货膨胀。2012年，由于受到多方面的影响，其中一部分包括第11号决议收紧货币供应量，越南经济陷入非常困难的境地，其中最突出的是银行债务和商品库存的增高，房地产市场和证券衰退，特别是房地产市场被冻结，该领域的债务可能达到500亿美元。按照国际定义，2011年年底公共债务总额为1 289亿美元，相当于国内生产总值的106%（1 217亿美元），其中外债占国内生产总值的38.9%。

据世界银行统计，2014年的越南国内生产总值为1 862亿美元，而国民总收入为1 729亿美元。到2015年，越南人均国内生产总值相

当于世界平均水平的35%（约合5 600美元），刚脱离贫穷国家，且处于世界中低收入阶层。2016年越共十二大决议提出2016—2021年五年计划的经济发展计划为每年增长6.5%~7%。然而，随着贸易逆差缩小，这一时期的贸易平衡有所改善，2012年是越南自1992年以来第一次贸易顺差。2017年，越南国内生产总值（GDP）比2016年增长6.81%，高于原定计划6.7%的增长水平。

2018年，越南国内生产总值增速达7.08%，超过越南国会设定的6.5%~6.7%的目标，并创下了自2008年以来经济增速的历史新高。按照现行价格计算，2018年越南GDP达5 535.3万亿越南盾，约合2 447亿美元；人均GDP为5 850万越南盾，约合2 587美元，较2017年增加198美元。与此同时，越南宏观经济整体保持稳定，通货膨胀率为3.54%，连续3年实现不高于4%的目标。据统计，2018年，越南全国新成立企业13.12万家，同比增长3.5%；登记投资额为1 478万亿越南盾，同比增长14.1%；对外贸易也蓬勃发展，其中，出口增长13.8%，贸易顺差达72.1亿美元，创下历史新高。越南还积极开展旅游推介，包括对西欧国家推出3年期免签、对40余个国家颁发电子签证等，大力推动旅游业发展。2018年，越南共接待外国游客逾1 550万人次，同比增长19.9%，取得较好成效。

第二节　农业

越南耕地和林地占国土总面积的60%。越南属于热带气候，全年炎热多雨，并且其处于北回归线以南，光照充足，适宜种植水稻、玉米、甘薯和木薯等粮食作物，其中以水稻为主。素有"越南粮仓"之美誉的湄公河三角洲水稻的种植面积和产量在越南全国居第一位，红河平原居第二位。另外越南面向中国南海，海岸线长，同时境内河流众多，因此越南的海洋渔业资源和淡水渔业资源十分丰富。越南国土面积的3/4为山地和高原，林业资源丰富，据统计2012年越南林地面积为1 390万公顷，占其境内国土面积的42%。

越共六大之后，越南把农业放在首位，增加对农业的投资，落实越共中央政治局10号决议，把土地长期承包到户，调动了农民的生产积极性。1983—1987 年，越南粮食总产量在 1 700 万 ~ 1 800 万吨，而在贯彻 10 号决议的 1988 年，越南粮食产量就一跃而至 1 900 万吨，比上年的 1 750 万吨增长 8.6%。1989 年越南成为世界上仅次于泰国、美国的第三大大米出口国。2002 年越南大米出口 350 万吨，占世界大米出口总量的 14.5%，仅次于泰国（27.4%）而跃居世界第二位。2009 年越南大米出口 595.83 万吨，咖啡出口 118.35 万吨，腰果出口 17.72 万吨，茶叶出口 13.41 万吨，橡胶产量居世界第 4 位，2009 年达 72.37 万吨。

2018 年，越南的农业生产稳定发展，增长率很高。新的水稻品种逐步取代传统的水稻品种，使越南的农产品符合"越南优良农业作业规范"。2018 年越南稻谷播种面积为 757 万公顷，比上年减少 1 348 万公顷，稻米面积减少但生产力提高，2018 年稻米总产量约为 4 398 万吨，比 2017 年增加 124 万吨。

越南的土质、气候和雨量适宜多种经济作物生长。多年生经济作物有咖啡、橡胶、腰果、茶叶、胡椒、椰子和桑树等；一年生经济作物有甘蔗、大豆、花生、烟草、棉花、黄麻和蒲草等。

杂粮作物产量和一年生作物有增有减：玉米产量达到 491 万吨，比 2017 年下降 20.37 万吨，播种面积同比减少 60.5 万公顷；红薯产量达到 137 万吨，同比增加 1.58 万吨，种植面积同比减少 3.9 万公顷；甘蔗达到 1 784 万吨，同比下降 519.9 万吨，种植面积同比减少 1.2 万公顷；木薯产量达到 994 万吨，同比下降 327.8 万吨，种植面积同比减少 17.3 万公顷；花生达到 45.77 万吨，同比下降 0.9 万吨，播种面积同比减少 9.9 万公顷；大豆达到 8.08 万吨，同比下降 20.9 万吨，播种面积同比下降 1.53 万公顷；各类蔬菜产量 1 709 万吨，同比增加 62.55 万吨，种植面积同比增加 23.3 万公顷；各类豆类产量达到 15.5 万吨，同比下降 8.1 万吨，面积同比减少 7.1 万公顷。

2018 年，多年生作物面积估计为 348.23 万公顷，比 2017 年增长 2.3%，其中工业林达到 222.84 万公顷，同比增长 0.4%；果树达到 98.94 万公顷，同比增长 6.6%；含油植物达到 17.54 万公顷，同比增长 3.3%；香料和药用植物达到 53.9 万公顷，同比增长 7.2%；其他多年生植物达到 3.52 万公顷，同比下降 0.7%。

在经济作物中，咖啡是越南主要的出口商品之一，主要产于中部西原地区的多乐、林同、嘉莱和昆嵩4省。其中多乐省的咖啡产量最多，约占越南全国咖啡总产量的70%。2018年，咖啡豆种植面积达到68.84万公顷，同比增长1.6%，产量达到1 626.2万吨，同比增长3.1%。

橡胶主要分布在南方各省，尤以同奈、平阳、平福三省的橡胶面积最大，其次是西宁、多乐、嘉莱、昆嵩、巴地–头顿等省，2018年橡胶面积达到96.54万公顷，比上年下降0.4%，全年产量达到114.19万吨，同比增长4.3%。

在越南中部的广南省、多乐省和建江省，北方的义安省、河静省和广治省都产胡椒。其中建江省是全国最大的胡椒产地。2018年胡椒种植面积达到14.99万公顷，同比增长0.1%，产量达到25.54万吨，同比增长1.1%。

腰果主要分布在南方的平阳省、平福省、同奈省、西宁省、宁顺省、平顺省，西原地区及中部各省。2018年腰果种植面积达到30.1万公顷，同比增长0.4%，产量达到260.3万吨，同比增长20.6%。

越南北部的老街省、安沛省、河江省、宣光省、山萝省和永福省，中部的广南省，以及西原地区的嘉莱省、昆嵩省和林同省，都是产茶区。2018年越南茶叶种植面积达到12.37万公顷，增长0.6%。

2018年，越南多种水果的种植面积增加并且有稳定的销售市场，水果产量相当高。橙子、橘子、柚子产量为169.7万吨，比上年增长10.9%；杧果产量为78.85万吨，同比增长5.8%；火龙果产量为107.42万吨，同比增长12.8%；龙眼产量为54.14万吨，同比增长8.4%；荔枝产量为38.06万吨，同比增长63.6%；红毛丹产量为33.87万吨，同比增长2.5%。

越南现代农业取得不错的成绩与越南政府在农业上的改革是分不开的。2008年越共十届七中全会制定关于"农业、农民、农村"的26号决议，该决议执行10年来在推进农业工业化、巩固越南粮食安全、打造优势农产品以提高越南农产品在国际上的竞争力、发展绿色农业、培训农村劳动力和新农村建设方面取得了突出成绩。2010年越南政府颁布了《关于到2020年发展和应用高科技农业的决定》，2012年颁布《科技服务新农村建设计划》，对调整农业结构、提高农产品附加值、加强农业园区与农业高科技企业建设以及农村基础设施建设等方面起到了推动作用。2017年3月，越南政府又颁布了《2020年高科技农业区域总体规划及2030年远景规划》，并对农业高科技应用提供100万亿越南盾优惠贷款。另外，越南政府自2013年开始着手实施农业结构重组，以适应国内、国际市场的需求与发展绿色农业、可持续农业的需要，同时积极发挥农业合作社在连接农民和企业中的桥梁作用，突出农业合作社"五家"合作政策（在农业生产中加强国家、投资者、科学家、农民和银行的合作）的引领作用。据统计，2019年，越南全国拥有合作社21 787家，合作社联合会72个，合作组106 475个，会员达到660万人。

第三节　　畜牧业

越南的主要家畜是牛、猪，主要家禽是鸡、鸭。此外，越南北部山区、中部西区和南部东区有些地方还饲养马、骡和山羊。西原地区有的地方有驯象业。在河静省香山县有养鹿业。经济革新后，越南政府制定了一系列鼓励农业发展的政策，促使粮食产量连年增产，同时推动了畜牧业同步发展。

大部分水牛集中分布在越南北部高地山区地带，黄牛主要分布在北中部和中部沿海地区。这是由水牛和黄牛不同的生活特性所决定的。之前水牛和黄牛都是作为农业劳动力的角色而存在的，但是从20世纪80年代开始，牛的养殖目的开始从农业劳动力转变为供给牛肉和牛奶，这直接导致了从1985年开始，黄牛的养殖数量超过水牛。猪是越南人主要的肉食来源，在粮食产出发展的时期，猪的养殖数量较少，但是随着越南农业的稳定发展、粮食产量的不断提升，猪的养殖数量开始猛增。养猪业主要分布在红河三角洲地区和北部高地山区。越南家禽的饲养依然是以家庭为单位。家禽主要分布在红河三角洲地区，继而是北部高地山地、中北部和中部沿海地区。

截至2018年12月，越南全国水牛存栏量比2017年同期减少了2.8%，黄牛存栏量同比增加了2.7%，猪的存栏量同比增加了3.2%，家禽存栏量同比增加了6.1%。

2018年肉类产量平稳增长。其中，水牛肉产量达到9.21万吨，比上年增长4.7%；黄牛肉产量达到33.45万吨，同比增长4%；猪肉产量达380万吨，同比增长2.2%；禽肉产量达到110万吨，同比增长6.4%。2018年禽蛋产量相当不错，估计为116亿枚鸡蛋，比2017年增长9.5%；2018年全国牛奶产量达到93.6万吨，同比增长了6.2%。截至2018年12月26日，越南家畜不再受到猪蓝耳病的影响，广宁省的禽流感仍然存在；在河内的北宁仍然发现了口蹄疫。越南家禽家畜存栏量如表8-1所示。

表8-1　越南家禽家畜存栏量　　　　　　　　　单位：万头/万只

种类	2017年	2018年	增幅
水牛	249.17	242.19	−2.8%
黄牛	565.49	580.75	2.7%
猪	2 740.67	2 828.37	3.2%
家禽	38 545.66	40 896.94	6.1%

资料来源：《2018年越南经济社会情况》，越南统计总局。

第四节　林业

越南复杂的地形和湿热多雨的气候非常适合森林繁育，赋予了越南森林多样性的特点。不仅有常绿林、落叶和半落叶林、半常绿林、针叶林、针阔混交林、各种山地灌木，还有红树林；不仅有椴树、油楠等多种野生植物，还有茴香、砂仁等天然香料和食用植物，更有黄芪、五加等药用植物。同时，越南还是柚木、花梨木、楠木、榛木、铁木等珍稀树木的主要产地。

1989年4月，越南提出了开展热带林业行动计划，以此发动群众进行全国造林，造林树种主要有桉树、柚木、龙脑香、木麻黄、金合欢等。1992年越南又提出了全国林业发展总体任务，要提高经济效益，加快人工造林的步伐，争取早日绿化荒山，增强森林蓄养生物多样性和保护环境的功能。尤其是1999年实施的造林计划，通过人工造林和天然林恢复措施。从1995年开始，越南的森林面积持续增加，覆盖率从1990年的27%上升到1999年的33.2%、2005年的37%、2010

年的 39.5%、2014 年的 40.4%。

1991 年制定的《森林保护与发展法》是越南林业法律的核心，是在 1972 年《森林保护法》和《森林保护条例》的基础上修订而成的，明令禁止原木和低附加值木材产品出口，从林业开发向植树造林、保护森林转化。1990 年颁布《资源税法》后，越南对开采木材、薪柴及其他林产品征收 10% ~ 40% 的资源税，1993 年以来对木材的开采、运输、出口采取了更加严格的管制措施。越南林业逐渐走上了一条保护性开发的道路。之后在多次修改后，2004 年 12 月 3 日第六届越南国民会议通过了《森林保护与发展法》，于 2005 年 4 月 1 日生效。该法规将越南森林分为防护林、生产林、特种用途林三类进行分类经营管理，规定了森林的管理、保护、开发和利用以及森林所有者的权利和义务。

2018 年的气候对林业生产、护林和开发林产品相对有利。2018 年，越南集中造林面积估计为 238.6 千公顷，比上年下降 1.2%；分散植树的数量达到 8 580 万，同比下降 0.3%；薪柴产量达到 2 370 万支，同比下降 1.2%；木材产量估计为 1 280 万立方米，同比增长 9.6%。一些地方的木材产量大幅增加：广治省同比增长 22.1%；义安省同比增长 19.4%；广南省同比增长 10.3%；富寿省同比增长 10.2%；广义省同比增长 9.9%。2018 年，受灾森林面积为 1 283.3 公顷，比 2017 年下降 17.8%，其中烧毁森林面积为 739.1 公顷，同比增长 41.7%；砍伐和毁坏的森林面积为 544.2 公顷，同比下降 47.6%。

在 2019 年第一季度，越南集中造林面积估计为 3.19 万公顷，比 2018 年同期增长 1.4%；分散植树数量达到 1 570 万株，同比增长 0.5%；开采木材产量达到 271.4 万立方米，同比增长 4.5%，其中：老街省同比增长 21.7%；清化省同比增长 7.2%；广南省同比增长 7%。第一季度的薪柴产量估计为 390 万支，与 2018 年同期相比下降 1.5%。第一季度受灾林面积 98.7 公顷，比 2018 年同期下降 48.4%，其中烧林面积 22.8 公顷，同比下降 56.6%；被滥伐森林面积为 75.9 公顷，同比下降 45.4%。

第五节　水产业

由于其独特的水文环境，越南的水产资源较为丰富。越南境内水产资源的种类多、储量丰富，另外越南的海岸线较长并且主要面对浅海地区，非常利于海洋生物的生长，所以水产养殖业潜力巨大。

越南的渔业历史悠久，成为越南的重要产业之一，其水产业已经成为越南出口创汇大户之一，其产品远销中国、新加坡、美国、加拿大、欧盟等25个国家和地区。革新开放后，对国营水产企业实行自主经营、独立核算、自负盈亏，对集体渔业合作社实行承包制，从而激发了水产业的活力，促进了生产发展。政府对渔业特别是远洋渔业也投入了大量的资金支持。水产养殖面积不断扩大，养殖方式多种多样，养殖产量不断提高，水产养殖的科技含量也在不断提高。

目前，越南境内有三个大型的重点渔场，即明海-建江渔场，宁顺-头顿渔场和海防-广宁渔场。2018年，越南全年水产总产量估计为775.65万吨，比2017年增长6.1%，其中鱼类产量达到560.28万吨，同比增长6.7%；虾产量达到96.61万吨，同比增长7%；其他水产品达到118.76万吨，同比增长2.5%。

近年来，越南水产养殖业发展迅速。2018年越南的水产养殖很成功，特别是咸水虾和查鱼。全年水产养殖面积估计为112.06万公顷，比2017年增长1.7%，水产养殖产量达到415.38万吨，比2017年增长6.7%，其中鱼类达到290.25万吨，同比增长6.9%；虾产量为80.43万吨，同比增长8.1%。2018年的查鱼价格相对较高且稳定，每千克查鱼价位在2.7万～3.3万越南盾。查鱼出口增长势头良好，特别是对美国、中国和欧盟。2018年查鱼产量估计为141.8万吨，同比增长10.4%。咸水虾养殖面积达到712.7千公顷，比2017年增长1.4%，黑虎虾产量估计为27.43万吨，比2017年增长5.5%；白脚虾产量达到49.23万吨，同比增长10%。

2018年天气对捕捞活动相对有利，船舶进行重组，以减少小型船舶的数量，增加海上大型船舶的数量，增加海上捕捞产量。2018年，越南全国水产捕捞产量约为360.27万吨，比2017年增长5.3%，其中鱼类产量达到270.03万吨，同比增长6.4%，虾产量达到16.18万吨，同比增长1.8%。

第六节　工业

❦ 一、工业概述

越南工业化起步晚，道路曲折。1976年抗美胜利后，南方比较发达的轻工业受到严重摧残，生活消费品大多依赖进口。在统一初期，越南照搬"苏联模式"，建立高度集权的计划经济体制，推动了统一后的经济恢复和发展，完成了社会主义改造。但随着形势的变化，这种体制带来的危害日益显露。

1986年革新开放后，越南逐渐走上了市场经济条件下的工业化发展道路，工业化步伐加快。在工业化发展中，越南经历了两次快速发展期，也陆续受到了东欧剧变、亚洲金融危机和全球金融危机等国际环境的负面影响。

1992—1996年，是越南工业化的第一次加速发展期。这一时期，越南经济增长加快，产业结构逐渐优化，城市人口规模逐渐增长，工业产品出口值占出口总值一半以上。据统计，年工业出口值占出口总值比重为53.7%，1996年为57.7%，成为创汇主要来源。在越共八大上，越南领导人提出了"至2020年基本实现现代化并建成工业化国家"的宏伟目标。

2000年始，越南经济增长逐渐平稳恢复，2000—2007年是越南工业化的第二次加速发展期。三大产业结构进一步优化，第一产业占比不断下降，第二产业和第三产业占比不断增加。

总的来看，在工业化的进程中，越南经济增长速度居于其他东盟国家前列，国家经济实力增强，已步入中等收入国家行列；越南的产业结构得到优化，农业部门的比重下降，工业与服务业的比重持续上升；国民收入稳步增长，人民生活水平得到显著提高。经过多年的改革发展，目前越南已具备一定的工业基础，整体处于工业化初期阶段。按区域来看，东南地区工业化发展水平明显快于越南其他区域，整体呈现三级阶梯式发展差距。

❀ 二、重工业与轻工业

如今，越南制造业对经济发展及工业化推进起到关键作用。凭借劳动力成本低廉、税收优惠等优势，近年来，越南制造业发展迅速，成为支柱产业。

（一）煤炭工业

越南的煤炭工业分散，地质条件复杂。尽管采用了先进的技术，但应用和部署技术的条件受到规模的限制。目前，煤炭行业有107家企业，其中生产的龙头企业包括越南煤炭矿产工业集团（4 100万吨）、东北公司（300万吨）。目前，越南全国煤炭供应主要由越南煤炭矿产工业集团承担。

2019年，越南国内煤炭需求呈上升趋势，特别是电力生产用煤、水泥、化工等。目前，越南电力集团、越南油气集团、越南煤炭矿产工业集团等24家火力发电厂的无烟煤需求量已超过3 500万吨/年，部分火力发电厂可能达到4 000万～4 200万吨/年。

（二）钢铁工业

在2004年超越马来西亚后，越南成为东南亚领先的粗钢生产国。然而，越南工贸部预测，到2025年，与国内需求相比，越南仍将缺乏钢铁。目前，越南正在积极投资扩建国内钢铁项目，比如和发榕橘钢铁厂钢铁项目、南方钢铁公司钢铁项目等。

（三）纺织业

越南的纺织业多年来一直是越南的主要出口产业之一。随着技术的发展，熟练劳动力的比例越来越大，国家政策、纺织业的鼓励措施也取得了许多令人鼓舞的新成果。越南纺织业拥有5 000多家经营企业，员工人数超过250万。2015年该行业出口营业额为257.9亿美元（其中：纺织品占228.1亿美元，纺织纤维占25.4亿美元），同比增长4.45%，2016年前三个月的出口同比增长近6%。越南的纺织业在2018年发展迅速，出口额达36亿美元，同比增长16%，成为仅次于中国和印度的世界第三大纺织品与服装出口国。

（四）电子加工业

越南电子加工业的产值在2011—2017年不断增长，复合年增长率为27%。2018年前9个月电子元件的工业生产价值，与2017年同期相比，增长超过1.5%。国内企业正在积极向中国、美国和日本等传统市场出口电子元件，扩大市场份额，促进电脑和电子元件出口到韩国、东盟、加拿大、中国、俄罗斯等其他国家和地区。

❀ 三、2018年工业运行基本情况

（一）2018年工业生产指数

2018年全年，越南工业生产指数比上年增长10.2%（第一季度增长12.7%；第二季度增长8.2%；第三季度增长10.7%；第四季度增长9.4%），虽然低于2017年的11.3%，但高于2012—2016年的增幅。在各个行业中，加工制造业继续发挥关键作用，推动整个行业整体增长12.3%（第一季度增长15.7%；第二季度增长9.6%；第三季度增长13.1%；第四季度增长11.1%），虽然低于2017年增长14.7%，但高于2012—2016年增长，贡献9.5个百分点；电力生产及供电业增长10%，对工业增长率贡献0.9个百分点；供水、垃圾及污水处理业增长6.3%，贡献0.1个百分点；采矿业下降2%，拉低工业增长率0.3个百分点。

根据产品的实际用途划分，2018年中间产品（用于下一生产过程）生产指数比上年增长9%；终端产品生产指数增长11%（其中生产资料产品增长6.5%，居民消费品增长13.3%）。

在二级工业门类中，2018年部分行业的增长指数高于上年，主要包括：焦煤、褐煤增长65.5%；金属增长25.1%；药品、化学药物及药材增长20%；机动车增长16.8%；纸张和纸制品增长14%；床、衣柜、桌子、椅子增长13.7%；纺织品增长12.7%；金属预购件（机械设备除外）增长11.8%；电子产品、计算机及光学产品增长11.3%。低增长或负增长的工业门类包括：橡胶和塑料制品增长3.3%；废物收集、处理和处置增长3.1%；修理、维护和安装机器与设备增长2.8%；金属矿开采量增长1.6%；原油和天然气开采量下降5.4%（原油开采量减少11.3%，天然气开采量增长1.1%）。

大多数省份和中部城市2018年工业生产指数较上年有所增长，其中河静省增长率最高，增幅为89%。其次是清化省，增长34.9%；巴地-头顿省下降0.5%，原因是原油开采继续减少。2018年工业生产指数与2017年相比，增长较大的地区如下：海防市增长25.2%；永福省增长15.2%；太原省增长12.1%；海阳省增长10.2%；平阳省增长9.8%；同奈省增长9%；广宁省增长8.9%；芹苴市增长8.1%；北宁省和胡志明市均增长8%；河内市增长7.5%；岘港市增长6.7%；广南省增长4.7%。

（二）主要工业产品产量增多降少

1. 主要工业产品产量

与2017年相比，2018年的一些主要工业产品增长很多：汽油和石油增长51.2%；钢铁增长43.8%；液化石油气（LPG）增长29.8%；电视机增长24%；氧化铝增长23.3%；合成纤维或人造纤维布料增长18.9%；水产饲料增长17.3%；天然纤维制成的纺织品增长16.2%。低增长或负增长的包括：鲜奶增长2.1%；氮磷钾复合肥增长1.7%；天然气增长1.1%；家畜饲料增长1%；手机下降1%（智能手机下降1.3%）；原油产量下降11.3%。

2. 加工制造业销售指数

2018年12月，加工制造业消费指数较上月增长1.9%，较2017年同期增长9.7%。一般来说，2018年加工制造业消费指数比上年增长12.4%（2017年增长10.2%）。增长或下降幅度较大的有：煤炭、成品油增长60.6%；机动车减少27%；金属增长19%；纸张和纸制品增长16.6%；药品、化学药物及药材增长16.1%。增长幅度较小的有：电力设备增长5.7%；化工原料及其制品增长5.6%；木材和木竹制品（不包括床、衣柜、桌子、椅子）增长3.5%；橡胶和塑料制品增长2.7%。

3. 加工制造业库存指数

截至2018年12月31日，整个制造业的库存指数比2017年同期增长14.1%（2017年同期为9.5%）。其中一些库存指数低增长或下降的工业门类有：床、衣柜、桌子、椅子增长2.8%；非金属矿产品下降0.5%；木材和木竹制品（不包括床、衣柜、桌子、椅子）下降5.4%；

机动车下降 11.7%；由于通信设备制造业部分产品产量急剧下降，电子产品、电脑及光学产品的产量下降 19.2%。部分行业的库存指数高于一般行业：焦炭和精炼石油产品增长 477.7%；药品、化学药物和药材增长 224.3%；其他运输工具增长 83.8%；电气设备增长 78.5%；皮革及相关产品增长 51.4%；金属增长 43%。

2018 年，加工制造业的平均库存率为 64.4%，达到近年来最低的库存水平。其中一些库存比例高的行业有：纺织品为 273.7%；木材和木竹制品（不包括床、衣柜、桌子、椅子）为 106.7%；食品生产加工为 73.6%；机动车为 73.1%；化工原料及其制品为 71.8%。

（三）工业领域吸纳就业情况

截至 2018 年 12 月 1 日，在越南工业企业就业的劳动力人数比 2017 年同期增加 2.6%（2017 年同期增长 5.1%），其中国有企业劳动力数量下降 0.7%；非国有企业增长 2.2%；外商直接投资企业增长 3.3%。与 2017 年同时段相比，采矿业就业人数同比增加了 0.7%；加工制造业就业人数增长 2.8%；发电和配电行业就业人数与 2017 年持平；供水、垃圾及污水处理就业人数增加 0.4%。

2018 年 12 月 1 日，一些具有较大工业规模的省、直辖市的工业企业劳动力数量与 2017 年同期相比情况如下：海防市增加 9%；同奈省增加 4.4%；海阳省增加 3.8%；广宁省增加 3.3%；巴地-头顿省增加 2.9%；河内市增加 2.2%；平阳省增加 1.8%；芹苴市和广南省增加 1.2%；胡志明市增加 1%；太原省增加 0.6%；永福省减少 3.1%；北宁省减少 7.3%；岘港市减少 15.6%。

第七节　金融业

革新开放以来，越南对金融政策进行了一系列调整，建立和发展多元化金融体系，依法管理银行，扩大金融市场建设。越南金融改革促进了企业改革；越南盾由贬值到升值，对稳定物价起了重要作用。1997 年东南亚金融危机爆发后，尽管越南盾面临巨大的压力，但越南的金融形势仍保持相对稳定。这些都是与越南金融革新的成功与发展分不开的。

✿ 一、银行

越南把中央银行与专业银行的职能分开，建立和发展多元化金融体系。越南有43家国内商业银行和4家外国银行分行。越南国家银行是越南的中央银行，在所有省市都设有办事处，直属中央。除了官方汇率外，越南在外币交易，私人经营的黄金、白银和珠宝等商店的外汇交易中也有非官方的汇率。

2017年1月，越南国际银行（VIB）以每股1.7万越南盾的价格登陆河内UPCOM市场，市值达到9.6万亿越南盾（约4.3亿美元）。此后，坚龙股份制银行和联越邮电银行分别在2017年的6月和10月登陆UPCOM市场。在2017年上市的银行中，盛旺银行受到的关注最多。截至2017年年底，越南河内和胡志明市两市（包括在UPCOM）已上市的银行有10多家。2018年越南银行业总资产增加1 400万亿越南盾，利润大幅提升，且利率水平稳定，信贷增长17%。外汇市场保持稳定，通胀控制在4%以下。

✿ 二、证券

越南有两个证券交易所，一个在河内，另一个在胡志明市。除上市股票外，非上市股票（在越南称为OTC股票）也交易很多。目前越南债券市场只有政府、国库和一些省级政府发行的债券（以美元或越南盾为单位）。越南也在海外股票市场发行并上市政府债券，允许外国人在越南买卖证券。

2017年，越证指数在一年之中一路上扬，屡创新高，最后收盘于984.24点，直逼1 000点的整数大关。越南政府一直鼓励外资参与资本市场，境外投资者由于机构参与的比例高，其一举一动也一直是越南股市上重要的风向标。在过去十年间，除2016年外，境外投资者在越南证券市场上一直是处于净买入状态。由于越南的上市公司平均市值较小，因此许多小盘股缺乏流动性，难以吸引市场资金的注意。相反，大盘蓝筹股流动性更好，更容易受到大资金的关注。在牛市行情下，大资金更愿意买入大盘蓝筹股，进一步推动了越南股市的蓝筹股行情。通过大力推进国有企业股份制改造并在撤资后引进民间投资和外资，通过引进伦敦金融市场的投资以及制定提高外资持股上限、简化投资程序和手续，越南资本市场获得长足发展。证券市场也大幅增长，市值已达390万亿越南盾（约合168亿美元），同比增长10.6%。

三、保险

越南自1997年开始启动保险业务。近年来，越南经济持续发展，带动了保险业的迅速发展。随着越南经济快速稳定增长，人民生活水平不断提高，保险市场也得到了快速的发展。2002年保险营业收入已占GDP的1.32%，年均可向金融市场注入40 000亿越南盾，而据越南财政部原先的预测，至2010年越南保险营业收入才有可能达到占其GDP1%的水平。

据越南《经济时报》报道，越南起初只有1家国有保险公司，到2005年已增加到30家，其中有3家国有保险企业、10家股份制保险公司、17家外国独资保险公司。保险业务包括人寿、非人寿、再保险和保险经纪，面向市场推广的有600多种类别。

越南人寿保险业务自2013年以来，呈现快速增长势头不减，2016年更加速增长，人寿保险保费年营收额达到50.4万亿越南盾（约152亿元人民币），同比增长37.4%，营收额和增长率再创历史新高，市场份额争夺日趋激烈。全国经济快速增长，企业数量和就业人数不断扩大，是人寿保险市场快速增长的主要原因。

越南保险协会（IAV）的统计数据表明，越南保险行业2018年总收入同比增长24%，达133万亿越南盾。其中，非寿险保险公司总收入达45万亿越南盾，寿险保险公司总收入达87万亿越南盾。

第八节　旅游业

越南地处中南半岛东部、南中国海西岸，国土狭长，地形地貌多样，蕴藏着丰富的自然景观、历史文化、人文等旅游资源。革新开放后，越南党和政府越来越重视发展旅游产业，尤其是近年来旅游产业得到迅速发展，国际、国内游客数量日益增长，许多旅游地受到国际游客的喜爱和好评，旅游产品的质量和竞争力不断提高，旅游产业基础设施在大力投入后向着现代化方向提质，旅游产业已上升为越南的支柱产业，越南还首次获评"亚洲最佳旅游目的地"。

越南政府于2011年年底批准了《至2020年，面向2030年的越南旅游发展战略》，为接下来十年内越南的旅游业发展定下总体目标。根据越南旅游发展战略，到2020年，越南将努力打造具有越南民族特色且极具国际竞争力的旅游产业，使旅游业成为国家经济发展的重要引擎，旅游服务质量高，产品丰富多样；到2030年，越南力争成为旅游业发达国家。

一、国际游客稳步增长

2018年全年，越南国际游客达到创纪录的1 550万人次，比2017年增长19.9%（游客人数超过260万人次）；其中航空抵达人数达到1 250万，增长14.4%；陆路运输到达人数达280万，增长59.6%；水运达到215.3万人次，下降16.8%。

2018年，赴越南旅游的亚洲游客达到1 207.55万人次，比上年增长23.7%。其中来自大多数主要市场的游客都有所增加：来自中国内地的游客达到496.65万人次，同比增长23.9%；韩国为348.54万人次，同比增长44.3%；日本为82.67万人次，同比增长3.6%；中国台湾地区为71.41万人次，同比增长15.9%；马来西亚为54.01万人次，同比增长12.4%；泰国为34.93万人次，同比增长15.8%；新加坡为28.62万人次，同比增长3.1%。来自欧洲的游客约为203.79万人次，与2017年相比增长8.1%；来自美洲的游客达到90.38万人次，比2017年增长10.6%，其中来自美国的游客达到68.72万人次，同比增长11.9%。来自大洋洲的游客达到43.78万人次，同比增长4%，其中来自澳大利亚的游客达到38.69万人次，同比增长4.5%。来自非洲的游客达到4.28万人次，比2017年增长了19.2%。

2019年8月，到越南的国际游客数量约为151.24万人次，比2019年7月增加14.9%，比2018年同期增长14.3%。2019年前8个月，旅游人次达1 130.92万人次，比2018年同期增长8.7%。

二、国内游客增长稳定

2014年起，越南为提振国内旅游市场，由文化体育旅游部发起

"越南人游越南"项目，旨在刺激国内旅游需求，扩大国内游客的消费市场。

在此总体目标指导下，越南文化体育旅游部鼓励各地方政府为旅行社、客运、旅馆等企业出台扶持政策；参加活动的各家企业承诺采用降价或他优惠方案，提高活动效率。在全社会的共同努力下，2014年接待国内游客人数达到3 850万人次，2015年接待游客量超5 700万人次的具体目标得以超额实现，2015年国内游客人数增长率达48%，2016年的国内游客数量也维持在高位水平，2018年接待国内游客人数达到8 000万，"越南人游越南"的计划取得了良好效果。

❖ 三、旅游业收入迅速增加

2014—2018年，越南旅游业开始加速扩张，旅游业总收入的增长率一直保持在较高水平。虽然增速在2014年有所放缓，在2015年，越南采取各种手段刺激旅游市场后，2014—2015年的旅游业总收入增长率达到近50%，实现了一次明显的跃进，而接下来的2016年也延续了旅游业总收入增长率近20%的良好态势。2017年更是增长了27.5%，2018年越南旅游业总收入达到620万亿越南盾（见表8-2）。

表8-2 2014—2018年越南旅游业总收入

年份	旅游业总收入/万亿越南盾	增长率
2014	230	
2015	337.83	15%
2016	400	18.4%
2017	510.9	27.5%
2018	620	21.4%

❖ 四、国际旅行社数量大幅增长

为了进一步拓展越南的国际旅游市场，提升面向国际游客的服务能力和水平，开发多样化的旅游项目及路线，越南近几年国际旅行社的数量不断增长。至2018年年底，全国共计开设2 022家国际旅行社。2012—2018年，越南国际旅行社总数在持续增长，处于急速扩张阶段。

依照经济类型划分，国有旅行社大幅度减少，股份制旅行社的数量逐步上升且占据国际旅行社总量的大部分，2018年国有旅行社只有5家，股份制旅行社达到788家。非国有旅行社的比例提高，使得越南国际旅行社的产权结构更加多元化，市场进行资源和要素配置的决定性作用逐年加深，从而促使越南国际旅行社市场的竞争更加激烈。

五、旅游配套设施不断完善

越南航空、道路和港口以及酒店等基础设施飞速发展。2005—2015年，越南主要航空港旅客吞吐量年均增长16%，2015年达到6 300万人次。越南现有25个国家和地区的52家航空公司经营54条到河内、胡志明市、岘港、芽庄等机场的国际航线业务，此外还有亚洲航空、捷星、虎航、泰国亚洲航空、宿务太平洋航空、狮航、印度尼西亚航空等廉价航空公司为国际游客提供旅行服务。48条国内航线和正在建设、升级的高速公路网便捷地将各个旅游目的地紧密连接起来。

旅游企业和酒店的数量不断增加，质量日益提高。2018年，越南全国宾馆、酒店数为28 000家，共有55万个房间，酒店数比上年增长9%，房间数年均增长8%。其中，五星级酒店共有152家，有5万多个房间，4星级酒店为276家，3星级酒店数为537家。

下

篇

第九章 革新开放与经济改革

在讨论越南的革新时，首先要明白什么是"革新"。"革新"一词在越南语词典中的解释是"与之前相比有了完全不同的改变，更加进步，克服落后、停滞状态，满足发展要求"。按照越南方面的说法，革新是改变不能满足发展需要的陈旧、过时的思维方法，转而运用符合发展规律的进步的思维方式和工作方法。可见，越南的革新就是对之前的思维与工作方法进行完全不同的改变，使之进步，以满足发展的要求。

第一节 革新开放的背景

❖ 一、从越南独立到完成社会主义改造

1945年9月2日，越南宣布独立，成立越南民主共和国，但不久之后法国发动了第二次印度支那战争。经过长达9年的抗法战争，到1954年越南北方获得解放。抗法战争胜利后，越南在北部地区进行了社会主义改造。9年的战争创伤，使越南的经济濒临瘫痪。为了恢复和发展经济，越南先后经历了1955—1957年的三年经济恢复时期和1958—1960年的三年经济发展与改造时期，这期间通过对私人资本国有化和个体经济纳入合作社的方式建立只包含国有经济和集体经济两种经济成分的社会主义经济体制，效仿苏联模式建立起高度集中计划的社会主义制度。到1960年，越南北方的国有企业部门占固定资产总

值的83.5%，占物资生产部门流动资金总额的79.6%，占社会总产品价值的38.4%，占国民收入的33.1%，占工业总产值的57.3%，占基本建设部门总产值的67.1%，占商业流动资金总额的80.5%，占社会零售总额的45.7%，而私人和个体经济的工业总产值比重从1955年的89.2%下降到了1960年的5%。

❧ 二、"一五"计划

1960年9月，越南劳动党（现在的越南共产党）第三次全国代表大会制订了第一个五年计划，提出了初步实现社会主义工业化，初步建立社会主义的物质和技术基础，同时完成社会主义改造的目标。这次大会提出了社会主义工业化的政策，即建立起协调和现代化的社会主义经济体系，工农业相结合，以重工业为基础，优先合理地发展重工业，同时大力发展农业和轻工业，将越南从一个工业落后的国家变为一个具有现代化工业和现代化农业的国家。可见，"一五"计划主要优先发展重工业，强调社会主义工业化。

但由于美国发动越南战争，第一个五年计划被迫于1964年8月中断，所制订的计划虽然没有完成，但仍取得了较大成就。工业总产值从1960年的145 800万越南盾增长至1965年的276 100万越南盾；农业总产值达到250 700万越南盾，比1960年增长22.53%；社会主义改造方面，到1965年，北方绝大多数农民参加了村或乡级的高级合作社，参加合作社户数占农户总数的90.1%；至1965年，完成了对手工业和资本主义工商业的社会主义改造。

❧ 三、抗美战争

1964年8月"北部湾事件"爆发，越南开始了长达10年的抗美战争，国民经济发展转入战时状态。由于战争原因，越南北方工农业遭受到严重破坏，经济发展速度缓慢。1966—1972年抗美战争期间，工业年均增长率为1%。1973年越美巴黎协议签订后，越南北方开始了3年的经济恢复，到1975年北方工业生产已恢复至或超过1965年水平。

虽然受到战争影响，但经过20年的社会主义改造，至1974年，社会主义经济成分在经济的重要生产领域占据了压倒性的比重，占工业总产值的97.7%（其中国有企业占92%），占农业总产值的69%（其中国有企业占3%），占基本建设部门总产值的7%（其中国有企业占74.9%），占商品流动资金总额的100%（其中国有企业占92%），占社会商品零售总额的71.4%（其中国有企业占55.3%）。非社会主义经济成分主要集中在农业、手工业和工商业，其比重已显得微不足道。可以说，经过20年的社会主义改造，私人经济在国民经济中的所有物资生产部门几乎完全取消了。

❀ 四、南北统一后

1975年4月30日，西贡获得解放。次日，整个越南南方解放，越南抗美战争结束，南北实现统一。南北统一为越南经济恢复与社会主义经济建设提供了良好的环境，1976年越南共产党[①]第四次全国代表大会提出了"二五"计划，要求五年内工业总产值和粮食总产量基本上翻一番，同时提出"在全国范围内重新组织生产和流通，使南方走向社会主义大生产，使南北的经济早趋一致"。此后，越南一方面在北方继续完善社会主义生产关系，对改进企业管理进行试点，解决农业生产经济效益低下的问题；另一方面，对南方的农业、手工业、工商业进行社会主义改造，照搬北方进行社会主义改造的形式，以建立社会主义生产关系，在五年内完成社会主义改造。另外，还通过在北部、中部、南部的一些地广人稀且较为落后的地区建立新经济区，解决发展经济、增强国防、解决失业等问题。然而，事实上，照搬北方模式在南方开展社会主义改造并不符合越南南方的实际情况，"二五"计划的各项指标也因制定得过高而难以完成，新经济区建设因物资匮乏加之管理问题突出而进展缓慢，这些问题都为后来留下了巨大隐患。

第二节　　革新初期试点阶段

从1979年8月越共四届六中全会的召开到1986年12月越共六大的开幕，这一阶段是越南经济革新的试点阶段。这一时期的经济政策称为"新经济政策"。

---

① 越南劳动党第四次代表大会将"越南劳动党"更名为"越南共产党"。

🌿 一、内忧外患

虽然越南实现了南北统一，但经济形势却愈发艰难。

一方面，"二五"计划的主要指标均未完成，经济困难。到1980年，"二五"计划的主要指标均未完成。其中，计划实际总投资约为184.4亿越南盾，完成计划的60%；社会总产值年均增长率为1.17%，仅完成计划的不到9%；工业总产值年均增长率为0.6%，不到计划的4%；农业总产值年均增长率为1.9%，完成计划的不到23%；国民收入年均增长率为0.4%，竟不到计划的3%。在粮食产量方面也出现波动，年人均粮食产量甚至低于北方"一五"计划时期。这其中，1976年全国粮食产量为1 359万吨，人均276.2千克；1977年总产量为1 288万吨，人均255.7千克；1978年总产量为1 290万吨，人均249.5千克；1979年总产量为1 331万吨，人均252.3千克；1980年总产量为1 438万吨，人均256.8千克。而在工业领域，中央工业因缺乏原材料，年均减产4%，地方工业年均增长6.7%。

另一方面，越南南方"社会主义改造"失败，南方经济衰落。南北统一后，越南政府对越南南方的农业、手工业和工商业进行了"社会主义改造"。在农业改造方面，通过建立大规模的高级合作社的方式推行集体化，强迫农民加入合作社，但由于分配土地不合理、农具不足等多方面原因，遭到了南方农民的抵制，因此在南方推行的农业集体化近乎失败。在工商业改造方面，接管了西贡政权的企业，没收了华侨投资经营的工厂，强迫商人和小商贩去农村从事农业生产，但由于缺乏原料、配件等，加之工商业从业者被强迫去农村或"新经济区"，导致专业人员缺乏、管理混乱，工厂开工率不足或停产，致使日用品短缺、失业率增加。总体来看，越南南方农业发展衰落，工业生产严重下滑，商业濒临瘫痪，日用品严重短缺，物价持续攀升，失业人数不断上升，经济严重衰退。

另外，越南因对外发动侵略，在国际社会被孤立。1978年12月，越南出动20万军队攻入柬埔寨，长达十年的柬埔寨战争造成了越南物力与财力的严重消耗，军费开支一度上升至国家财政总预算的一半以上。与此同时，越南同中国的关系恶化，最终导致两国的边界冲突。另外，国际社会停止了对越南的援助，美国等西方国家对越南实施禁运政策。

"二五"计划主要指标落空，越南南方"社会主义改造"失败，同时又无法得到国外援助。在内外因素的共同作用下，越南共产党不得不对发展战略做出调整，探索适合自身的发展道路。在理论上，自1981年至1985年，越南共产党内部已经开始了关于理论与实践方法的讨论，但并没有得出结论；而在实践上，则开始了探索性的尝试。

二、 越共四届六中全会的探索

为了摆脱严重的经济危机，1979年9月，越共四届六中全会召开，提出了新的经济政策，开始对经济政策进行调整，揭开了越南革新的序幕。

会议从讨论地方经济和消费品生产问题转换到讨论所面临的紧迫经济社会问题，分析了过去经济工作与社会主义改造过程中出现的失误与缺陷，做出了五个决定：第一，在全国范围内发挥国有经济的作用，承认南方存在的多种经济成分，发挥个体经济与私人资本经济的作用，推动经济恢复与发展；第二，革新计划经济工作，把计划与市场结合起来，把国家、集体和劳动者三种利益结合起来；第三，在制定经济、财政政策的工作中反对不思进取的保守思想和行为，鼓励发展生产，发展经济；第四，对南方农业的社会主义改造采取积极、稳妥的方针，对于南方私人资本主义工商业的改造执行越共中央关于多种成分经济并存的方针；第五，必须调动国有、集体、公私合营、个体、民族资本等一切经济成分发展消费品生产，缓解社会消费品匮乏的压力。

在经济革新的探索和试点实践过程中，经济领域最重要：

（1）在农业领域实行农业承包制。1981年1月，越共中央书记处发布了《关于包产到生产组和劳动者个人的指示》（以下简称《100号指示》），提出改进农业合作社承包工作的主要方向是发展农业生产，调动社员劳动的积极性，提高劳动生产效率，提高经济效益；而农业合作社的所有管理工作都要将劳动者与最终产品紧密联系起来，使国家、集体和劳动者三种利益有效结合。《100号指示》的提出为越南农业生产的发展创造了新的动力，抑制了农业生产连年下滑的趋势，也为越南农业发展开辟了一条新路。

（2）在国有企业中实施"三部分计划生产"安排。随着农业生产承包制的出台，1981年1月越南政府颁布了《关于发挥国有企业生产经营自主权和财政自主权》的第25号决定，对国家下达的有物资保障的生产、企业自主生产、企业副业生产进行计划生产，并对企业产品销售和三种计划生产的产品价格做出具体规定，这在一定程度上发挥了国有企业生产经营的主动权及财政自主权，促进了国有企业生产的初步好转。

（3）进行价格体制革新试点，逐步展开流通和分配领域的革新。自越南政府做出关于革新国有企业管理的决定后，紧接着又公布了《关于扩大包产工资制、计件工资和奖金》的第26号决定，即调整劳动者工资的政策。这其中的典型是隆安省实施按协议价格（接近市场价格）进行商品交易的政策；国家经营单位按照合同价格购买私人生产的产品，在省内废除以票证购买商品的制度。隆安省的试点在当时的情况下，可谓是一个大胆的革新举措，受到了全国上下的广泛关注，其做法与经验逐步扩散至其他省市，为越南从计划经济体制转向市场经济体制做出了有益的探索。

以上三个方面的革新探索与尝试虽然取得了一定效果，但是由于当时革新的思想还不全面，革新的内容尚不完善，越共四大提出的很多经济指标没有完成，粮食产量远低于原计划，通货膨胀率不降反升，越南经济社会形势依然十分严峻。

❖ 三、越共五大后的尝试

1982年3月，越共五大召开，会上严厉批判了党内存在的主观、急躁思想，对过去一段时间社会主义实践的做法进行了总结与反思，同时提出了"三五"计划。此后，越南一方面继续推广农业承包制，另一方面继续颁布新经济政策，重点是刺激农业生产和消费物资生产。由于越共五大将农业作为最重要的生产领域，大力发展消费品生产以及充分调动多种经济成分的积极性和能动性，因此"三五"计划中的许多指标完成得较好，如人均粮食从1981年的273千克增长至1985年的304千克，农业产值增长4.9%，工业产值增长9.5%。但是，在流通和分配领域却出现了一些新的错误，主要是价格、工资、货币联动改革的失败。1981—1982年，越南政府曾对零售、收购、批发价格进行大调整，同时对职工实行补贴工资，但这些调整并没有抑制住通货膨胀，反而加重了流通领域的混乱。1985年6月，越共五届八中全会讨论了关于价格、工资、货币的问题，之后对于价格、工资、货币的调整在全国同步展开。价格上，把合理开支纳入产品成本，物价要保证弥补合理的实际开支，生产者要有适当的利润，同时取消国家不合理的亏损补贴；工资上，废除脱离商品价值的低价配售商品制度，取消过去九种生活必需品的凭票供应，然后按市价折成货币补到工资中去；货币上，发行新货币，10旧越南盾可兑换1新越南盾。与此同时，越南还对汇率进行调整，从1985年9月起，越南盾大幅贬值。然而，这些改革措施并不合理，严重违背了客观实际，造成了市场的严重混乱，致使物价飞涨，通货膨胀率超过了700%。

综上所述，一方面越南共产党对传统的经济发展模式进行了深刻的反思与初步的探索尝试，调整了经济发展思维；另一方面，价格、工资、货币联动改革的失败充分表明，在旧的经济机制的条件下进行政策调整，是不可能达到预期效果的，深入、彻底的革新势在必行。1979—1986年的革新探索与试点为越南全面革新准备了必要前提和条件。

第三节　越共六大之后的全面革新

1986年12月，在全国陷入严重危机的时刻，越南共产党召开了第六次全国代表大会。越共六大认真总结了五大以来经济建设中的经验与教训，提出了把经济建设作为工作重心，进行经济体制改革，争取有利的国际环境，逐步扭转困难局面的大政方针。此后，越南逐步颁布了一系列重要的革新措施，在农业、工业、价格、金融、政治等领域取得了显著的效果，使越南经济得到了迅速的恢复与发展。因此，越共六大的召开也被认为是越南正式全面革新的开始。

一、越共六大的主要突破

与以往相比，越共六大取得了三点突破。①能够正视与正确评价事实。越共六大在正确评价已取得的成绩的同时，着重分析自身的错误与缺点，注重检查自身不足的一面，找出原因并提出解决办法。②顺应国际发展潮流并依据自身情况，提出进行革新，将经济建设作为工作重心。③在人事问题上，长征、范文同、黎德寿等元老退居二线，阮文灵、武志公、杜梅等长期从事经济领域的新生力量组成新一届领导班子。大会在肯定前期取得的部分成绩的同时，对六个方面做出了深刻检查：①经济结构布局不切实际；②社会主义改造急躁冒进；③经济管理体制改革缓慢；④分配流通领域政策混乱；⑤无产阶级专政不足；⑥违法乱纪严重。同时，越共六大总结了以民为本，按客观规律办事，民族力量与时代力量相结合，加强党的力量等四条经验。

二、经济领域革新的主要内容

1. 农业领域

在农业领域的革新，首先是完善农业承包制。虽然《100号指示》曾一度促进了农业生产，但是到了1986年，农业生产出现滑坡，危机再现。1988年4月，越共中央政治局会议对当时在越南部分地方悄悄实施的彻底包产到户采取了开明态度，颁布了关于完善生产承包制的10号决议。10号决议的主要内容：重申承认国有、集体、个人等多种经济成分长期、平等共存；农业合作社和生产集团改为农民自愿参加的经济组织，具有法人资格，自己经营管理，自行确定生产经营的形式、规模和方法；完善家庭承包责任制，把土地彻底承包到户，农户拥有土地长期稳定的使用权，10～15年不变，承包定额为5年；土地属于社会主义公有，集体不再拥有土地的使用权，国家和地方政府的职能主要是对土地、排灌设施等生产资料进行管理和监督，推广科技，增加公共投入等。10号决议的颁布，一方面是对农业体制革新的深化，规定了承包土地与承包定额的期限，农民对各个环节都有自主经营权，使农民可以全心进行农业生产；另一方面，它理顺了国家、合作社、社员三者在土地所有权、使用权以及劳动组织形式等方面的关系。到了1989年3月的越共六届六中全会，开始革新农产品流通分配和价格政策，农民不再以低价向国家出售商品，而是在完成承包规定的农业税后，将产品以市场价向国家出售或将剩余产品在市场上自由销售，这就在农业革新上迈出了更大一步。

越南的经济领域革新是从农业领域开始的，因此经济领域革新的成效也在农业领域最先凸显。第一，土地得到有效利用。第二，调动了农村分散但数量可观的闲置资金投入农业生产。第三，农业生产取得突破。第四，畜牧业、渔业获得发展，经济作物的质量和产量提高。

2. 工业领域

越共六大后对工业进行了更加深刻的革新，1987年8月，越共六届三中全会提出革新经济管理机制的新经济体制，发展多种经济成分的有计划的商品经济，向社会主义过渡。按照越共六届三中全会的精神，当年11月，越南部长会议颁布了第217号决议，充分发挥国有企业的经营自主权，允许大部分企业直接销售产品，取消了劳动工资和劳动审批制度；允许非国有企业登记经营，不限制其投资规模与劳动力使用数量。但是，该决议要求企业仍要完成国家下达的指令性计划，并未真正把企业推向市场，而且国家仍维持物资和重要商品的实物分配制度，国家定价的商品比重仍然很大，商品价格虽与市场价接近，但原则上仍不符合市场的供需关系。因此，在1989年3月的越共六届六中全会后，越南对企业革新又做出了修改，尽量扩大企业自主权、缩减指令性计划，一些企业才得到发展。

3. 分配与流通领域

在分配制度的革新上，1987年4月的越共六届四中全会上提出逐步解决工资和生活问题，使货币与商品平衡。会后，越南取消了国家给予职工的生活必需品补贴与配额以及各种票证，同时将国家职工的工资提高了9倍，使国有商店中商品的价格逐步达到自由市场中商品的价格。

在货币与汇率的革新上，由于1985年9月货币与汇率革新的失败，致使越南经济出现混乱，1988年6月开始对该领域进行革新。在银行体制的革新上，将中央银行业务分出了农业、工商、建设、外贸等专业银行，中央银行不再经营具体业务，只在政策上对专业银行与业务银行进行指导，专业银行独立经营、自负盈亏。在利率的革新上，实行浮动利率。在汇率的革新上，汇率实行浮动制，使汇率根据市场变化不断调整。

在价格的革新上，取消了双规制，最大限度地减少计划供给的商品，建立商业经营单一价格机制。在1987年前的价格革新均是旧机制下的革新，价格与价值严重不匹配，国家牌价与市场价格共存，且各种票证与补贴众多，无法反映价值规律。因此，建立商业经营单一价格机制就是使交易双方根据市场的供求情况自行决定商品的价格，同时取消国家财政对企业的补贴，使价格的制定与管理制度发生了根本转变。

随着越共六大后一系列革新政策的实施，越南逐步走出了经济泥潭，经济上出现了向好发展的态势。1986—1990年，越南国民收入增长21%，年平均增长率达3.9%。

第四节　革新的全面深化

在越共六大革新精神的基础上，越共七大至今先后通过了许多将六大革新路线具体化与落实的决议，并对六大的不足之处做了补充与发展。几十年间，越南经济与社会发生了巨大变化，革新也在各个领域逐步展开。因此，从越共七大至今，可以称之为革新的全面深化阶段。

1991年6月，越共七大召开。首先，越共七大首先强调必须把握革新中的社会主义定向，确立了社会主义定向的概念，为之后的社会主义定向市场经济做了铺垫。其次，通过了《越南社会主义过渡时期国家建设纲领》，指出社会主义不再仅是理想目标，而是直接目标，同时又是全党全民为实现目标而进行的实践活动。再次，明确了社会主义过渡时期的基本矛盾，即解决生产力和生产关系之间的相互关系问题。

1996年6月，越共八大召开，宣布越南社会主义过渡时期步入实施工业化、现代化阶段。首先，越共八大认为，越南已经具备了转向新时期的条件，将进一步推进工业化与现代化作为下一阶段的中心任务。其次，明确了对越南社会主义过渡时期阶段性的认识，指出从1975年到1996年越南已走过了社会主义过渡时期的初始阶段，1996—2020年为推行国家工业化与现代化的新阶段。再次，明确了发展多种成分商品经济的社会主义定向的基本内涵，并增强了对新发展时期的总体认识。

2001年召开的越共九大对越南社会主义过渡时期经济理论的认识发生了重要变化，即用"社会主义定向市场经济"替代了之前"沿着市场机制运行的，由国家管理的，社会主义定向的多种成分商品经济"的概念。越南的市场经济尚处于建设的初级阶段，因此社会主义定向市场经济尚不是真正的社会主义市场经济。社会主义定向市场经济的目的是发展生产力、发展经济，建设社会主义的物质技术基础，提高人民生活水平，发展现代生产力与建立同所有制、管理和分配三方面相适应的新生产关系的结合。其发展目标是实现"民富、国强、社会公平、民主、文明"，并和谐解决经济增长与社会进步、公平之间的矛盾，确保社会主义法权国家管理和调节经济的作用。同时，它包含多种所有制形式，公有制形式逐步成为基础，国家经济发挥主导作用。

2006年召开的越共十大恰逢越南实行革新20年。大会再次强调发展社会主义定向的市场经济，在重申国有经济在国民经济中占据主导地位的同时，指出国有经济、集体经济、私人经济（包括个体经济、小业主经济和私人资本主义经济）、国家资本主义经济和外资经济均为越南国民经济的组成部分，在法律面前一律平等、长期共存、共同发展、共同合作、公平竞争。在2008年3月召开的越共十届六中全会通过了《继续完善社会主义定向市场经济的决议》，提出充分认识、尊重和正确运用市场经济的客观规律，使之与越南的情况相符合，保证经济体制的社会主义方向，并认为市场经济不等同于资本主义，它是人类文明的成果，要将市场经济作为建设社会主义的手段。这充分说明越南对市场经济的认知已发生了彻底的变化。

2011年正值《社会主义过渡时期国家建设纲领》（以下简称《纲领》）通过20周年，越共十一大对《纲领》做了补充和发展，明确了越南建设的社会主义社会是民富、国强、民主、公平、文明的社会，是人民当家做主的社会，是在现代生产力和主要生产资料公有制基础上经济高度发达的社会，是具有浓厚民族文化特色的社会，是人人过上温饱、自由、幸福生活、人人得到全面发展的社会，是在社会共同体中各民族平等、团结、相互尊重、相互帮助、共同发展的社会，是由共产党领导的、人民的、由人民选出的、为人民的社会主义法权国家的社会，是同世界各国人民保持友好合作关系的社会，同时也明确了结束过渡时期的总体标志是基本建成社会主义的经济基础及其与政治、思想、文化相适应的上层建筑。与此同时，越共十一大还通过了《2011—2020年经济社会发展战略》，明确革新的重点是创造平等的竞争环境、改善行政手续，并将继续完善社会主义定向市场经济体制作为未来十年的三个战略突破点之一，其中提出了未来五年GDP年均增长率为7%～7.5%，到2015年人均GDP约为2 000美元的发展目标。到2015年，越南人均GDP达到了2 171美元，完成了预订计划。

第五节　　越共十二大后经济革新的走向

至2016年，越南的革新已经进行了30年。经过30年的革新，越南经济取得了显著的发展，近年来，越南年均GDP增长速度基本上保持在7%左右。但是，在经济的高速发展过程中，越南国内也出现了一系列社会问题，如经济发展不平衡，贫富差距加大，环境污染严重，资源浪费严重等。因此，为了能保持经济的持续健康发展，越南也开始适时调整经济发展战略，由注重经济发展的速度向注重经济、社会等多方面的同步发展。

2016年1月，越南共产党召开第十二届全国代表大会。大会决议中明确指出，当前，革新并不同步和全面，若干社会经济指标尚未达到计划要求。至2020年基本实现工业现代化的奋斗目标中的诸多指标尚未达成。教育培训、科学技术、文化社会以及医疗卫生等领域发展缓慢的诸多制约因素和弊端需要改善。部分民众，尤其是偏远地区民众的生活依旧面临诸多困难。

而越共十二大决议分别对经济、社会和环境领域制定了未来五年的具体发展目标。在经济领域，未来五年的年平均经济增长率达到6.5%～7%。至2020年，人均GDP达到3 200～3 500美元，工业和服务业占GDP的比重约为85%，全社会平均投资总额占GDP的32%～34%，国家财政赤字占GDP的4%左右，社会劳动增长率年均提高5%，单位GDP能耗年均下降1%～1.5%。至2020年城镇化率达到38%～40%。在社会领域，至2020年，农业劳动力占社会劳动力总量的40%左右；接受培训的劳动力人数达到65%～70%，其中获得相关文凭证书的劳动者占25%；城镇地区失业率降到4%以下；每一万人需配备9～10位医生和26.5张病床；医疗保险覆盖率达到总人数的80%；贫困率年均下降1%～1.5%。在环境领域，至2020年，95%的城镇居民和90%的农村居民可以使用到符合卫生标准的清洁水源以及85%的有害废物和95%～100%的医疗废物得到处理；森林覆盖率达到42%。

值得注意的是，在越共十二大决议中再次将环境问题列入经济发展目标之中，并将其作为三个发展目标之一，这表明在经济的发展上，越南不再只单纯地追求经济发展的速度，开始向兼顾速度与质量转移，重视人民生活质量，保护资源环境。水源质量、废物处理和森林覆盖率都是与民生相关的重要内容，维护生态环境，保障民生很可能成为越南未来发展的新议题。

综上所述，经历了三十年革新，越南经济改革的侧重点已开始发生转变，在继续完善社会主义定向市场经济体制的基础上，转变经济增长方式和经济结构，更加注重经济发展速度与社会效益以及环境保护之间的平衡。

第十章 社会主义定向的市场经济

越共九大时提出的社会主义定向的市场经济是越南在理论上的重大突破，是越南社会主义道路的经济发展模式，也是越南革新的显著成就之一。它在各个社会主义国家中独具特色，既包含市场经济因素，又具有社会导向的限定。经过30余年的革新，越南已从官僚、集中、包给的计划经济逐步转向社会主义定向的市场经济。

第一节 越南社会主义定向的市场经济理论形成的过程

当前，越南正在建设由国家管理的社会主义定向的市场经济，这是一个符合越南发展实际的经济发展模式。然而，从计划经济模式转向社会主义定向的市场经济并不是一蹴而就的，它有着自己的发展历程，是越南共产党在实践中一边反思、一边摸索而逐步形成的。

对于社会主义定向的市场经济的认识，越南经历了一个较长的过程。从根本上说，这个过程是从高度集中的计划经济转向由国家管理的市场经济的过程，经历了一个从否定商品经济的存在，到承认商品经济及其规律，再到提出"遵循社会主义方向、国家管理下的市场机制"，最后到明确提出并逐步完善"社会主义定向的市场经济"的认识过程。

在越南进行革新之前，人们普遍认为社会主义与资本主义是完全对立的，私人所有制、商品生产、市场经济等存在于资本主义社会中的东西，在社会主义都不能使用，经济发展要按照官僚、集中和包给制的计划体制运行。因此，越南一直照搬"苏联模式"，实行高度集中的社会主义计划经济体制。

20世纪70年代末，越南国内严重的经济危机暴露了计划经济体制的弊端。为了挽救濒临瘫痪的经济，1979年的越共四届六中全会开始进行经济领域的改革探索，提出了改变计划经济体制、承认部分市场经济的"新经济政策"。在"新经济政策"实施的初期，确实克服了之前社会主义改造中出现的一些缺点与错误，取得了良好的效果。但由于政策本身带有很大的临时性和不彻底性，且越南领导人对越南经济承受能力判断错误，高估了改革的成果，盲目进行改革，最终导致"新经济政策"的失败，严重的经济和社会危机再度出现。

1986年的越共六大决定将工作重心转移到经济建设上来，确定了革新开放的方针，越南也从此进入了革新开放的新时期。越共六大提出"废除官僚主义的集中统包统管的旧体制，建立符合客观规律和经济发展水平的新体制"，开始承认多种经济成分的客观性和长期性，提出越南在过渡时期的经济由国有经济、集体经济、个体经济、私人资本主义经济、国家资本主义经济和自给自足的自然经济在内的多种经济成分构成，社会主义经济或国有经济是国民经济的支柱，支配其他经济成分。在所有制问题上，提出将所有制、管理与分配三方面结合起来。同时，在经济管理机制上有所突破，提出"符合民主集中制原则和社会主义经营方式的计划化机制"，这时候的计划已不同于过去由上级制订后交由下级贯彻执行的指令性计划，而是大多数在中央的引导、协调和平衡下提出和制订的，自下而上进行的具有引导性的计划。随着革新的不断深化，越南的经济危机得到了逐步缓解。

但是，越南的经济改革刚刚有所起色，就遭受到了严重的外部考验。20世纪80年代末，东欧的社会主义国家接连发生了政治剧变，而苏联也即将迎来严重的政治危机，社会主义在理论与实践上都遇到了严重的危机。在这种背景下，越南将如何进行经济领域的改革，如何继续推进革新？1991年的越共七大对此做出了回答。越共七大中明确指出，继续以经济建设为中心。关于经济体制革新的性质上，提出了两个重要论点：一是社会主义定向；二是有国家管理的市场机制。在通过的《社会主义过渡时期的国家建设纲领》中，将"适应生产力的发展，逐步建立由低到高的多种所有制形式的社会主义生产关系，发展社会主义定向的多种成分的商品经济，国家运行管理的市场机制"，即"发展社会主义定向的、按照市场机制运行的、由国家管理的多种成分的商品经济"作为七个基本方向之一。这表明，越南在此阶段开始推行遵循社会主义方向、国家管理下的市场机制。市场经济不是万能的，其激励了生产发展，解放了生产力，发挥了社会生产潜能，但如果让市场经济放任自流，那么就会引发社会分化，造成许多社会问题，因此必须通过法律、计划、政策、宣传教育等方式加强国家对经济社会的管理，限制和克服市场经济的消极面。在越共七大召开后的一年，中国共产党第十四次全国代表大会提出了建立社会主义市场经济体制，自此中国开始了社会主义市场经济的探索。中国对社会主义市场经济的不断探索与成功，也给越南在市场经济领域的探索带来了极大启示与借鉴。

1996年的越共八大宣布，越南已经摆脱长达15年的社会经济危机，开始进入推进国家工业化、现代化的新时期。越共八大要求，建立按照市场机制运作的多种成分的商品经济，同时要按照社会主义的方向强化国家的管理作用。这表明越南从过去承认商品经济发展到强调市场机制。越共八大同时提出了到2000年达到取消官僚集中统包统给机制，形成相对协调的遵循社会主义定向由国家管理的市场机制的目标。经过长期的探讨与革新的不断深入，终于在越共九大时提出了越南社会主义定向市场经济理论。

第二节　越共九大关于社会主义定向市场经济的理论

2001年召开的越共九大是越南进入新世纪后的第一次具有重大开创意义的大会。这次大会提出了"社会主义定向的市场经济"的概念，替代了之前七大所提出的"发展社会主义定向的、按照市场机制运行的、由国家管理的多种成分的商品经济"，明确社会主义定向的市场经济是越南新的经济发展模式。这种替换意味着经济革新对象按照社会主义定向本质发展，同时体现了对革新对象认识过程中的进步。在实践层面，这种概念的置换是经济形态从"商品经济"演进到"市场经济"，从"商品"程度转向"市场"程度，"市场"不单是商品，而是超越"商品"程度的商品，是商品经济发展的重要质变；在理论层面，发展社会主义定向的市场经济是越南在社会主义过渡时期选择的总体经济模式以及最优经济组织形式。

在相关定义上，越共九大将社会主义定向的市场经济定义为在国家管理之下按市场经济运作，实施多种经济成分并存的商品经济发展政策。因此，社会主义定向的市场经济既遵循了市场经济的原则，又保证了社会主义定向的目标。可见，越南从否定商品经济到承认商品经济的存在，再到提出"遵循社会主义方向、国家管理下的市场机制"直至"社会主义定向的市场经济"的提出，是从理论上由承认商品经济到市场机制再到市场经济的逐步加深，是革新不断深化的结果。

❖ 一、社会主义定向的市场经济基本内容

越南社会主义定向的市场经济是在经济水平还不够发达的情况下的一种特殊经济形式，它既不同于资本主义条件下的自由市场经济，也不是完善的社会主义市场经济，它有其自身的特点。

那么，到底什么是社会主义定向的市场经济？社会主义定向的市场经济中的"定向"又包含哪些内容？越南学者是如何认识，又是如何解释的？越南社科院原院长杜淮南将其概括为以下五点内容："第一，要确定发展市场经济，不是发展资本主义经济，像现在的中国一样，首先强调我们建设市场经济，不是建设资本经济。我们发展市场经济是为建设社会主义创造基础。社会主义定向就是要确定社会主义目标。第二，社会主义定向的市场经济，包括多种所有制成分，但是国有经济成分要占据主导地位，国有经济还有集体经济起到主导性的作用。同时我们还强调私人企业以及外国直接投资经济，这些是我们建设社会主义定向的市场经济不可缺少的一部分。多种形式的所有制成分经济是不会冲突的，而是互相推动的，某一部分不可取代其他的部分。第三，经济增长要与社会公平还有社会进步紧密结合，每个阶段都有具体的措施以及目标。第四，我们把按劳分配作为主要的分配方式，同时还有几种其他分配方式，比如按照资本和创造的智慧。因为在社会主义定向的市场经济中存在多种分配方式。第五，社会主义定向的市场经济的定向管理、检查和监督由越南政府在越南共产党的领导下进行，我们认为这是一个基本条件，不能放松党的领导和政府

的宏观调控，我们把它当作一个原则性的条件。"

社会主义定向的市场经济与资本主义市场经济的区别主要在于所有制、组织管理和分配关系的不同。在所有制上，越南是社会主义的国有经济占主导地位，而资本主义国家是资产阶级私有制占统治地位；在组织管理上，虽然都有国家的管理，但是国家的性质有根本不同，越南是社会主义国家，是来自人民、属于人民、为了人民的国家，而资本主义国家是维护资产阶级利益的工具；在分配形式上，越南的社会主义定向的市场经济分配原则是按劳分配，而资本主义国家的市场经济主要是按资分配。

❧ 二、对社会主义定向的市场经济的建立过程的认知

越共九大认为，社会主义定向的市场经济的建立需要一个长期的过程，要经历多个发展阶段，存在多种由低到高的形式。越南是社会主义国家，通过法律、战略、规划、计划、政策对经济实施管理，运用市场机制、各种经济形式和市场经济管理方法激励生产，解放生产力，发挥积极因素，限制和消除市场经济的消极影响，保护劳动者及全体人民的利益。

在分配上，社会主义定向的市场经济按劳动成果和经济效益实施分配，同时根据生产、经营的资金投入状况和其他方面的投入情况以及社会福利进行分配。对于生产关系，通过实践中的探索与试验，以稳步建立公有制及新的生产关系，并将是否有利于生产力的发展、改善人民生活和实现社会公平作为建立社会主义定向的市场经济的生产关系的衡量标准。在过渡时期，存在多种生产资料的所有制形式和经济成分，存在不同阶级和社会阶层，但社会各阶级中结构、地位和性质发生了很大变化，同时还伴随着社会经济的巨大变化。社会各阶级和阶层之间的关系是人民内部的合作与斗争的关系，是在越南共产党领导下在建设和保卫祖国的事业中长期团结合作的关系。

❧ 三、社会主义定向的市场经济的特征

首先，建立社会主义定向的市场经济的目的是发展生产力，发展经济，以建设社会主义的物质、技术基础，提高人民的生活水平。发展现代生产力，使所有制、管理和分配与生产关系相适应。其次，在

所有制上，社会主义定向的市场经济有多种所有制形式、多种经济成分，其中国有经济起主导作用，国有经济和集体经济日益形成稳固的基础。再次，生产资料公有制是经济基础，随着社会化程度越来越高，各种现代生产力不断发展，逐步建立并在社会主义建设基本完成后占据绝对优势地位。

❖ 四、越共九大建设社会主义定向的市场经济的具体发展战略

越共九大对于建设社会主义定向的市场经济的总体战略是：第一，促进工业化、现代化，建立独立自主的经济体系，将越南建设成为工业化国家。第二，优先发展生产力，同时建立符合社会主义定向的生产关系。第三，高度发挥内力作用，同时争取外部支持，主动融入国际经济，以便快速、有效、稳定地发展。第四，经济增长与文化发展、逐步改善人民的物质和精神生活相适应，实现社会进步和公平，保护和改善环境，经济发展与加强国防安全相结合。

而在短期的发展目标上，《2001—2010年十年经济社会发展战略》中提道：摆脱欠发展状况，明显提高人民的物质和精神生活水平，为到2020年基本建设成现代化工业国奠定基础；人力资源、科学和工业能力、基础设施、经济潜力、国防安全得到加强；基本形成社会主义定向的市场经济体系；国家的国际地位得到提高，2010年国民生产总值至少要比2000年翻一番；迅速调整经济结构和劳动力结构，将农业劳动力比例降低到50%左右。

第三节 越共十大对社会主义定向的市场经济的发展

2006年4月召开的越共十大在九大的基础上，对社会主义定向的市场经济做了进一步的完善，主要内容有以下四点：

（1）坚持社会主义定向。要求大力解放和不断发展生产力，提高人民生活水平，消除饥饿，减少贫困，鼓励全社会正当致富，帮助民众脱离贫困，逐步实现共同富裕，实现"民富、国强、社会公平、民主、文明"的目标。在所有制上，发展多种所有制形式和多种经济成分的经济，国有经济占主导地位，国有经济和集体经济日益成为国民

经济的坚实基础。在分配上，执行按劳动结果、经济效益分配为主的分配制度，同时按照资本及其他因素的贡献和通过社会福利进行分配。

（2）加强国家管理。它主要是指加强国家对社会主义定向的市场经济的管理，包括：在尊重市场原则的基础上，通过各项战略、计划和机制、政策确定发展方向；创造便于发挥社会力量进行发展的法理和机制、政策环境；确保宏观经济平衡的稳定性和积极性，限制市场机制的不良影响和弊端；国家通过法律体系进行管理，最大限度地减少对市场和企业的行政干预。

（3）建设和发展各类基本市场。一是，发展商品和服务市场，缩小国家垄断经营的领域，取消垄断企业，继续革新价格管理机制。大力发展国内贸易，扩大对外贸易，推动贸易自由化，履行融入国际经济的承诺，进一步发展新的服务市场，尤其是发展知识含量高、附加值大的高级服务。二是，稳步发展包括资本市场和货币市场在内的机构完善、配套的金融市场，扩大资本市场和证券市场，实现货币市场的现代化和多样化，建设全面稳定的国家商业银行，按照融入国际经济的进程开放银行服务市场。三是，发展不动产市场，这包括土地使用权和与土地相关的不动产市场。保证土地使用权顺利转变成商品，使土地真正变成发展的资本，大力吸引投资者，国家要不断完善经营不动产的法律体系。四是，发展各经济区的劳动力市场，为劳动力供求创造良好的条件，发挥劳动者学习技术、自我创业和寻找工作的积极性。制定优惠政策，鼓励企业大力吸收劳动力，推动劳务输出。建立劳务和劳动力市场法律体系，广泛执行劳动合同制度，保障所有劳动者和用工者权利。五是，在革新机制、政策的基础上发展科技市场，使大部分科技产品转化为商品，并创造竞争环境，将各种所有制形式的发展转变成企业机制和行为。

（4）大力发展各种经济成分、各种类型的生产经营组织。第一，发展多种经济成分，形成国家经济、集体经济、私人经济（个体、小业主、私人资本）、国家资本经济、外资经济在内的多种所有制形式和多种经济成分。第二，继续推进国有企业革新，让国企真正能在竞争、公开、透明、高效的环境中经营，在市场和法律面前有财产权和真正的自主权，废除国有企业生产经营的垄断和特权，自负盈亏。第三，继续革新和发展各种集体经济，鼓励发展包括新型的合作组、合作社在内的多样化集体经济，注重发展和提高合作社、股份制联合合作社的效益。第四，大力发展个体经营商户和各种私营企业，所有公民都有权参加投资、经营活动，其财产所有权和自由经营权受法律保护，在投资、经营等方面享有平等的权利。第五，大量吸引外国投资，改善经济和法律环境，在各个重要行业和经营领域大量吸引外资。

2008年1月召开的越共十届六中全会通过了《关于继续完善社会主义定向的市场经济体制的决议》。决议中指出，经过20多年的革新，越南已由原来官僚、集中、包给的计划经济体制向社会主义定向的市场经济体制转变，同时，提出了继续完善社会主义定向的市场经济体制的五项主张：第一，统一越南对社会主义定向的市场经济体制的认识；第二，完善所有制体制，发展各种经济成分、企业类型和生产经营组织形式；第三，完善体制要保证与之配套的市场要素，同步发展各类市场；第四，完善体制与经济增长、社会公平、发展政策及环境保护结合起来；第五，完善体制要提高党的领导地位和作用，提高国家对经济管理的效力与效率，加强社会政治组织、社会、专业组织和人民参与到社会经济的发展过程中来。

第四节　越共十一大形成相对完整的概念

2008年，由美国次贷危机发展而演化成的一场国际金融危机席卷全球，对全球经济产生了广泛影响。虽然越南经济也受到了一定影响，GDP增长率出现一定下滑，但最终越南还是经受住了这场金融危机的考验，经济增长并未出现较大波动，因此越南对社会主义定向的市场经济体制更加坚信。

2011年，越共十一大将发展社会主义定向的市场经济作为国家发展的基本方向之一，指出"继续完善社会主义定向的市场经济体制是推动经济结构调整、改变增长方式、稳定宏观经济的重要前提，是越南今后十年社会经济发展战略的突破点之一"，同时明确"越南的社会主义定向的市场经济，是共产党领导下的、由国家管理的、按照市场机制运行的多种经济成分的商品经济体制，它既要按照市场经济规律来运行，又要受到社会主义本质和原则的指导和支配。其中，市场机制通常得以充分和灵活地用来利用各种资源，目的是使经济快速可持续发展。同时，鼓励合法致富、消除贫困、实现民富、国强、民主、公平、文明的目标"。这表明，越南对社会主义定向的市场经济已形成了相对完整的概念。

越共十一大通过了修订的《社会主义过渡时期的国家建设纲领》（以下简称《纲领》），在修订的《纲领》中指出"发展多种所有制、多种经济成分、经营组织形式和分配形式的社会主义定向的市场经济"，在经济成分上，明确了"依法活动的各种经济成分，都是国民经济的重要组成部分，在法律面前平等、长期共同发展、相互合作和良性竞争。国有经济占主导地位，集体经济不断得到巩固和发展，国有经济和集体经济日益成为国民经济的坚实基础，私人经济是国民经济发展的动力之一，外贸经济受到鼓励和发展"。在所有制上，提出"各种所有制形式混合和相互交叉，形成了日益发展的多样化的经济组织形式，各种市场要素同步建立，各种类型的市场逐步得以建立和发展，既要遵循市场经济的规律，又要保证社会主义的定向。明晰所有者的所有权、生产资料的使用权以及国家在经济领域的管理权限，保证所有生产资料都有主人，所有经济单位对自己的经营活动都有自主权，都能自负盈亏"。在分配方式上，指出"分配关系要保证公平，并为发展创造动力。各种资源要按经济社会的发展战略、规划和计划来分配，实行主要按照劳动成果和经济效率，同时按照资金和其他资源贡献，并通过社会保障系统和社会福利系统来进行分配的分配制度。国家通过法律、战略、规划、计划、政策和物质力量来对经济进行管理、定向和调节"。

第五节　越南进行社会主义定向的市场经济取得的成果

虽然从对计划经济体制进行革新，再到社会主义定向的市场经济理论提出并实施以来，越南国内出现了很多争论，甚至批评，但是从这三十年所取得的成就来看，对计划经济革新并实行社会主义定向的市场经济是正确的，是符合越南国情的，也符合越南革新的目的，对越南经济复苏与发展起到了巨大的推动作用。

根据越南《人民报》（电子版）的报道，30年的市场经济和社会主义定向的市场经济实施给越南带来了惊人的发展速度。革新使越南迅速摆脱危机，并保持了较快的经济增长速度。1988年，越南的国内生产总值不到55亿美元，人均国内生产总值仅为86美元；而至2016年，越南的国内生产总值达到2 053.2亿美元，同比增长超过37倍，人均国内生产总值也达到2 215美元，同比增长了近26倍。与此同时，越南与其他国家和地区的差距显著缩小。以泰国、菲律宾和印度为例，据世界银行的统计数据，1990年，泰国的人均国内生产总值是1 508美元，而越南则仅为98美元，双方差距达到15.3倍，到2015年泰国的人均国内生产总值达到5 815美元，而越南的人均国内生产总值已达到了2 111美元，双方差距缩小至2.7倍；1990年，菲律宾的人均国内生产总值是越南的7.3倍（715美元/98美元），而到了2015年，双方的差距已缩小至1.4倍（2 904美元/2 111美元）；印度在1990年人均国内生产总值是越南的3.8倍（375美元/98美元），而到了2015年越南已经超过印度，越南的人均国内生产总值已是印度的1.3倍（2 111美元/ 1 593美元）。而更加引人注目的是越南在减贫上取得的成就，1993年越南的贫困率达58%，而到了2016年年底，越南的贫困率已降低到8.38%。而据亚洲开发银行（ADB）的数据，2015年越南的贫困人口比重为9.8%，远低于菲律宾的25.2%、印度的21.9%、泰国的12.6%以及印度尼西亚的11.3%。

第六节　中越两国市场经济的异同

中越两国所建立的虽然都是市场经济体制，但客观来说双方还是有细微差别的。首先，在市场经济体制的性质上，中国已经明确中国的市场经济体制是社会主义性质的，而越南的市场经济则是朝着社会主义方向发展的，还不是完全的社会主义性质。其次，在所有制上，中国的经济所有制成分包括公有经济和非公有经济。公有经济包括国有经济、集体经济以及混合所有制中的国有成分和集体成分；非公有经济包含个体经济、私营经济和外资经济。越南的所有制成分包括国家所有、集体所有、私人所有、混合所有及外国所有五种，多种成分的经济是国有经济、集体经济、个体和小业主经济、国家资本主义经济、外资经济等，国有经济占主导地位，集体经济不断得到巩固和发展，国有经济和集体经济日益成为国民经济的坚实基础，私人经济则是国民经济发展的动力之一，外资经济得到鼓励和发展。再次，在分配方式上，中国坚持以按劳分配为主体、多种分配方式并存，效率与公平并重。越南则是主要按照劳动成果和经济效益进行分配，同时根据资金和其他要素的贡献，并通过社会福利进行分配，把鼓励合法致富与消饥减贫相结合。虽然双方表述不同，但没有根本性差异，都是以按劳分配为主，并按其他要素进行分配，同时强调分配中的公平问题。然后，在宏观调控上，中国强调使市场在资源配置中起决定性作用和更好地发挥政府作用，而越南则是在"保证社会主义法权国家通过法律、机制、政策、战略、规划、计划及其他经济资源来对经济实行管理和调控"，强调国家的宏观调控在法律框架内运行。最后，在发展方向上，中越两国都以建立社会主义市场经济为目的，中国更强调社会主义性质、公有制的主体地位和国家的宏观计划调控，而越南在这三个方面似乎有所淡化。

第十一章　对外贸易

革新开放后越南对外贸易的
发展与现状

从越共六大开始，越南将对外贸易提升到事关国计民生的战略高度，通过推行出口导向政策、变革对外贸易体制、调整汇率促进出口，同时不断调整进出口管理的政策、基于出口多方面的扶持与帮助，越南的对外贸易得到了显著发展。

一、革新开放以来越南对外贸易的发展历程

1986年的越共六大制定了革新开放的总路线，同时制定了"四五计划"时期经济发展的纲领。"四五计划"时期，越南将出口导向发展作为经济发展战略，越南对外贸易开始走出困境，进出口总额从1986年的29.4亿美元提升至1990年的51.5亿美元。

由于1991年之前越南的对外贸易市场以苏联为主，1991年的苏联解体给越南的对外贸易造成了严重的冲击，出口额下降了13.2%。但是随着苏联的解体与冷战的结束，以及柬埔寨问题的和平解决，越南在外交上开始多元化，给越南的对外贸易发展提供了和平、稳定的发展空间和良好的机遇与条件。1991年中越关系正常化，从此越南与中国的贸易往来不断加大。从1992年起，越南的对外贸易恢复了高速增长，进出口额逐年增加，对外经济关系逐步扩大，但贸易逆差情况也开始愈发严重，1995年的贸易逆差达27亿美元，这成为越南对外贸易中的一个严重问题。1995年越南正式加入东盟，进一步加强了与东盟

国家的贸易往来。截至1995年年底，越南已与世界上100多个国家和地区建立了贸易联系。

1997年的亚洲金融危机波及越南，越南政府采取了实行货币贬值、推行新的出口许可证制度、限制进口等一系列措施，越南的对外贸易增长率虽有所下降，但未出现负增长的情况。1996—1999年的进出口贸易额分别为184亿美元、207亿美元、208亿美元、232亿美元，贸易逆差由1996年的38亿美元缩减至1999年的2亿美元。

进入21世纪后的第一个十年，越南在对外贸易领域最大的成就莫过于成功地加入世界贸易组织（WTO），这标志着越南的对外贸易进入了一个新的发展阶段。越南早在1995年1月就开始申请加入WTO，经过11年努力，越南先后同28个成员进行了100多轮双边谈判后，终于在2006年11月正式加入WTO，成为其第150个正式成员。为了适应WTO的需要，越南陆续出台了《投资法》《贸易法》《电子交易法》《反倾销法》《反补贴法》等，并对《民法》《海关法》《进出口税法》《企业法》等进行修订与补充。在加入WTO后，越南开始积极参与例如中国–东盟自由贸易区、越南–智利自由贸易区等多边或双边自贸协定，不断发展对外贸易，逐步融入世界经济。

二、近十年来越南的对外贸易状况

十多年以来，越南进出口总额增长了三倍，年均增长率达到17.6%。除2008年受世界金融危机影响，导致2009年的贸易总额出现负增长外，其他年份的增长率均保持在10%以上。1992—2002年，越南的对外贸易一直处于逆差的状态，在2008年贸易逆差更是达到了惊人的180.3亿美元。直到2012年，越南才摆脱了长期的贸易逆差，首次实现了贸易顺差，当年贸易顺差达7.5亿美元。此后，除2015年再次出现逆差外，其余年份均保持平衡或实现贸易顺差。

现在美国是越南最大的出口市场，中国是越南最大进口来源地。2017年越南出口总额达2 100亿多美元，贸易顺差额达27亿美元。在世界贸易组织的进出口总额排行榜上，越南从2007年的第五十位提升到2017年的第二十六位。2018年全年，越南对外货物贸易进出口总额为4 822亿美元，相当于越南GDP的两倍，这一比重在亚洲仅次于新加坡。其中，越南出口的商品总额约为2 447亿美元，比2017年增长7.77%（据世界贸易组织数据，2018年全球贸易增长已经放缓至3.9%），外汇储备达到600多亿美元；进口的商品总额约为2 375.1亿美元，越南贸易顺差额为72.1亿美元。

革新开放以来，越南实行出口导向型发展战略，经济保持较快增长速度，越南经济对外依赖度较高，对外贸易依存度高。用2018年越南对外货物贸易进出口总额4 822亿美元除以2 425亿美元，就可以得出2018年越南的外贸依存度约为200%。用2 447亿美元的出口总额除以GDP，得出越南在2018年的对外出口依存度是50.75%。用2 375.1亿美元的进口总额除以越南GDP，得出越南在2018年的对外进口依存度是49.25%。

❖ 三、当前越南的主要贸易伙伴

越南已与55个国家建立自由贸易关系（其中15个国家是20国集团成员），59个国家正式承认越南的完全市场经济地位，与224个国家和地区建立了经贸关系，特别是与中国、俄罗斯、美国、日本、欧盟等主要经济体的经贸关系较为稳定。当前越南的主要贸易伙伴分别为中国、欧盟、美国、东盟、日本和韩国等。

1. 中国

至2018年，中国已连续十五年成为越南的第一大贸易伙伴。以2018年越方统计数据来看，中越双边贸易额达1 067.06亿美元，同比增长12.71%，其中中方对越出口654.38亿美元，自越方进口412.68亿美元，越南对华逆差241.7亿美元。中国不仅是越南在一般贸易领域的最大贸易伙伴，而且是越南边境贸易的最大贸易伙伴，中越边贸额占越南边贸总额的85%以上。

2. 欧盟

欧盟是越南重要的贸易伙伴，也是越南重要的援助来源地，欧盟是越南第五大进口来源地和第二大出口市场。2015年12月，越南与欧盟签署了自由贸易协定，相互取消几乎所有产品的关税。2017年，越南与欧盟国家贸易总额达504.6亿美元，同比增长11.9%，占越南进出口总额的11.8%。其中，越南对欧盟出口额达382.7亿美元，同比增长12.7%，占越南出口总额的17.8%，贸易顺差达260.8亿美元。

3. 美国

1995年7月，越南与美国建立外交关系，近年来，尤其是2013年7月双方确定全面伙伴关系后，越美经济、贸易和投资合作关系发展较快。在对美贸易方面，2017年，美国是越南第一大出口市场和第六大进口来源地，对美进出口额分别为92亿美元和416亿美元。截至2017年年底，美国对越南直接投资项目共有857个，投资总额为98.7亿美元，在对越南投资的125个国家和地区中排名第九位。2017年，美国共有73个新增项目，新增投资总金额达8.69亿美元。

4. 东盟

1995年7月，越南加入东盟，积极参加地区事务。东盟多年来是越南在欧盟和美国之后的第三大出口市场，也是越南在中国之后的第二大贸易伙伴。2017年12月31日东盟共同体成立，由政治安全共同体、东盟经济共同体、东盟社会文化共同体组成。2017年，东盟是越南第三大进口来源地和第四大出口市场，对东盟进出口额分别为280.2亿美元和216.8亿美元，贸易逆差为63亿美元。2017年东盟对越南直接投资新增项目有277个，协议金额为64亿美元。

5. 日本

自1992年至2015年，日本向越南提供的ODA资金累计达2.8万亿日元（约合270亿美元），是越南最大的援助国。2017年，日本对越南直接投资新增项目有367个，协议金额为91.1亿美元。在贸易方面，2017年日本是越南第四大进口来源地和第五大出口市场，对日进出口金额分别为165.9亿美元和168.4亿美元，同比分别增长10.1%和14.8%。

6. 韩国

1992年12月，越南与韩国建交。2015年5月，两国签署了越韩自贸协定。越韩自贸协定包括货物贸易、服务贸易、投资、知识产权、食品安全措施以及动植物检验检疫（SPS）等方面的规则。该协定还涉及原产地、海关便利化、贸易保护、技术壁垒、电子商务、经济合作等内容。2017年韩国是越南的第二大进口来源国和第六大出口市场，对韩进出口额分别为467.3亿美元和148.2亿美元。2017年，韩国投资越南新增项目861个，协议投资金额为84.9亿美元。

四、当前越南加入的贸易协定

2018年，越南加入WTO已12年，并参加了10个自贸区，包括8个区域性多边自贸区和3个双边自贸区。区域性多边自贸区分别为东盟自贸区（AFTA）、东盟–中国自由贸易区（ACFTA）、东盟–日本自贸区（AJCEP）、东盟–韩国自贸区（AKFTA）、东盟–澳大利亚–新西兰自贸区（AANZFTA）、东盟–印度自贸区（AIFTA）、越南–欧亚经济联盟自贸区（VN-EAEUFTA）。双边自贸区包括越南–日本自贸区（VJEPA）、越南–智利自贸区（VCFTA）和越南–韩国自贸区（VKFTA）。2018年越南加入《跨太平洋伙伴关系全面进展协定》（CPTPP）。

1. 加入世界贸易组织

越南于2007年1月开始履行入世承诺，逐步削减关税，开放服务领域，营商环境较之前有所改善。2007年11月越南迎来入世一周年，越南经济发生了许多积极的变化，其中最突出的是外国直接投资和出口额的猛增。据越南计划投资部的报告显示，2007年越南的国内生产总值同比增长达到8.5%，到当年11月底，越南就吸收150亿美元的外国注册投资，而2006年仅为105多亿美元，入世影响相当显著。截至2007年年底，外国投资总额达到180亿美元，越南当年的出口额也达到485亿美元，比2006年增长20.5%。2018年年底，越南共有来自世界130个国家和地区的2.7万多个外资项目，总投资额达3 400亿美元，占国内生产总值的20%。外资企业出口占越南年出口额的70%，创造大量外汇，为越南实现贸易顺差做出重要贡献。

2. 已加入的多边或双边贸易协定

（1）东盟货物贸易协定（ATIGA）

1995年12月15日，为了建立东盟自贸区，越南正式加入了《共同有效优惠关税协定》（CEPT）。2010年，东盟国家开始执行《东盟货物贸易协定》，进而取代了《共同有效优惠关税协定》。

（2）东盟–中国自由贸易协定（ACFTA）

《东盟–中国自由贸易协定》于2004年11月29日在老挝万象签署。该协议于2005年1月1日正式生效，各国自2005年7月1日起开始减税。《东盟–中国自由贸易协定》推出了四个不同类别的关税减让计划，分别是：早期收获计划（EHP）、共同减税清单（NT）、敏感清单（SL）和高敏感度清单（HSL）。由于发展水平的差异，越南的减税比中国和东盟老六国更慢、更灵活。到2016年年底，越南取消了9 491个税目中的7 893个税目的关税，相当于总税目的近84%。2018年有8 571个税目的关税被取消，相当于总税目的90%。

（3）东盟-韩国自由贸易协定（AKFTA）

2006年8月，东盟与韩国签署了《东盟-韩国自由贸易协定》，并于2007年6月正式生效。根据《东盟-韩国自由贸易协定》，至2016年，韩国已取消92%的关税；越南在2016年取消81.2%的关税，2018年取消86.3%的关税。

（4）东盟-日本全面经济伙伴关系协定（AJCEP）

《东盟-日本全面经济伙伴关系协定》于2008年开始生效，并在2010年10月开始对所有成员国生效。在日本方面，到2016年日本已经取消了7 503个税目（占总数的80%）的关税，其中817个税目涉及越南农产品。到2023年，日本将取消1 100个与农业相关税目的商品关税。

（5）东盟-澳大利亚-新西兰自由贸易区协定（AANZFTA）

《东盟-澳大利亚-新西兰自由贸易区协定》于2009年2月签署，并于2010年生效。根据要求，到2016年，越南已经取消了54%的关税，到2020年该比例将提升到85%。

（6）东盟-印度自由贸易协定（AIFTA）

《东盟-印度自由贸易区协定》于2010年1月1日正式生效。到2016年，东盟六国平均取消了62.3%的关税，含越南在内的CLMV（即东盟新四国）取消了大约5.5%的关税，而印度则取消了74%的关税。

（7）越南-欧亚经济联盟自由贸易协定（VN-EAEUFTA）

越南与欧亚经济联盟之间的自由贸易协定于2015年5月29日正式签署，并于2016年10月5日正式生效。根据协定的承诺，双方削减和降低近90%的关税，并部分开放服务贸易领域和投资市场。

（8）越南-日本经济伙伴关系协定（VJEPA）

2008年12月25日，越南、日本双方签订《越南-日本经济伙伴关系协定》，并于2009年10月1日起开始施行。到2016年年底，在

9 487个税目中已有3 234个税目降为零关税，占总税目的34%。2017年、2018年和2019年该比例分别提高至37%、38%和43%。

（9）越南–韩国自由贸易协定（VKFTA）

《越南–韩国自由贸易协定》于2015年5月5日在越南签署并于2015年12月20日开始生效。相较于《东盟–韩国自由贸易协定》，《越南–韩国自由贸易协定》覆盖面更广。对于越南来说，《东盟–韩国自由贸易协定》只涵盖了其进口额的86.3%，而《越南–韩国自由贸易协定》则涵盖其进口额的92.7%。

（10）越南–智利自由贸易协定（VCFTA）

《越南–智利自由贸易协定》于2011年11月11日签署，并于2014年1月1日起正式生效。到2023年，越南将取消3 860个税目的关税，占总关税税目的42.42%，而到2028年将达到越南承诺的最高比例，取消87.8%的关税。

3. 正在谈判中的多边或双边贸易协定

目前，越南正在参与的多边或双边贸易协定谈判有：《越南–欧盟自由贸易协定》《全面经济伙伴关系协定》《东盟–中国香港自由贸易协定》《越南–欧洲自由贸易联盟自由贸易协定》《越南–以色列自由贸易协定》。

第二节　越南对外贸易的发展规划及展望

虽然越南对外贸易领域已取得一定的成就，贸易总额逐年提升，但出口市场较为集中，出口产品附加值不高，贸易逆差时有发生等情况，也是越南当前乃至今后一段时间需要面临的现实问题。

在发展对外贸易领域，越南已制定并颁布了相关的规划，未来对外贸易发展将按照规划逐步实施。2011年12月28日，越南政府批准了关于《2011—2020年商品进出口战略和到2030年远景》的决定，对此后20年越南对外贸易领域工作做出了总体规划。

在《2011—2020年商品进出口战略和到2030年远景》中，明确指出到2020年商品出口总额为2010年的三倍以上，进出口贸易平衡继续得到保持。该战略提出了三个具体目标：

（1）2011—2020年贸易出口额年均增长率达11%～12%。其中，2011—2015年为12%，2016—2020年为11%，2021—2030年力争保持其增长速度为10%。

（2）力争将进口增长率控制在出口增长率以下。2011—2020年的进口年平均增长率为10%～11%，2011—2015年的进口年平均增长率低于11%，2016—2020年的进口年平均增长率低于10%。

（3）逐步降低贸易逆差，到2015年将贸易逆差额控制在出口总额的10%以下，力争到2020年实现贸易收支的平衡，2021—2030年实现贸易顺差。

在出口市场发展方向上：首先，出口市场多元化，巩固和扩大越南商品在传统市场中的市场份额，并在扩大新的潜在出口市场方面取得突破。其次，推动越南在国际和地区组织中的作用，加强经济外交，扩大出口市场，在大型和潜在的市场上建立贸易促进机构，加强对越南货物和企业在区域和世界市场的保护。再次，充分利用国外市场开放机会和降税路线图，提高出口额，提高越南对自贸区市场的出口效率。最后，通过组织与建设，逐步发展越南货物在国外市场的分销体系。到2020年，越南出口市场结构定位为：亚洲约占46%，欧洲约占20%，美国约占25%，大洋洲约占4%，非洲约占5%。

今后，出口模式将朝着既合理、可持续增长又扩大出口规模、重视提高出口增加值的方向发展。该战略还提出关于燃料、矿产商品，农林水产品，加工业和制造业商品以及新上市商品等四大类商品的出口发展方向。

可见，越南未来在对外贸易领域，将按照《2011—2020年商品进出口战略和到2030年远景》的相关规划，不断提高进出口额，保持贸易平衡，逐步实现贸易顺差。

第十二章 中越经贸合作的历史、现状及问题

中越两国山水相连，自古以来人民之间交往频繁、经济交往十分密切。自1991年中越关系正常化以来，两国经贸合作迅速开展，虽然这些年中出现了一些问题，但总体上成果显著，已展现出巨大的合作潜力。

第一节 中越经贸合作的历史

一、中越古代贸易发展概述

早在先秦时期，中越两国就有经济上的联系。历史上，两国的官方的朝贡贸易与边境地区的边境贸易都较为密切，双方交换的商品主要是与人们日常生活息息相关的生产、生活用品。在公元前214年，秦朝设置桂林郡、南海郡和象郡，象郡位于现在的越南北部，因此越南地区列入了中国的版图。到唐代时，这一地区称之为安南，设立有安南都护府。从秦朝到唐朝，中原先进的生产技术、政治制度和科学文化不断传入越南，而越南的农作物也传入中原。

公元968年，丁部领统一安南（即现在越南的北部地区），建国号"大瞿越"，受宋朝册封，成为藩属。藩属国对宗主国进贡，而宗主国对藩属国回馈，这被称为朝贡贸易，反映了一种两国互通有无的贸易关系。当时越南进贡给中国王朝的一般是象牙、犀角、沉香等土特产，而中国王朝则回馈器具、丝织品等加工制品。

宋朝时，与越南地区有水路和陆路的贸易。这些贸易点称为博易场，水路主要通过钦州和廉州（现广西合浦），陆路通过永平寨、南江珊等。如钦州的博易场在钦州城外的江东驿，政府进行的官方边贸数额较大，称之为大纲；民间的贸易额不大，称之为小纲。陆路的永平寨博易场与交趾仅一水之隔，是以民间贸易为主的陆路贸易市场。

元朝时，由于当时的越南陈朝采取封锁政策，两国的贸易受到严重影响，但两国边民为了生活，民间贸易依然进行，越南陈朝的主要商品是铜、锡、象牙、肉桂、槟榔等，元朝的主要商品是匹锦、青布、牙梳等。

安南在朱元璋称帝后接受明朝告谕，建立了明朝与安南的宗藩关系。明代与安南的贸易仍然是水陆两种方式，两国开设了数量众多的水驿和递运所，贸易往来频繁。

公元1666年，清朝册封黎维喜为安南国王，从此安南向清朝进贡，两国的宗藩关系维持了200多年。清朝时从中国进入越南的陆路主要有七条，这其中有五条在广西地区，有两条在云南地区。在广西地区的五条通道中，广西凭祥经过镇南关（现越南的友谊关）进入越南文渊（现越南谅山同登）的通道是贡道，商民不能来往。乾隆年间之前，中越边境地区的贸易一直关闭。到乾隆年间，应越南国王阮光平的要求，中越贸易得以恢复。离中国广西凭祥州由隘六十余华里的越南谅山丘驴是当时中国货物进入越南的重要集散地，中国商民可在丘驴等待最多半个月以将越南货品运回中国。而从龙州水口关出境的边贸最远可到高平的牧马进行交易。从中国运送到越南的商品主要是绸缎、布匹、瓦器、纸张、药材等，从越南运往到中国地区的商品主要是砂仁、大茴、竹木等。从水路方面，广东、福建由水路用海船运往越南地区的商品主要有锡箔、土香、色纸、京果等，从越南运回槟榔、胡椒、砂仁、牛皮、鱼翅等。

由此可见，中越古代贸易主要以朝贡贸易为主，在边境地区同时分布着边民为满足生产、生活而进行的互通有无的边境贸易。

❖ 二、近现代中越经贸关系回顾

1. 近代中越贸易

1883年，越南与法国签订《顺化条约》，越南接受法国的保护，越南一切对外事务由法国掌握。次年，法国与越南签订第二次《顺化条约》，强迫越南承认并接受法国的保护，法国在一切对外关系上代表越南。从此，越南完全沦为法国的殖民地。1885年，清政府与法国签订《中法条约》，清政府正式承认法国对越南的殖民统治。自此，延续了两千年的中越官方关系中断，中越之间官方的朝贡贸易不复存在。19世纪末，法国将越南、老挝、柬埔寨组成法属印度支那联邦，中国开始了与包括越南在内的法属印度支那联邦进行贸易的阶段。1889年，中国与法属印度支那联邦的贸易额达到170.5万海关两，到1907年达到1 091.7万海关两。

在中越边境地区，自1840年鸦片战争后，中国闭关锁国的状况被逐渐打破，西方的舶来品逐渐由东南沿海扩散到中国内地，乃至中越边境地区。到了民国时期，手电筒、火柴、洋布等已在中越边境地区，尤其是中国龙州–越南谅山、中国河口–越南老街等口岸地区出现。

2. 现代中越贸易

1950年1月，中越两国正式建交，两国政府间的贸易活动也正式开始。从20世纪50年代初到20世纪70年代中期的20多年，正值越南抗法战争与抗美战争时期，尽管当时中国也存在诸多困难，但中国政府仍从道义上和经济上给予了越南无私的帮助，越南与中国的经贸关系不断加强。这段时间，中国则多以经济技术援助的方式向越南输出生产、生活资料以及军需用品，主要是农业、林业和手工业产品，还为越南援建了众多项目。虽然两国间的经济往来十分密切，但由于越南自身经济条件和受战争的影响，双方的合作方式较为局限，多以经济援助为主。从1952年开始，两国每年都签订贸易协定、换货议定书，直到1978年才终止。

1952年2月，两国签订了第一份贸易协定，中国从越南进口茶叶、油漆、木材、茴香、桂皮、砂仁等农林土特产品；越南从中国购进机械、仪器、钢材、化学制品、棉布等日用工业品。1952—1954年，越南正值抗法战争期间，由于受到战争影响，工农业生产无法正常展开，人民生活困难，这期间进口的主要是粮食、布匹、医药等生活必需品。

随着1954年日内瓦协议的签署，法国军队撤离越南北部，北纬

17°以北的越南地区获得解放。在两国经贸领域，一方面，中国通过对越南进行援助以帮助越南渡过难关，如赠送大米、派出专家帮助兴建工业项目等；另一方面，越南开始了社会主义经济建设，国内生产得到一定发展，部分产品能够自给。1954—1964年，中国向越南出口的商品除生活日用品外，有钢材、化工原料、机器设备、耐火材料、交通器材、铁路车辆、机床等重工业产品，越南则在原有基础上向中国出口水泥、白棉布、机器等部分工业品。这期间，中越两国贸易额逐年上升，越南从中国的进口额由1956年的4 792万美元增长到1964年的7 478万美元，而越南对中国的出口额在1964年首次突破了2 000万美元。除了中国对越南的援助和一般贸易外，中越两国的边境贸易也有一定程度的发展。1952年，中越开放边境市场，双方边民往来频繁，边民互市贸易活跃。中国出口的商品多为生活所需的日用品，包括针织品、文具、纸张、瓷器、小五金、小百货等，越南出口的商品主要有油料、丝麻、药材、桐油、茴油、桂油等。这其中，广西与越南交界地区的边境贸易发展得较好。

1966年，越南进入了抗美救国时期，这期间中越两国的贸易额很少，中国以无偿援助的方式向越南提供了大量生产资料与消费品，每年中国都向越南提供100多万吨的援助物资，包括农机化肥、机械设备、布匹、小麦、白面、玉米、大米、衣服、鞋袜、味精、酱油、肥皂等农产品和轻工食品，大宗的品种就多达399种。由于越南进行抗美战争，工农业生产遭到了严重破坏，导致越南对外出口额剧减。1965年，越南对中国的出口额为2 554万美元，到了1972年就下降到了364万美元。同样是由于战争破坏，越南对进口商品有很大需求，因此中国对越出口额持续大增，1965年中国对越南出口超过1亿美元，到1971年达2亿多美元。

1973年1月，关于越南问题的巴黎协定签署后，中国应越南要求提供了更多的经济和军事援助。1975年越南南北实现统一后，中国又大力帮助越南发展经济、恢复生产。据统计，仅1975年通过友谊关运往越南的中国援助物资就达100万吨。不仅如此，中国还援建了大量工业项目，如宁平发电厂、越池化工厂、河北氮肥厂等。1973—1975年，中越两国的贸易额创历史新高，1973年达到26 379万美元，1974年达到30 468万美元。越南对中国的出口额也大幅增加，从1973年的

562万美元增长到1978年的4 068万美元。但从1975年后，中国对越出口额开始下降，从1974年的29 641万美元下降到1978年的1 633万美元。

据不完全统计，从1950年到1978年，中国援助越南的物资总值超过200亿美元。到20世纪70年代后期，由于国际形势的变化，中越两国关系也产生了一定的波动，出现了紧张与恶化。随后，两国经历了长达10余年的对峙，经济往来处于隔绝状态。

第二节　中越经贸合作的现状

一、1991年中越关系正常化后至2000年的经贸合作

在1991年两国实现关系正常化前，双方官方贸易中断，只在边境地区存在零星的边境贸易。

1991—1993年，两国以边境贸易为主。在边境贸易方面，20世纪80年代后期随着中越边界形势稍有缓和，两国边民开始了边境贸易。边境贸易从一些不太稳定的"草皮街"，逐步发展到相对固定的贸易点。进入20世纪90年代后，中越边境贸易得到了较为迅速的发展。1991年，中越边境贸易额约为2亿美元，1994年两国边贸额为1.88亿美元，1995年上升到2.04亿美元。在商品结构上，中国输往越南的主要有电器、电子玩具、建材、农业机械、机器设备、纺织品和一些日用工业品等；越南输往中国的主要有橡胶、腰果、蔬菜、水果、水产、轧钢、椰子、胶合板、竹、藤、煤、植物油等。两国边境贸易也不仅局限于边境地区，许多内地企业也开始参与到边境贸易中来，促进了边境贸易的发展。

而在一般贸易方面，随着1991年两国关系正常化，双方贸易发展迅速。1991年中越两国贸易额仅有3 223万美元，1992年激增至1.79亿美元，以后逐年增长。1994年以后，除个体、民营企业外，一些国有大型企业也开始参与两国的经贸活动，双方采取的贸易方式也日趋多样化，主要有一般贸易、加工贸易和转口贸易。到1995年两国一般贸易额突破10亿美元，达到10.5亿美元，四年间增长了30多倍。在商

品结构方面，越南从中国进口的商品主要有服装、纺织品、建材、家用电器、化工原料、成品油、仪器仪表、药品及医疗设备和水产品等，同时越南出口至中国的商品主要是一些原材料和初级产品，如原油、金属矿砂、废钢、煤、橡胶及其制品、化工原料等。

在20世纪90年代，中越经贸关系大致可根据1995年划分为两个阶段：1995年之前两国经贸关系的形势单一，主要集中在边境贸易，而一般贸易较薄弱；1995年后，中越经贸关系出现了一个变化，两国间的一般贸易额增长迅速，占据了主导地位，边境贸易额虽有所增长，但增幅已明显放缓。在两国政府的促进下，一般贸易逐步成为两国经贸关系中的主要层面。

1996年，中越一般贸易与边境贸易总额为15.5亿美元，占中国对外贸易总额的0.3%，占越南对外贸易总额的8.04%，中国是越南的第五大贸易伙伴。到了1997年，双方贸易额达到14.4亿美元，约占中国对外贸易总额的0.44%，中国仍是越南的第五大贸易伙伴，而越南在中国的贸易伙伴中排名第二十七位。由于受到1997年亚洲金融危机影响，1998年双方贸易额降至12.5亿美元。为了应对外部危机的冲击，扭转两国双边贸易下滑趋势，推动中越经贸关系迈上新台阶，中国在加大对越投资、加强双方大型项目合作力度的同时，两国领导人提出了到2000年将双边贸易额提升到20亿美元的奋斗目标。1999年12月，两国政府签署中越陆地边界条约。有了稳定的政治基础与和平的外部环境，经过双方的共同努力，2000年两国双边贸易额一跃增至24.7亿美元，同比增长100%，超额完成了双方的预期目标。中越两国的贸易额虽然在2000年突破了20亿美元，但总体上还是相对较小，在两国各自对外贸易额中所占比例不大。

在经济援助方面，1992年2月中越两国政府签订了经济合作协定，中国提供给越南8000万元人民币的援助用于改造河北氮肥厂、三八纺织厂等项目。1994年，两国政府商定，由中国帮助越南改造和扩建太原钢铁厂。1997年中方又向越南提供了2亿元的信用贷款。

在边境地区经济合作方面，20世纪90年代初，经中国国务院批准，广西东兴开辟出约4.07平方千米土地用于建立包括北仑河保税市场和保税仓库在内的边境经济合作区。90年代中期，东兴边境经济合作区的建设已初具规模，为中越经贸合作关系的开展提供了便利条件。边境经济合作区的建设和发展，不仅为边境贸易的规范化提供了便利，为两国经贸关系的发展开辟了新的形式与途径，同时为现在的边境地区经济合作做了良好的铺垫与示范。在云南方面，1998年年底中国云南金平–越南莱州封土县的中越国际公路运输线开通，方便了双边人员与货物的往来。

在劳务与工程承包方面，早在1990年，中国公司就承包了公路建设、电站工程、公路改造、酒店、公路桥梁等项目。此外，中国在越南一些小规模的住宅楼生活小区、别墅区的建设等工程承包中也占有一席之地。1991年，中越关系正常化至1998年8月，中国公司累计在越南签订工程承包、劳务、设计咨询合同850份，合同金额为6.550 2亿美元，完成营业额3.111 8亿美元。其中，承包工程合同有210项，合同金额为5.592 4亿美元，完成营业额2.751 7亿美元；劳务合同有622项，合同金额为8 160万美元，完成营业额3 453万美元，设计咨询合同有18项，合同金额316亿美元，完成营业额158万美元。

❖ 二、21世纪后的中越经贸合作

1. 双边贸易情况

进入21世纪后，中国经济步入快速发展轨道，越南经济也继续回升，增速逐渐加快。2001年年底，中国成为WTO的正式成员国，而越南也于2006年成为该组织的成员国。与两国经济发展相同步，中越双边经贸合作一年上一个台阶。

2001年是中国入世的第一年，据中国方面统计，中越双方进出口总额再创历史新高，达28.1亿美元，与2000年同期相比，上升了14.1%。2002年，两国贸易额突破30亿美元关口，2003年又增至45亿多美元。2004年更是达到了67.4亿美元，不仅提前超额实现了两国领导人提出的至2005年双边贸易额达到50亿美元的目标，而且，从2004年年底开始，中国还首次超越日本和美国，成为越南最大的贸易伙伴。

2007年，中越双边贸易额首次突破100亿美元大关。这期间，中越两国的贸易结构也有所改变。以2007年为例，中国对越南出口的主要商品有机电产品（41.9亿美元）、钢材（19.5亿美元）、纺织纱线织物及制品（15.5亿美元）、高新技术产品（10.6亿美元）、成品油（4.85

亿美元）、农产品（4.72亿美元）、钢坯及粗锻件（4.52亿美元）、肥料（3.92亿美元）、汽车及其底盘（3.31亿美元）、摩托车（1.1亿美元）等，中国从越南进口的主要商品是煤炭（9.3亿美元）、原油（2.48亿美元）、天然橡胶（1.64亿美元）、鲜干水果及坚果（1.12亿美元）、铜矿砂及精矿（5 184万美元）等。可见，在两国贸易中，越南的比较优势集中在初级产品上，越南有较多的农副产品和各种原料，但较缺乏日用消费品，而中国经济发展程度较高，工业品和日用消费品较为丰富，在机电、日用化工等产品加工上具备经济与技术优势，两国的贸易体现出较强的互补性。

2010年，中国-东盟自由贸易区正式建立，中国与包含越南在内的东盟成员国实现了更为全面的经贸合作。当年，中越双边贸易额就突破了300亿美元，达到300.9亿美元，其中，中国对越南出口达到231.1亿美元，进口达到69.8亿美元。2011—2016年，中越两国的贸易额从402.1亿美元增长到982.2亿美元。具体来看，2012年双边贸易额首次突破500亿美元大关，达到504.4亿美元；2013年达到654.8亿美元；2014年双边贸易额跃升至836.4亿美元，而越南的贸易逆差达到近几年的顶峰，为438.3亿美元。

到了2015年，依据《中国-东盟全面经济合作框架协议》，中国与越南、缅甸、柬埔寨及老挝的绝大部分产品实现零关税。当年，中越双边贸易总额959.66亿美元，同比增长14.7%，中方对越出口达到661.24亿美元，增长3.75%；自越南进口达到298.42亿美元，增长49.93%。2016年两国贸易额再上一个台阶，达到982.2亿美元，接近千亿美元，中国已经连续13年成为越南的第一大贸易伙伴，而越南已超过马来西亚成为中国在东盟地区的第一大贸易伙伴。2018年中越贸易额达到1 478.6亿美元，同比增长21.9%。其中，中国自越南进口达到639.6亿美元，同比增长27.1%；中国向越南出口839亿美元，同比增长18.3%。2011—2018年中越双边贸易统计如表12-1所示。

表 12-1　2011—2018 年中越双边贸易统计　　　　单位：亿美元

年份	进出口总额	中方出口	中方进口	差额	增长率（%）
2011	402.1	290.9	111.2	179.7	33.6%
2012	504.4	342.1	162.3	179.8	25.4%
2013	654.8	485.9	168.9	317.0	29.8%
2014	836.4	637.4	199.0	438.3	27.7%
2015	959.6	661.2	296.4	362.8	14.7%
2016	982.2	611.0	371.2	239.8	2.5%
2017	1212.7	709.4	503.3	206.1	23.4%
2018	1478.6	839	639.6	199.4	21.9%

数据来源：中国海关总署。

从进出口商品分类上看，近期中国对越南出口商品排名前十位的分别是：机械器具及零件；电机、电器、音像设备及其零件；钢铁制品；针织或勾边的服装及衣着附件；车辆及其零附件，但铁道车辆除外；矿物燃料、矿物油及其产品，沥青等；棉花；钢铁；针织物及钩编织物；肥料。中国自越南进口商品排名前十位的分别是：矿物燃料、矿物油及其产品、沥青等；食用蔬菜、根及块茎；橡胶及其制品；机械器具及零件；电机、电器、音像设备及其零附件；棉花；食用水果及坚果，甜瓜等水果的果皮；家具，寝具，灯具，活动房；木及木制品，木炭；鞋靴、护腿和类似品及其零件。

在贸易方式上，中越两国的贸易方式也多种多样。一般贸易比重正在降低，边境小额贸易、进料加工贸易、保税区仓储转口货物比重正在上升，保税仓库进出境货物、来料加工装配贸易与对外承包工程出口货物也有一定比重。

随着越南市场的不断开放，进一步加深融入国际经济，特别是越南与韩国、欧盟、欧亚经济联盟等签订了一系列自贸协定，于2015年12月31日加入东盟经济共同体，2019年1月《全面与进步跨太平洋伙伴关系协议》（CPTPP）在越南正式生效，越南实际上已经打通了与欧美、欧亚等重要经济体的自由贸易通道，这给越南企业带来了巨大的发展机遇，同时也为中越两国经贸合作提供了难得的新契机。

2. 服务贸易

目前，中越两国的服务贸易合作领域还不够广阔。

在工程承包方面，越南是中国在东盟重要的工程承包市场。中国企业于1992年开始涉足越南工程承包市场，经过多年经营，已经在越南逐渐形成一定的品牌效应，很多由中方承建的项目获得各方好评。随着中越友好合作关系的不断深入发展，两国在工程承包领域的合作也取得了良好进展。除了承建当地的公路、房屋等一般的基础设施外，一些技术含量高的项目也在不断增加。中国企业积极参加在越项目的国际招标，涉及路桥、电站、水利、港口、水泥厂、制糖等行业，并取得了良好的成绩，在越的工程承包及劳务合作业务有所增加。目前，由中方承建的部分大型项目已陆续建成或投产。其中，锦普热电厂一、二期项目已于2011年9月正式移交越方；金瓯化肥厂已于2012年1月30日建成投产；宁平煤头化肥厂已于2012年3月30日建成投产；新莱氧化铝厂于2012年12月建成投产。由中国公司建设的河内市吉灵–河东城市轻轨项目，已经完成主体工程建设，这是河内第一条轻轨项目，开启了越南城市轨道交通从无到有的新时代。

2018年，新签工程承包合同额达到66.7亿美元，完成营业额28亿美元。截至2018年年底，中国企业在越累计签订工程承包合同额达到533.4亿美元，完成营业额369.2亿美元。

3. 相互投资

据越南统计，2018年越南的外商直接投资资金到位191亿美元，比2017年增长近20亿美元。在对越投资的国家和地区中，日本投资项目居首位，其次是韩国、新加坡等。越南吸收外资最多的地方为河内、胡志明市和海防等城市。

在直接投资方面，虽然中国对越南投资起步较晚，但发展迅速。1991—1999年，中国对越投资共有76个项目，总投资额为1.2亿美元。截至2010年年底，中国对越南的直接投资项目存量为749个，协议投资总额为31.85亿美元，注册资金为15.4亿美元，位列对越南投资国家和地区的第14位。

中国企业对越南投资保持增长态势。据越南计划投资部统计，2017年全年中国对越直接投资协议金额为21.7亿美元，新增项目有

284个，居对越南投资伙伴国的第四位，仅次于日本、韩国和新加坡。

目前，中方对越投资主要集中于加工制造业、房地产和建设行业，在配套工业、高新基础产业和基础设施等领域。主要投资集中在越南北部的河内、海防、广宁、北宁、北江等省市和南部胡志明市周边。较大的投资项目有：铃中出口加工区、龙江工业园、深圳-海防经贸合作区、圣力（越南）特钢有限公司、河内新希望集团有限公司、永兴一期火电厂等。在投资企业类型上，在越南登记的中国大中型企业的分支机构有90多家，有经营工程承包的大型企业，也有电信系统供应商，经营海空运输、船舶代理的企业及中国国家电网公司等。

而越南对中国投资相对较少，据中国商务部数据，截至2018年年底，越对华累计实际投资2.7亿美元。

4. 边境地区经济合作

随着中国-东盟自由贸易区建设的不断深化，中越两国间的跨境经济合作成为一个新的方向与方式。跨境经济合作区是指相邻的两个国家在其边境附近划定特定区域，赋予该区域特殊的财政税收、投资贸易以及配套的产业政策，并对区域内部分地区进行跨境海关特殊监管，吸引人流、物流、资金流、技术流、信息流等各种生产要素在此聚集，实现该区域快速发展，进而通过辐射效应带动周边地区发展。

当前，在中越边境地区，正在积极建设中国东兴-越南芒街、中国凭祥-越南同登、中国龙邦-越南茶岭、中国河口-越南老街等四个跨境经济合作区。这些跨境经济合作区基本上遵循由边境经济合作区到边民互市贸易区再到跨境经济合作区的发展路径。当前，中越两国间的跨境经济合作区建设正在有序、稳步推进中，随着其建设的不断推进，将进一步加深边境地区区域合作中的吸引力，促进中越双方调整与优化边境地区经济结构，为两国边境地区经济发展提供更广阔的空间。

第三节　当前中越经贸合作中存在的问题

虽然中越两国在经贸领域合作广泛、成果丰富，但仍存在一些问题不容忽视。

❖ 一、贸易领域的问题

1. 中越两国贸易不平衡，越南贸易逆差持续增长

中越两国的贸易总量在快速增长，但是两国的贸易不平衡状况也愈发凸显，这集中表现在越南对中国的逆差。自2000年来，就一直呈现出中国顺差、越南逆差的态势。根据中国海关统计，2000年越南逆差为6.08亿美元，随着中越间贸易的不断发展，越方逆差也呈逐步增加的趋势，2008年逆差已经超过100亿美元，达到107.8亿美元，至2014年则达到惊人的438.3亿美元，逆差额是当年越南对中国出口额的1倍多。中国成为越南对外贸易逆差最大的来源国。而到了2016年，越南对中国的贸易逆差额有所下降，为239.8亿美元；2018年越南对中国的贸易逆差为199.4亿美元。同时，随着中越双方经济贸易的不断发展，越南逆差情况仍然存在，但是出现负增长情况，趋势有所缓和。

关于中越贸易中越南逆差的问题，我们应该看到越南贸易逆差的前提是中越贸易增长迅速。正因为中越间贸易活动活跃，贸易额持续增长，才产生了越南贸易逆差的问题。

一方面，我们要清楚地认识到，在中越贸易中，不管是中国的顺差，还是越南的逆差，都是由市场决定的。中国商品具有优秀的性价比，不仅是在越南市场，在全球市场都拥有较高的竞争力。中国工业经过了改革开放后多年的发展，已经形成了自己的特色与优势，"中国制造"也已享誉全球。而越南自革新开放以来，经济高速发展，对工农业生产的各种生产资料需求较大，但越南国内生产现阶段无法满足要求，因此需要从国外大量进口。中国商品的优势显著，因此中国向越南出口机械设备、钢材、机电等具有较高附加值的工业品，这也在一定程度上弥补了越南当前生产不足的现状，满足了社会生产的需要。

另一方面，越南对中国出口的产品主要为农产品、自然资源等原材料，品种较少且附加值不高。越南的对外贸易中的出口结构也与中国商品结构类似，除了燃料、农产品、水产品外，鞋帽、纺织等劳动密集型产品也恰好是中国的优势产品，无法与中国同类商品进行竞争，因此中国从越南进口的此类商品并不多。同样，越南出口至中国的一些产品也面临着其他国家产品的竞争与冲击。以水果为例，在中

国–东盟自由贸易区的框架下，泰国与越南的水果同样享受零关税待遇，越南水果在输华上要与泰国水果展开激烈竞争，但目前越南与其他东南亚地区国家相比，越南商品竞争力稍低，因此进入中国市场的越南商品十分有限。

在短时间内，越南贸易逆差的局面可能会逐步缩小，且已出现了逐步缩小的势头，但很难改变贸易逆差的局面。

2. 双方贸易口岸与互市点基础设施不完善，交通基础建设有待加强

目前，中越部分陆路口岸交通设施仍然不完善，通关及运输能力还不高，总体上不能满足中越贸易增长的需求。越南境内的交通运输基础设施相对比较破旧，公路质量不高，不仅导致公路运输能力不足，还增加了运输时间，严重影响了物资流动的效率。在铁路方面，中国和越南铁路轨道标准并不统一，中国使用的是轨距为1.435米的标准轨道，而越南使用的是轨距为1米的窄轨轨道，中国凭祥到越南河内间有标轨内嵌套米轨的铁路，可以实现正常运营，但跨境货物运输需要在凭祥或河内进行换装，这就大大延长了贸易商品运转的周期。

另外，中越之间的大部分口岸均属于老口岸，建设和使用时间长，已经不适应现代通关需要，制约了物流人流的快速通关作业。目前，不少口岸查验设施和设备陈旧或不配套，影响口岸功能的整体发挥。特别是口岸缺少大型验货场、监管货仓场所，在高峰期间，大部分车辆只能积压在口岸通道地区，影响正常通关效率。

当前，中越两国在口岸基础设施与交通基础建设上已取得了一定成果。2017年9月，中越友谊关–友谊国际口岸货运专用通道正式通车运行，中越双方均在通道旁建有停车场，以便两国货车在关口泊车及驳货。而在东兴–芒街口岸、中越北仑河二桥、中国东兴–越南芒街互市便民临时浮桥也都已经建成，即将投入使用。但在继续推进口岸基础设施建设，促进中越边境通关便利化，实现"电子口岸"与"一站式检查"等方面，中越双方，尤其是越南方面还有待加强。

❀ 二、投资领域问题

在经贸关系中，贸易与投资相辅相成、互为促进。而中越双边贸易增长较快，但相互投资却很少，因而未能充分发挥各自的优势，充分挖掘各自的潜力。虽然两国均为发展中国家，都急需外国资金，但

发展直接投资对双方都有好处。一方面，中国可利用越南的自然资源、人力资源、政策等优势将目前国内已不具备优势的劳动密集型、自然密集型产业通过投资向越南转移，从而拓展东盟以及欧美的出口市场。这样可以避开关税壁垒，进而直接占领市场，还可以充分利用越南资源优势，同时为越南创造大量就业机会，真正实现互补互利。

虽然近年来中国对越南投资较快增长，但目前投资规模仍偏小。根据《2016年中国对外直接投资统计公报》的统计，2016年中国对越南投资额为12.8亿美元，占中国对外投资总额的0.7%，位于中国对外投资国家和地区的第十六位。根据越南方面统计，中国在越南所有投资的国家里面只排在第十四位。中国有大量的富余资金、高额的外汇储备，而越南需要投资的领域和项目非常多，尤其是基础设施建设、农业、交通设施、能源开发等基础产业薄弱，他们十分需要来自中国的投资。中国在相关领域具备一定的优势，应大力加强投资力度。近年来，中国对越南直接投资的存量呈较快增长的态势。2019年1月—5月，越南吸引外国直接投资总额创新高，达到167.4亿美元，同比增长近70%。2019年1月—5月，中国对越南的直接投资总额达20亿美元，其中新注册资本总额为15.6亿美元，同比增长450%。

根据商务部"走出去"平台发布的报告显示，当前中国在投资合作方面，有以下几个主要问题：第一，在越投资的中资企业地域分布不均，主要集中于越南北部边境省份、河内及周边地区，中部和南部省市相对较少。第二，赴越投资人员成分复杂，素质参差不齐，有待进一步加强。第三，投资企业对当地法律法规了解不够，融入当地的意识有待增强。另外，由于越南劳工技术能力有所欠缺，工作效率不高，加上在当地采购的成本与质量等问题，也都深刻影响中国企业在越南的发展。从投资行业结构上来看，目前还主要集中于制造业，服务业占比较低，与韩国等国在越南的投资相比，不管在投资规模上还是在投资质量上都仍有不小差距。

❀ 三、政治问题对经贸往来的影响

虽然自1991年中越关系正常化以来，中越两国间政治互信加深，友好交往不断。但是，不可否认的是，近年来南海问题和其他问题的持续发酵给中越经贸关系带来了负面影响。例如，2014年5月，在越南发生多起针对中国企业的暴力打砸抢烧事件，造成中国在越人员伤亡，大批中国驻越企业员工纷纷撤离。这一事件不仅给中越两国关系造成巨大冲击，而且给中越经贸的发展蒙上了一层阴影。

　　尽管对于海上问题，中越两国领导人坚持通过友好协商和谈判的方式，寻求均能接受的基本和长久的解决办法，但现实中南海问题的解决依旧困难重重，这是影响双边经贸关系进一步发展的一大障碍。政治纷争的背后是经济利益的纷争，而它反过来又影响着双边的经贸往来和经济利益的实现。

第十三章 中越主要陆路口岸与中越边境贸易

越南是与我国陆地最南端接壤的国家，两国陆路口岸众多，边境贸易活动频繁。

第一节 中越陆地边界省份与中越主要陆路口岸情况

中越两国陆地边界共有9个省份，中国有广西和云南两个省区，越南自东向西有广宁、谅山、高平、河江、老街、莱州和奠边七个省份。这其中，中国的广西与越南的广宁、谅山、高平、河江四个省份接壤，云南与越南的河江、老街、莱州和奠边四个省份接壤。河江省是越南唯一同时与中国广西、云南两省区交界的省份，奠边省不仅与中国云南省交界，还与老挝交界。

❖ 一、中越陆地边境各省市概况

（一）中国

1. 广西壮族自治区

广西壮族自治区地处中国南疆，东连广东省，南临北部湾并与海南省隔海相望，西与云南省毗邻，东北接湖南省，西北靠贵州省，西南与越南社会主义共和国接壤，行政区域土地面积约为23.76万平方千米，管辖北部湾海域面积约为4万平方千米。根据广西统计局发布的数据，2018年广西全区生产总值（GDP）达到20 352亿元人民币，按可比价格计算，比上年增长6.8%；人口数量上，全区常住人口4 926

万；2018年广西边境贸易进出口额1 617.7亿元人民币，同比增长6.9%，占同期广西外贸进出口总额的39.4%，广西边境小额贸易额和边民互市贸易额均排全国各省区首位。

2. 云南省

云南省地处中国西南边陲，东部与贵州省、广西壮族自治区为邻，北部与四川省相连，西北部紧依西藏自治区，西部与缅甸接壤，南部和老挝、越南毗邻，全省国土总面积约为39.41万平方千米。2018年，云南全省生产总值达到17 881.12亿元人民币，比上年增长8.9%，全省常住人口为4 829.5万。云南也是我国民族种类最多的省份，除汉族以外，人口在6 000以上的世居少数民族有彝族、哈尼族、白族、傣族、苗族、傈僳族等25个。云南省分别与缅甸、老挝和越南交界，国境线长约4 060千米，中越边界为1 353千米。有国家一类口岸16个、二类口岸7个。云南与越南间有着较为便利的交通，现有滇越铁路、昆河公路，可直接通往越南河内、海防及其南部各地。

（二）越南

根据越南统计总局数据，越南北部中越边境7个省的总面积为54 061.6平方千米，占越南国土面积的16.33%，其中80%以上为山地和丘陵，七省的总人口为470.72万，占全国总人口的5.36%，人口密度为87人/平方千米，低于全国265人/平方千米的水平。

广宁省是越南东北部省份，面积约为8 239平方千米，省会为下龙市。广宁省东临北部湾，东北部与中国广西防城港和东兴接壤，边境线长约132.8千米，最大的陆路口岸是芒街口岸。素有"海上桂林"之称的下龙湾就位于广宁省，其附近还有越南著名的鸿基煤矿。

谅山省位于广宁省西北侧，面积约为8 331平方千米，省会为谅山市。其东部与中国广西的宁明县、凭祥市接壤，边境线长约97千米。谅山省拥有两个国际口岸，分别是友谊-友谊关口岸和同登-凭祥铁路口岸。同样，谅山也是越南北部的交通要塞，不仅贯穿越南南北的1A公路始于友谊关口岸，南北铁路也由此开始。

高平省位于谅山省北侧，省会为高平市，全省面积约为6 690平方千米，与中国广西接壤，边境线长约311千米。现有茶岭、驮隆、雄国、朔江四个口岸。

河江省位于高平省西侧，是越南最北部的省份，省会为河江市，全省面积约为 2 095 平方千米，与中国云南文山州和广西百色接壤。

老街省位于河江省西南侧，省会为老街市，全省面积约为 8 044 平方千米。北侧与中国云南省接壤，边界线长约 203 千米。老街省地理位置很重要，其所属的老街口岸是越南北方的重要陆路口岸，距首都河内 296 千米，距海防港 410 多千米，是"两廊一圈"规划中昆明—老街—海防经济走廊的"咽喉"。

莱州省位于老街省的西侧，省会为莱州市，全省面积约为 9 059 平方千米，与我国云南省接壤的边界线长约 261.2 千米。

奠边省位于莱州省西南侧，省会为奠边府，全省面积约为 9 560 平方千米，分别与我国云南省和老挝接壤，与我国的边界线长约 49.8 千米。

❀ 二、中越两国主要陆路口岸概况

按照口岸的开放程度来划分，口岸分为一类口岸和二类口岸。除此之外，还有边民贸易互市点。一类口岸是指允许中国籍和外籍人员、货物、物品和交通工具直接出入国（关、边）境的海（河）、陆、空客货口岸；二类口岸指的是仅允许中国籍人员、货物、物品和交通工具直接出入国（关、边）境的海（河）、空客货口岸，以及仅允许毗邻国家双边人员、货物、物品和交通工具直接出入国（关、边）境的铁路车站、界河港口和跨境公路通道；边境贸易互市点也是口岸，但其是中越两国为了开展边境贸易而通过协议确定相互开放的通道。

中越两国间一类口岸具体情况如表 13-1 所示：

表 13-1　中越两国间一类口岸具体情况

中国广西	越南
东兴口岸	芒街口岸
峒中口岸	横模口岸
爱店口岸	峙马口岸
凭祥口岸（铁路）	同登口岸（铁路）
友谊关口岸（公路）	友谊口岸（公路）
水口口岸	驮隆口岸
硕龙口岸	里板口岸

续表

中国广西	越南
龙邦口岸	茶岭口岸
平孟口岸	朔江口岸
天保口岸	清水河口岸
河口口岸（公路、铁路）	老街口岸（公路、铁路）
金水河口岸	马鹿塘口岸

第二节　中越边境贸易的历史发展概况

边境贸易是两国边境地区之间特有的一种对外经贸方式，是为照顾双方边境地方的建设事业和人民生活需要所采取的一种贸易方式。它是存在于两个国家的边境地区的一种国际贸易形式，是一种初始形式的国际贸易，对互通有无、调剂余缺，乃至活跃两国边境地区经济、增进边民往来都起到了良好促进作用。

一、1949年前的中越边境贸易

宋朝时，我国陆路边境贸易的场所称之为博易场，当时的宋朝与交趾的主要博易场有永平寨、南江栅等。永平寨与南江栅都以民间贸易为主，交趾地区的人通过香料、犀角、象牙、金银和盐等换取宋朝的锦、罗、布等。我国元朝时，交趾地区为陈朝，因受到陈朝封锁政策的影响，两国边境贸易受到较大冲击，但两国边民的生活上仍需要互通有无，边境贸易依然小规模进行。明代时开设了防城、佛淘两个水驿，宁越、涌沧两个递运所，佛淘巡检司，灵山县的龙门、安迁两个马驿，安河、格目两个递运所；交趾也设立了靖安州的同安水驿、同安递运所，万宁县的万宁水驿、万宁递运所。清代时，到越南的陆路达到七条，但中越的边境贸易处于关闭状态，乾隆年间应南越王阮光平的要求，边境贸易才得以恢复，并在乾隆末期在南宁设立10家牙行，方便与越南的贸易。由于18世纪越南国内黎氏与阮氏的纷争、连年混战，越南边民或越南内地人民通过边民到南宁府等地进行商品采购，以缓解生活困难。到民国时期，两国边民将自己的剩余产品拿去交换，于是在边境地区形成了众多定期举行的集市，这种集市在广西一带称之为圩，而在云南一代称之为街子。其间，一些边境地区特别是口岸地区所交易的商品已经不再局限于双方边民的剩余产品，也出现了一些诸如手电筒、汽灯、火柴等洋货。由于时局动荡不安，当时市面上流通的货币种类也是五花八门，因此其间发行的纸币很不稳定，汇率波动很大，也影响了双边贸易的正常开展。

🌼 二、1949—1990年的中越边境贸易

1949年10月1日，中华人民共和国成立，同年12月广西与云南相继解放。随着1950年1月18日中越两国正式建立外交关系，两国的官方经贸活动正式开始，两国边民往来也日趋频繁，边境贸易日益活跃。根据范宏贵等学者在《中越边境贸易研究》中的划分，本时期的中越边境贸易可分为以下三个发展阶段：

第一阶段是起步和发展阶段（1949—1965年）。在边境小额贸易上，中越两国先后签订了《关于开放两国边境小额贸易的协定书》《关于两国边境贸易协定书》等，广西、云南与越南接壤的边境地区之间相互对等开放了边境小额贸易口岸，边境贸易范围为口岸国界以内20千米。双方规定在边境线20千米以内的居民为边民，在边民向政府提出申请的基础上，由县级公安局颁发边境通行证，商业部门颁发边民购销证，允许双方边民到对方边境指定市场进行交易，方便边民间的生产生活。在边境地方国营贸易上，签订了《两国边境地方国营公司进行货物交换的议定书》等，以省级国营贸易为主进行地方国营贸易。

第二阶段是衰落阶段（1966—1978年）。这一阶段正值中国的"文革"时期，而越南在1975年前处于抗美救国时期，双方的贸易以国家贸易和中国对越援助为主，中越间的边境贸易只是小规模地存在于边民互市层面。到20世纪70年代后期，随着中越两国关系逐步紧张、恶化，两国贸易额迅速下降，到1978年完全停止。由于两国口岸与便道关闭，官方往来中断，中越边境贸易也随之逐步衰落。

第三阶段是恢复和发展阶段（1978—1990年）。尽管中越关系恶化，口岸和便道关闭，但边民为了生产生活的需要，在边界线或边界两侧自发地形成了具有互市交易性质的"草皮街"。从1983年9月开始，在两国边境的中方一侧，有组织、有领导、有控制地开办了12个

"草皮街"作为临时边境贸易点，非正式地允许越南边民来参加集市贸易。随着1986年越共六大开始实行革新，越南开始重视与中国的边境贸易。1988—1989年，越南政府先后做出决定，允许边民过境贸易、探亲访友，允许越南北部山区各省与中国进行边境小额贸易。1989年，广西对越贸易额达4.2亿元，云南对越贸易额为3270万元。

🌸 三、1991年至今的边境贸易

1991年，中越两国关系正常化，结束了双方长期存在的非正常状态，两国边境往来恢复正常，加之两国大力鼓励边境活动，中越边境贸易获得了良好的发展环境。2008年，中越两国关系提升至全面战略伙伴关系，同年年底，中越陆地边界勘界立碑顺利完成，成功地解决了陆地边界划界的谈判，为两国边境贸易的发展提供了更加稳定的政治环境。

由于地理优势的缘故，中越边境贸易的重点区域是广西—越南一段，其贸易量占中越边境贸易总量的80%左右。根据有关部门统计，1989年广西与越南边境贸易额为4.5亿元人民币，1990年达到了7.8亿元人民币，2000年增至37.4亿元人民币。1997年，中国与越南的边境贸易总额为38.45亿元人民币，2011年中越边境贸易额为63亿美元。

据越南工贸部统计，2015年中越两国边境贸易额达241.5亿美元，而当年越南边境贸易总额仅为275.6亿美元，可见中越边境贸易在越南的边境贸易中占据绝对优势。2016年1月，国务院印发内容涵盖东兴重点开发开放试验区，凭祥（铁路）、东兴、爱店、友谊关、水口、龙邦、平孟、天保、河口、河口（铁路）、金水河等沿边国家级口岸，以及东兴、凭祥、河口三个边境经济合作区的《关于支持沿边重点地区开发开放若干政策措施的意见》，该意见为中越沿边开发开放和边境贸易发展提供了坚实的政策支撑。同年9月，两国重新签署《中越边境贸易协定》，进一步规范边境贸易行为，使通关手续进一步便利化，通关秩序明显改善。至2017年，中越北仑河二桥中方一侧通过交工验收，友谊关口岸货运专用通道建成并试运行，凭祥边境贸易货物监管中心投入运营，龙邦、东兴、水口等获批进境水果指定口岸，中国-东盟（凭祥）边境贸易国检试验区建成运行。

第三节　当前中越边境贸易的主要内容、影响与存在问题

一、中越边境贸易的主要内容与政策

当前中越边境贸易已不再局限于边民为满足生产生活所需的互市贸易。根据2003年国家外汇管理局颁布的《边境贸易外汇管理规定》，边境贸易可分为边境小额贸易、边民互市贸易、边境地区对外经济技术合作三种。

1. 边境小额贸易

它是指中国边境地区经批准有边境小额贸易经营权的企业，通过国家指定的陆路边境口岸与毗邻国家边境地区的企业或其他贸易机构进行的贸易活动。

2. 边民互市贸易

它是指边境地区居民，包括我国边民和对方国家的边民，在双方国境线20千米以内，在经政府批准的开放点或指定的集市上，在不超过规定的金额或者数量范围内进行的商品交换活动。目前，边民在商品交换的过程中，若进口商品超过8 000元人民币，则要按照规定对超出部分征收进口关税和进口环节税。

3. 边境地区对外经济技术合作

它是指中国边境地区经批准有对外经济技术合作经营权的企业与毗邻国家边境地区开展的承包工程和劳务合作项目。

二、中越边境贸易对两国边境地区的影响

1. 经济影响

（1）提升边境城市化水平。口岸的发展给口岸城市的发展注入了新的活力。伴随着边境贸易的发展和口岸贸易量的增加，部分边境地区的城市化水平有了显著提高。广西东兴和越南芒街口岸依托边境贸易的发展，现已成为两国重要的口岸城市，城市的面貌得到提升。

（2）直接推动两国边境地区的经济发展。长期以来，由于交通、通信等基础设施条件较差，中越边境地区长期处于较封闭的状态，经

济发展落后，与其他发达地区差距明显。随着边境贸易的不断发展，边境各县市经济得到提升，以广西崇左为例，边境贸易成交额从2003年的27.63亿元，猛增到2014年的1 014.25亿元和2018年的1 560亿元，边境贸易已成为中越边境地区重要的经济增长点。

（3）边境地区人民生活水平得到了提高。在中国边境地区，每个边民每天有8 000元人民币的免税互市贸易额度。边民通过互市贸易进口商品，在贸易额度范围内免征进口关税和进口环节税。边民通过参与互市贸易提高了自身收入，同时，边境贸易的发展促进了区域内产业联动，带动物流、商贸、旅游等第三产业的发展，为边境地区创造更多的就业机会，拓宽边民的就业渠道，增加边民收入。

2. 政治影响

（1）中越边境贸易有利于促进两国边境地区的社会稳定。广西、云南是西部大开发的重点区域之一，贫困人口众多，边境贸易的繁荣带动了边境地区的经济发展，边民互市的活跃改善了边民的经济条件，进而从一定程度上实现了脱贫。虽然边境贸易无法从根本上解决贫困问题，但是大力发展边境贸易仍然是一个较好的扶贫方式。

（2）促进中越两国边境地区少数民族群众往来，增进了双方的认知，加深了双方的友好关系。中越边境地区是中越两国少数民族的聚居区，在中国的广西、云南边境地区居住着壮、瑶、苗、彝、京等多个少数民族，同样在越南一侧，也居住着岱、侬、倮倮等少数民族。中越边境贸易的发展间接增加了两国各民族的往来频率，增进了双方的了解。

❀ 三、当前中越两国边境贸易的主要问题与障碍

1. 边境地区非法贸易问题突出

以走私为主的非法贸易问题突出。根据南宁海关2017年的统计，当年南宁海关查获的各类涉嫌走私案件达1 508起，涉案金额约为50.8亿元人民币。以走私为主的非法贸易不仅造成了大量国家税收的流失，还严重扰乱了市场秩序，对正规经营造成了冲击。特别是近年来，中越边境地区屡次查获违规冻品走私案件，违规冻品一旦上市销售，还将严重威胁人民群众的身体健康。

2.边境贸易商品结构层次和附加值较低

中越两国边境贸易产品以资源上具有互补性的产品为主。从进出口产品结构来看，中国从越南进口的产品以矿产品、原材料、农副产品等资源性产品和农产品为主，而中国出口至越南的产品则以纺织品、服装、机电产品等日用品和工业品为主。这些产品结构层次较低，附加值不高，具有高技术含量的新兴产品比较缺乏。

3.口岸与边境贸易互市点基础设施有待完善

虽然中越两国正在规划建设四个跨境经济合作区，且这四个口岸地区的建设已初具规模并开始运营，但不容忽视的是，中越边境间大部分口岸仍然是老口岸，特别是越南一侧，由于资金缺乏，口岸基础设施落后，已不能适应现今通关业务的需求。在边民互市点方面，大量边民互市点都位于各自紧邻边境线的山区，通行条件差，与外界联系以二级路、三级路为主，车辆行驶缓慢。同时，边民互市点内办公设施简陋，装卸能力差，缺乏仓储、验货等场所，在一定程度上抑制了边民互市的发展。

第四节　"一带一路"后中越陆路口岸与边境贸易发展的新契机未来展望

一、"两廊一圈"合作的新契机

2004年5月，越南总理潘文凯在访华时向中国总理温家宝首次提出了包含"昆明—老街—河内—海防""南宁—谅山—河内—海防"两个经济走廊和"环北部湾经济圈"的中越"两廊一圈"合作构想，这得到了中国政府的积极响应。从区域经济的角度看，其将重要的节点城市连接在一条轴上，两条轴环聚成一个经济圈，充分发挥了"点轴"效应，以点成线，以线带面，盘活整个区域经济的发展。中越边境的东兴–芒街、凭祥–同登、河口–老街等陆路口岸都是"两廊一圈"合作的重要节点，必将在促进"两廊一圈"合作上起到重要作用。与此同时，"两廊一圈"的成型，不论是对中越陆路口岸发展，还是对中越间的边境贸易增长，都是巨大的发展机遇。2017年11月，中越两国签署《共建"一带一路"和"两廊一圈"合作备忘录》，这为中越边境贸易发展创造了新的契机，将进一步推动两国在工业产能、贸易和投资等领域的合作。

❀ 二、跨境经济合作的示范效应

从跨国界经济合作的角度上看，口岸可大致分为通道型口岸、边贸型口岸、开发区型口岸、跨境合作型口岸等多种类型。目前，中越两国的陆路口岸间正在推进建设东兴−芒街跨境经济合作区、凭祥−同登跨境经济合作区、龙邦−茶岭跨境经济合作区、河口−老街跨境经济合作区等多个跨境经济合作区项目。这些跨境经济合作区是在陆路口岸的基础上开展跨境经济合作，是一种典型的跨境合作型口岸，是在开发区型口岸上的升级发展，能更好地发挥两国边境地区的优势，将优势资源集中于口岸地区形成资源的聚集，从而增加口岸的吸引力，为双方边境合作提供良好的平台，为边境贸易增添新的引擎，进一步吸引非边境地区资金与资源参与到边境地区开发，最终促进边境地区的发展。以东兴−芒街跨境经济合作区为例，双边核心区总规划面积约为23.4平方千米，其中中方园区规划面积约为9.9平方千米，越方园区规划面积约为13.5平方千米，目前正重点引进商贸流通、进出口加工、现代物流、金融服务、跨境旅游、重大临港产业等六大产业。跨境经济合作区的构建将在边境贸易转型升级、跨境劳务合作试点、中越"两国一检"通关模式、商事制度改革"一照通"等一系列领域带来新的尝试与变化，为中越边境其他地区口岸建设和经济合作带来巨大的示范效应。

❀ 三、"一带一路"倡议的影响

中国提出的"一带一路"倡议恪守联合国宪章的宗旨和原则，坚持开放合作、和谐包容、市场运作、互利共赢的共建原则，以政策沟通、设施联通、贸易畅通、资金融通、民心相通为主要内容。

中越边境地区不仅是两国互联互通的重要节点，也是双方彼此了解、深入交流的窗口。随着"一带一路"建设的不断推进，中越两国陆路互联互通水平将不断提升，两国边境地区基础设施建设日趋完善。作为有效推动区域经济一体化的形式，"一带一路"倡议将进一步推动中越边境地区产业结构升级，改善现有产业布局。可见，"一带一路"的建设，将为中越边境贸易的发展提供强大的支撑。

第十四章　案例分析：凭祥－同登跨境经济合作区

　　跨境经济合作区是一种新型的国际经济合作和区域经济合作发展模式，正逐渐成为我国沿边省份地区对外开放的一种新型尝试。位于中越边境地区的凭祥－同登跨境经济合作区是在中国－东盟自由贸易区、大湄公河次区域经济合作以及中越"两廊一圈"三大国际性区域合作框架下，对于跨境经济合作的探索与实践。

　　广西凭祥与越南谅山接壤，南友（南宁－友谊关）高速和湘桂铁路分别与越南公路和铁路连接，其中南友高速和322国道的终点与贯通越南南北的1A公路对接。凭祥距离广西首府南宁市约195千米，距越南首都河内市约160千米，是中国通往越南乃至中南半岛国家最大、最便捷的陆路通道。凭祥现拥有友谊关公路口岸和凭祥铁路口岸两个国家一类口岸，以及平而关水路口岸一个二类口岸，还有弄尧、叫隘、平而、油隘等四个边民互市点，是广西地区口岸数量最多、种类最全、规模最大的边境口岸城市，也是中越"两廊一圈"合作的重要节点城市。

　　越南同登是越南东北部的一个边境重镇，是隶属于谅山省高禄县的下属城镇。同登现有常住人口约22 000人，面积约为100平方千米，与中国友谊关相距约4.5千米，中国的南友高速公路、湘桂铁路均在同登境内同越南的公路、铁路干线对接，辖区内有友谊、同登、新清等三个口岸。近年来，由于中越贸易的发展，同登成为重要的贸易区域，驻有海关、边防等机构。

　　凭祥与同登在地理位置上毗邻，都是两国重要的陆路口岸城市，开展跨境经济合作具有良好的地理区位优势。

第一节　跨境经济合作区概述

一、跨境经济合作区的概念

跨境经济合作区是指各接壤的国家或地区在形成合作共识的基础上,彼此在相关法律约束下,按照一定合作方案共同划出相应面积的土地,整合成一个相对封闭的空间,建立特殊经济监管区,实行特殊的经济政策,以利用两国或多国资源和市场,充分发展合作区以带动相关地区的经济发展。

其特点:一是两国分别在口岸接壤地划出一定的区域共同组建合作区,将单边经济行为变为双边合作的经济行为;二是将单一的边境贸易功能拓展成集贸易、技工、物流、仓储和旅游等为一体的多功能经济合作区;三是管理模式向"两园一区、境内关外、一区多园、封闭运行、政策优惠"的方式转变。

二、跨境经济合作区的主体与目的

在主体上,国家是主导,地方政府是重要推手,企业是主体与动力。跨境经济合作是国家之间的行为,由国家统一协调,地方政府和相关部门负责具体实施,离开了国家的主导,跨境经济合作将难以有效和顺利进行;由于跨境经济合作在边境地区展开,跨境经济合作最直接受益的是地方经济,因此地方政府的积极性更高,成为跨境经济合作的重要推动力量;跨境经济合作区对企业的吸引力在于能发挥跨境合作零距离的优势,降低企业成本,扩大市场,增加企业效益。

建立经济合作区,就是为了通过政策创新以进一步促进彼此经济技术合作,深化合作程度和拓展合作内涵,整合市场与资源,为经济发展创造新动力,从而促进边境地区经济的跨越发展。

第二节 中越凭祥-同登跨境经济合作区的现状

一、凭祥-同登跨境经济合作区建设历程

凭祥是中国最早与越南建立跨境经济合作区的城市。

2005年，广西崇左市政府与越南谅山省签订了《联合构建中国凭祥-越南同登跨境经济合作区的合作意向》，提出在边境地区共同划出一定区域，联合构建集贸易、加工、仓储、旅游为一体的中越边境经济合作区。该意向正式提出凭祥-同登跨境经济合作区的概念，拉开了中越跨境经济合作区建设的序幕。

从2006年3月开始，广西与越南谅山省确立了官员定期会晤机制，主要探讨的就是"跨境经济合作区"的问题，以确保双方的工作"同步启动、同步推进、同步审批"。广西崇左市从2006年3月开始大规模建设"凭祥跨境经济合作区"。

2007年1月，越南谅山省委书记武辉煌访问广西，广西与越南谅山两省商务部门共同签署了《中国广西壮族自治区与越南谅山省建立中越边境跨境经济合作区合作备忘录》和《联合构建中国凭祥-越南同登跨境经济合作区的框架协议》。根据初步设想，中国广西凭祥市与越南谅山省同登市在接壤地带各划出8.5平方千米土地，共同建设一个总面积为17平方千米的实现中越两国跨境合作的特殊经济区域，即中越凭祥-同登跨境经济合作区。同时，两国在主导产业、管理体制、政策优惠方面给予明确规定。这在概念上提升至省区级层面。中越凭祥-同登跨境经济合作区包括商贸物流合作区和加工合作区，将实行货物贸易、服务贸易和投资自由的开放政策。

联合国开发计划署（UNDP）也把该项目列为扶持边境地区经贸合作项目的试验项目。2007年10月29日，在第四届中国-东盟博览会上，联合国联合开发计划署驻华代表处启动了"援助中国-越南跨境经济合作区项目"。2007年10月底，UNDP中国-越南跨境经济合作区项目启动工作动员大会在南宁举行，标志着为期三年的UNDP援助中越边境经济合作区项目正式启动。

2008年4月,谅山省商贸旅游厅同登边境经济合作区方案上报至谅山省人民委员会审批。同年,越南批准成立谅山口岸经济区,明确划出8.5平方千米的区域与中方对接。

2008年6月,凭祥−同登跨境经济合作区被列为中越两国政府经济贸易合作委员会第六次会议同意研究探讨的合作项目。

2008年12月,作为跨境经济合作区的中方先行启动广西凭祥综合保税区,获得中国国务院批准。

2009年上半年,凭祥−同登跨境经济合作区项目被列入《中越经贸合作五年发展规划》。

2009年7月15日,经过中越双方一年多的共同努力,中越双方的代表及专家评审组一致通过了由中国商务部国际贸易经济合作研究院编制的《中国凭祥−越南同登跨境经济合作区可行性研究》报告,中越跨境经济合作区建设的基本蓝图初步确定。

2009年12月,中国国务院下发《关于进一步促进广西经济社会发展的若干意见》,支持广西在有条件的口岸探索建立跨境经济合作区。

2010年9月,中越凭祥−同登跨境经济合作区项目作为"两廊一圈"合作重点项目优先推进。

广西壮族自治区人民政府与越南谅山省人民委员会在2010年9月11日共同签署《中国凭祥−越南同登跨境经济合作区协议书》,使得该项目正式上升至国家层面,成为两国政府致力于发展两国经贸合作的重要合作项目之一。

2010年10月20日,中国凭祥−越南同登跨境经济合作区工作商讨会在南宁举行。会上,广西与越南代表共同签署《会议纪要》,就跨境经济合作区的定位、范围、功能、管理体制、运行模式等达成共识,这标志着经济合作区建设取得了新的实质性进展。

2011年5月,《广西国民经济和社会发展"十二五"规划纲要》发布,该纲要明确提出:"推进凭祥−同登、东兴−芒街、龙邦−茶岭跨境经济合作区建设。"

2011年7月,广西壮族自治区人民政府专门出台《关于推进中越凭祥−同登跨境经济合作区建设工作方案》。

2011年6月17日,作为中国凭祥−越南同登跨境经济合作区中方核心区的广西凭祥综合保税区一期工程顺利通过国务院联合验收组验收，并于2011年9月30日正式封关运营。

2013年9月，中国广西凭祥综合保税区与越南谅山同登口岸经济区在南宁市联合举办项目推介会。双方园区之间联动发展、以项目合作推动中国凭祥-越南同登跨境经济合作区建设，成为双方共识。

2013年10月，中国国务院总理李克强访问越南期间，中国商务部与越南工贸部签署了《关于建设跨境经济合作区的谅解备忘录》，文中明确"双方通过交流磋商，选择具备条件的地区建设跨境经济合作区"，这将中越跨境经济合作区建设推到国家层面。

2015年5月，凭祥市与越南谅山-同登口岸经济区管理委员会共同签署了《关于建立凭祥（中国）-同登（越南）跨境经济合作区定期会晤机制的备忘录》。双方将以此为契机开展定期会晤，贯彻落实中越两国高层、中国广西与越南谅山两省区之间达成的协议和共识，互相通报跨境经济合作区各自区域发展规划及建设情况，加强在经济、贸易、投资、旅游、文化、教育等领域的交流，互相通报各自有关进出口贸易、投资引资等方面的政策及调整情况，及时商谈解决双方合作关系中存在的重大问题等，实现优势互补，互利共赢。

2016年6月，广西召开全区开放发展暨招商引资工作会议，明确提出加快凭祥-同登跨境经济合作区建设，打造成为中越开放合作示范区，将在人才引进、财政金融、税收优惠、用地指标等方面对包括跨境经济合作区在内的开发开放平台予以大力支持。2016年8月，国务院批准设立广西凭祥重点开发试验区，有力助推中国凭祥-越南同登跨境经济合作区的建设和发展。

❧ 二、中越凭祥-同登跨境经济合作区的指导思想与工作目标

根据广西壮族自治区政府出台的《关于推进中越凭祥-同登跨境经济合作区建设工作方案》，中越凭祥-同登跨境经济合作区的指导思想与工作目标如下。

1. 指导思想

跨境经济合作区是中国-东盟自由贸易区下的"一区两国"的先行先试的跨境合作示范区，是在中国-东盟自由贸易区下的重要平台、机制和中国-东盟自由贸易区下次区域合作的重要节点。

2. 工作目标

利用广西凭祥综合保税区现有功能,通过实行"一区两国、境内关外、自由贸易、封闭运作"模式,将中越凭祥-同登跨境经济合作区建成中国与东盟的区域贸易中心、物流基地、出口加工制造基地和信息交流中心,带动广西发展成为连接多个区域的国际通道、交流桥梁和合作平台。

三、中方园区建设情况

1. 中方园区规划情况

中越凭祥-同登跨境经济合作区中方区域规划建设面积为10.2平方千米,主要功能包括口岸作业区、国际物流区、保税加工区、商贸旅游区、金融商务区。中方规划跨境经济合作区配套区面积为79.42平方千米。

中越凭祥-同登跨境经济合作区中方园区将全力打造商贸物流业、口岸加工业、电子商务、金融服务业、文化旅游业等五大产业。建设中国-东盟水果城、中国-东盟汽摩配城、中国红木家具城、中国-东盟轻纺城、中国珠宝城;培育汽摩配件、电子信息、纺织服装等出口产品组装加工业,推进互市贸易商品落地加工,发展农副产品加工业、食品制造业;建设中国-东盟(凭祥)电商产业园,凭祥综合保税区跨境电子商务监管中心正式运营;打造中国-东盟(凭祥)金融谷项目;力推中国-东盟(凭祥)商业旅游综合体项目、中国东盟(凭祥)自驾车旅游总部基地项目。另外,享有通关便利政策、互市贸易与边境加工政策、标准厂房政策、跨境劳务政策、税费优惠政策、投资项目审批全程代办服务等相应政策及多方位服务。

当前,中越凭祥-同登跨境经济合作区项目的其他基础工程已经全面启动,连接浦寨-新清、弄怀-谷南、叫隘-那行等边民互市贸易点的通道项目和推山填沟造地工程均已开工建设。同时,凭祥综合保税区产业配套区已于2016年8月26日开工建设,总规划1 086亩(1亩=666.7平方米),投资18亿元,将建设轻工产业园、机电加工产业园及东盟特色资源加工产业园3个产业园。

2. 凭祥综合保税区发展概况

凭祥综合保税区被视为跨境经济合作区中方先行示范区,因此跨境经济合作区建设在很大程度上要取决于凭祥综合保税区的运作效果。

作为跨境经济合作区的核心功能区，广西凭祥综合保税区于2008年12月19日经国务院批准设立，是全国获批的第四家综合保税区，是全国第一个在陆路边境线上设立的综合保税区，总规划面积为8.5平方千米，分三期建设，其中一期规划面积为1.2平方千米，二期规划面积为3平方千米，三期规划面积为4.3平方千米。凭祥综合保税区依托广西凭祥市友谊关口岸而建，可与越南谅山同登口岸无缝对接，是中国东盟自由贸易区最重要的通道之一，是中国-东盟陆路边境线上面积最大、设施最好、通关最便捷、过货量最大的口岸，具有口岸、国际贸易、保税物流、保税加工、国际配送等五大功能。

已完成的一期建设有三个功能分区，即友谊关口岸作业区、卡风物流加工区和配套服务区，其已具备口岸作业、保税物流、保税加工、国际贸易、国际配售等多种功能。它具有跨境合作背景，成为与境外直接相连的综合保税区；可享受入区保税、入区退税、区内免税，免许可证、免配额，不实行外汇核销等主要保税优惠政策，还可享受中国西部大开发、广西北部湾经济区等优惠政策。

（1）友谊关口岸作业区：主要由查验区、专用通道、卡口、电子监管平台、值班用房、停车场以及部分保税仓储设施构成，面积为616.32亩。建有2 000平方米查验、扣留仓库，13 460平方米保税仓库，1 470平方米仓库管理用房，40 000平方米堆场。

（2）卡风物流加工区：主要功能包括保税物流、仓储和加工，面积为663.91亩。建设仓库18 000平方米，堆场28 000平方米。

（3）配套服务区：在围网外建设配套服务区，计划建设商品展示中心、酒店、写字楼和公寓等，面积为182.51亩。建有行政联检大楼18 900平方米、联检大楼配套用房8 227平方米。

目前，橡胶国际贸易和保税加工贸易中心、机电产品展销租赁维修中心、农资保税仓储交易中心、大宗农产品保税加工配送中心、风景苗木进口交易中心已经建成或正式启用，形成了特色资源出口加工基地。

3. 凭祥综合保税区的相关运行情况

凭祥综合保税区封关运行以来成果显著。进出车辆及货物通过保税区卡口到查验放行，整个过程由原来的2～3个小时缩短到10～30分钟,通关效率大大提升。仅封关运行后的2012年,通过凭祥综合保税区口岸作业区的进出口货物就达52.52万吨,其中进口2万吨,出口50.52万吨,进出口货值193.22亿元,通关车辆56 770辆次。

凭祥综合保税区凭借"面向东盟、贴边发展"之便利,充分发挥境内境外两个市场和两种资源的优势,坚持"扩容提量、改革创新、跨境合作"的发展方向,重点发展国际贸易、保税物流、加工贸易等口岸经济业务,实现区市互利共赢,已经形成了独具特色的产业发展格局。

具体情况如下:

(1)进出口贸易情况

2011年以来,凭祥综合保税区口岸贸易额与保税业务额持续增长。由于凭祥友谊关口岸一直以来都是充当口岸通道,在凭祥综合保税区建立以前,夫开展保税物流业务,因此,凭祥综合保税区主要还是以口岸贸易为主。2014年园区引入了三家加工企业,保税物流和加工贸易额才实现了质的飞跃。近年凭祥综合保税区口岸贸易额如表14-1所示。

表14-1　近年凭祥综合保税区口岸贸易额[①]　　　　　　　单位:亿美元

年份	口岸贸易额	保税物流贸易
2011年	5.83	0
2012年	30.7	0.04
2013年	70.22	0.2
2014年	170.56	18.3
2017年	214.97	

到2014年,全年口岸进出口货物为198.91万吨,同比增长176%,完成贸易额为170.56亿美元,同比增长143%。其中,凭祥综合保税区进出口货物2万吨,货值为101.4亿元,其中进口1.2万吨,货值为60.9亿元,出口8 166.5吨,货值为40.5亿元,主要进出口商品均是电子产品及其零部件。

---

①　数据来源:凭祥综合保税区管委会。

2015年，综合保税区口岸进出口总额186.59亿美元，进出口额在全国综合保税区中排名第十二位。

2016年，凭祥综合保税区入区企业进出口总额221.43亿元，同比增加73.48亿元，增长49.8%，增加量和增速在全国排名前十五位的综保区中均排名第一，总额在广西海关特殊监管区域中排名第一。凭祥综合保税区已有230多家企业入区，开展保税物流、保税加工、跨境电商等业务，园区贸易额连续四年超千亿元，是国家级示范物流园区、广西加工贸易产业发展重点园区、广西现代服务业集聚区。

截至2018年前10个月，凭祥综合保税区口岸进出口总额达1 390.79亿元，是广西唯一连续五年贸易额突破千亿元的重点园区。商品结构上，出口以机电产品、传统劳动密集型产品为主，手机零件、电脑零件、服装纺织等产品出口占60%以上；进口以电子产品、资源性产品为主，耳机耳塞、硬盘、鲜果、鞋靴、红木等产品进口占75%以上。贸易方式上，一般贸易、边境小额贸易、保税物流等三种贸易方式占进出口额的近九成，其中一般贸易方式进出口占口岸外贸总值的54.4%，保税物流进出口继续增长。

随着凭祥综合保税区管委会联合各驻区部门不断提升通关便利化，广西凭祥综合保税区口岸已成为广西通关时效最快、进出口总值最高的口岸，进出口贸易将保持较快增长。

（2）陆路物流情况

凭祥综合保税区封关运营前的2010年，友谊关通关车辆仅为21 540辆次。2014年凭祥综合保税区友谊关口岸通关车辆144 024辆次，过货量为198.91万吨。2016年，凭祥综合保税区集装箱吞吐量10.05万标箱，增长86.8%。

目前，马来西亚东盟跨境陆路运输行业品牌捷递国际物流已进入凭祥综合保税区，开展IT产品供应链项目，率先开通国内保税区间物流联动；全国集装箱海运排名第三位，亚洲区网络最密集的海丰国际控股也已进入综合保税区，建设网络覆盖中国和东南亚地区的集装箱物流枢纽项目。随着深圳捷递国际物流、海丰国际陆路集装箱以及富士康准时达等项目进驻综合保税区，将加快中国-东盟陆路集装箱集拼分拨中心建设的步伐。

同时，凭祥综合保税区也在积极打造综合保税区—越南海防港、综合保税区—越南河内—越南胡志明市、综合保税区—越南谅山—老挝沙湾拿吉—泰国穆达汉—马来西亚黑木山等三条黄金物流线路,以形成陆路国际物流大枢纽。凭祥综合保税区主动融入和服务"一带一路"建设,拓展连接苏满欧、渝新欧、郑新欧到达欧洲的保税物流线路,实现中南半岛经济走廊与丝绸之路经济带的无缝对接。

2017年9月11日,中越友谊关—友谊国际口岸货运专用通道正式通车,这有利于共同推进"两国一检"通关便利化,提升通关能力和服务水平。"两国一检"是指两国在相互尊重独立、主权和领土完整,符合各自国家法律规定以及遵守两国有关协议的基础上,为进一步提高贸易便利化水平,促进双边贸易发展,在两国指定的口岸、按商定的方式对进出口货物进行"合作查验,一次放行"的通关新模式。实行"两国一检"后,口岸物流与通关效率将得到显著提升,企业可以减少一次货物申报,减少一次货物查验,特别是农副产品,可降低多次接驳引起的损坏率,大幅降低通关成本;保税货物可减少两次对驳,使企业通关时间减少一半,给开展保税物流业务的企业创造低成本、高效率的通关环境。这将进一步吸引西南、华南等地区的商品经过凭祥综合保税区出口至各东盟国家。

(3)土地开发情况

凭祥综合保税区一期规划建设1.2平方千米,实际建设1 462.74亩,其中非经营性土地695.52亩,经营性土地767.22亩。目前非经营性土地主要是开发为口岸通关设施、查验场地、停车场、查验仓库、专用通道等;经营性土地主要开发为凭样综合保税区的配套设施,如配套服务大楼、配套办公用房、联检大楼、展示中心等,以及开发为加工、仓储与堆场等的经营性设施。

(4)招商情况

凭祥综合保税区引入的企业主要有报关报检类、贸易类、物流类、加工类。贸易类与物流类企业占主导地位,贸易的主要产品有红木、橡胶、化肥、大米、海产品等。贸易物流是凭祥综合保税区发展保税物流业务的基础,截至2018年12月底,凭祥综合保税区共有264家企业,并荣获"国家级示范物流园区"称号。

当前,凭祥综合保税区的运营还存在不足之处,主要包括:凭祥综合保税区的优势主导产业尚处于起步阶段,产业规模有待提升;一期建成面积较小，发展空间有限；园区及周边区域基础和条件差；资源要素禀赋不优，原有的相关政策红利已不突出；凭祥综合保税区的保税物流、贸易等业务还处在起步阶段，物流平台效益未能有效发挥。

🏵 四、越方园区建设情况

从1996年起，越南政府就开始提出发展口岸经济区。按照越南的定义，口岸经济区是指特定的经济空间，是由政府或政府总理决定建立的经济区，口岸地区居民享受特殊的、因地制宜的政策，能有效使用各种资源，最终使经济社会发展的效益最大化。

越南方面以同登-谅山口岸经济区作为中越凭祥-同登跨境经济合作区越南方面的主要区域。同登园区在2008年4月越南政府批准设立的同登-谅山口岸经济区范围内进行选址，作为同登-谅山口岸经济区的主要部分，规划面积为14平方千米，从越南新清口岸延伸至谷楠口岸。

1. 同登-谅山口岸经济区的规划发展概况

2008年4月28日，越南政府批准关于《建立同登-谅山口岸经济区项目的决定》。

2008年10月14日，越南政府批准关于《成立和签发同登-谅山口岸经济区管理委员会活动规章》。

2008年11月7日，越南政府批准关于《成立同登-谅山口岸经济区管理委员会的决定》。

2010年7月8日批准关于《至2030年谅山-同登口岸经济区总体建设调整规划》，谅山-同登口岸经济区获得国家批准扩大经济区土地面积。根据规划，谅山-同登口岸经济区将建成综合性边境口岸经济区，其中同登边境经济合作区要发挥主导作用，同时把发展旅游业、服务业和发展都市区和其他经济行业结合到一起。谅山-同登口岸经济区规划总面积为394平方千米，毗邻凭祥市、宁明县，包括谅山市、高乐市和高禄县、文朗县、同登镇等。

同登-谅山口岸经济区主要分为关税区和非关税区两个职能区域。

非关税区规划，到2020年将建成810公顷，到2030年将建成1 350公顷，包括：新清贸易区、伯隆贸易区和谷楠贸易区。其中，正在兴建的非关税区一期规划面积177公顷。现在重点开发新清与浦寨互市贸易点的区域。

关税区规划，到2020年建成1 355公顷，到2030年建成2 075公顷。

这其中还包含三个口岸区域：友谊国际口岸（70公顷）、同登国际铁路口岸（20公顷）、保林口岸（120公顷）。

目前，越南友谊口岸新的联检大楼已经投入使用，谷南-弄怀贸易通道已经互联互通，浦寨对面的新清口岸货场扩建已经完成。

2. 同登-谅山口岸经济区的优惠政策

居住在与谅山省接壤的中国边境县镇居民，凭中国审批机关颁发的边民身份证或边境通行证进出经济区，并允许在经济区暂住不超过15天（适用对象包括持外国护照，不属于免签证的人）。越南居民可以自由进出经济区。允许持有国际联运批文的陆路运输工具进出经济区载货载客，中国陆路运输工具如果没有国际联运批文，可以办理暂入再出手续，登记车辆临时进出经济区时间。入驻经济区的项目，享受越南现行法律规定的投资特别贫困地区的各项优惠政策。个人纳税金额按应纳税额减征50%。在非关税区投资的项目，从项目投产之日起，15年内企业收入所得税率为10%；从应纳税之日起，最多可以免税4年，后续9年减税50%。除24座以下客车从内地出口或从国外进口进入非关税区需征收特别消费税外，在非关税区进行商品生产、加工服务、再加工、进口等活动，免征增值税和特别消费税。为鼓励企业在非关税区加工、再加工和组装商品，免征商品出口税。

同登-谅山口岸经济区已多次获得越南政府的财政拨款。2012年12月，越南政府批准了包含谅山省的同登-谅山口岸经济区在内的八个口岸经济区作为2013—2015年度财政重点建设项目；2015年12月，越南政府批准了包含同登-谅山口岸经济区在内的2016—2020年中央财政投资发展的九个重点边境口岸经济区。

第三节　"一带一路"后中越凭祥-同登跨境经济合作区建设中面临的问题与前景

一、中越凭祥-同登跨境经济合作区面临的问题与难点

1. 主权让渡问题

跨境经济合作区建设所涉及的国家主权让渡超出了地方政府的职权。跨境经济合作区是两国接壤边境地区间的一种紧密合作机制，涉及人流物流管理、海关监管、检验检疫等，需要两国间主权权利的相互让渡。而国家间主权权利的相互让渡的处置权属在两国的中央政府，且操作起来相当复杂和十分敏感。这就增加了地方政府在开展跨境经济合作区建设中的难度。

2. 两国跨境经济合作区建设共同总体方案未正式签订

跨境经济合作区建设共同总体方案明确两国合作的地点、范围、合作形式、内容及管理方式等。共同总体方案签订之后，才能确定具体的建设实施方案以及相应的产业、贸易、通关、金融、税收等政策。中越跨境经济合作区建设共同总体方案目前仍然处于地方层面业务对接与洽谈阶段，尚未进入国家层面商签阶段。

3. 财力有限，投入尚不足

中国广西与越南谅山都为边境地区，经济总量不大，财政收入不多。跨境经济合作区目前开发建设主要由当地政府来推动。由于地方政府财力物力有限，在推动跨境经济合作区建设过程中面临诸多困难。

在广西的高度重视下，广西已投入3亿元人民币用于凭祥中越边境经济合作区的前期建设，完成2.73平方千米的边境贸易区配套监管设施、5.77平方千米的凭祥国际物流园和友谊关电子口岸前置核放区及其他附属工程的建设。

在越南方面，据报道，2011—2015年年初，同登-谅山口岸经济区的基础设施投资总额达到4 558亿越南盾（约1.5亿元人民币），共计38个项目，其中20个项目已经建成，还有18个项目未建成。

4. 中越推进跨境经济合作区建设步调不一致

虽然中越双方一致同意加快跨境经济合作区建设，但是在实际推进过程中，由于体制、机制差异及双方经济实力差距较大，双方建设步调不一致的问题仍然比较明显。

二、中越凭祥–同登跨境经济合作区的前景

建设跨境经济合作区是深化中越两国间经贸合作的一种新探索、新尝试，是中越两国推进中国–东盟自由贸易区发展的实际行动。进行跨境经济合作区的建设。不仅有利于推动产业转移和中越"两廊一圈"建设，还有利于增强中越边境地区在区域合作中的吸引力和影响力，进一步扩大中越两国经贸合作规模，提升合作水平，对改善边境地区生产生活水平具有重大而深远的意义。

凭祥–同登跨境经济合作区建立之后，中国与越南在经济、贸易、金融、投资、旅游等方面的联系进一步增强。凭祥–同登跨境经济合作区的建设可以与中国–东盟自由贸易区相对接，打开东盟市场，加强中国与东盟国家的贸易和投资往来。随着国家"一带一路"倡议的深入实施，以及中国–东盟自贸区升级版的加快进行，凭祥–同登跨境经济合作区作为"一带一路"有机衔接的重要节点，是促进区域经济一体化的重要载体与平台，是推动沿边地区经济社会发展的重要支撑。

1. 中越两国经贸合作的加速器

自中越关系正常化以来，中越双方经贸合作取得了较大成就，双方贸易增长迅猛，凭祥已成为中越陆路边境地区最大的陆路通道。但之前边境地区局限于贸易的通道作用，没有产业项目，对区域经济的带动作用大打折扣。中越凭祥–同登跨境经济合作区以产业合作为主体，将带动当地就业增长和经济发展。

跨境经济区的建设将进一步增强中越边境地区在中国–东盟自由贸易区建设和区域合作中的吸引力与影响力，有利于中越双方调整优化边境地区经济结构，夯实中越经贸合作基础，为两国边境地区经济发展提供强劲的动力和更广阔的空间。

2. 加快中越沿边开放开发，边境省份重要的经济增长点

由于历史原因，中越沿边地区经济发展一直较为落后。凭祥–同

登跨境经济合作区的建设将加快沿边开放，加快沿边地区开发。通过园区的建设，实现产业集聚和贸易扩张，逐渐成为沿边地区，尤其是中国凭祥周边与越南谅山省经济发展的重要战略支撑点。

凭祥－同登跨境经济合作区不管是一般贸易，还是转口贸易和出口加工贸易等，都获得了较大程度的开发与发展，改变了原来单一、小规模与零散的边境地区贸易结构。在转口贸易和出口加工贸易方式下，广西与越南及东盟国家具有比较优势的产品占有最大的贸易份额，贸易量的扩大拉动生产规模的扩张和边际成本的下降，增强了贸易产品的出口竞争力，为边境贸易的发展创造了新的机遇。

同时，凭祥－同登跨境经济合作区具有出口加工和保税物流等功能，在出口加工方面，规划的南山工业园区主要进行基于出口贸易目的的产品加工。保税物流则主要服务与加工贸易的发展，允许跨境经济合作区的货物在尚未办理进出口手续的情况下，在较长时间处于保税状态，保税库内货物经批准可进行再包装、分拣、抽样、混合等业务，为跨境经济合作区内的进出口商品在等待贸易机会的过程中，提供通关与特定时间内的仓储便利，从而促进跨境经济合作区的转口贸易。

3. 中国－东盟跨境物流的重要节点

广西是中越与东盟地区的陆路大通道，凭祥更是这个陆路大通道中的重要节点城市。随着中国－东盟自贸区的全面建成，通过凭祥至越南的贸易商品或者中转贸易将越来越多。宽松的贸易环境使凭祥－同登跨境经济合作区成为国际物流的对接点。

未来在加快现代物流网络建设的同时，还要逐步推进物流业的现代化。一方面，加强与"一带一路"物流通道对接，大力发展中越物流直通车业务，不断扩展凭祥综合保税区—胡志明、凭祥综合保税区—曼谷—吉隆坡等国际物流线路，推动中国－东盟物流枢纽基地、凭祥航洋潮中越直通国际物流基地、凭祥市东盟产品物流中心等跨境物流项目，建设以凭祥综合保税区为中心地区的东盟跨境物流。另一方面，加强现代信息技术在物流领域的应用，加快建设跨行业、跨区域的物流信息服务平台与智能仓储系统，提高物流业的信息化、智能化与精准化水平，加强物流标准化体系建设，推进物流设施、设备、作业、信息标准化，促进物流服务体系高效运转。

　　另外，还要推动物流业与其他产业的联动发展。加强物流主体培育与引进，推动本地物流企业做大做强，同时引进国内外物流龙头企业，打造一批国际国内知名物流企业和物流品牌，创建有区域和行业影响力的优势项目，如富士康公司配料分拨中心业务、深圳捷递IT产品供应链项目、海丰国际陆路集装箱物流枢纽项目等，加快引进和发展第三方物流企业，推动物流业与各产业的有机融合、协同发展。

　　4. 跨境旅游的新热点

　　广西与越南都是旅游资源丰富的地区，旅游业是两个地区的新的经济增长点。中越凭祥-同登跨境经济合作区周边地区具有丰富的旅游资源，具备发展旅游的独特优势。凭祥是中国优秀旅游城市，具备丰富的自然资源和历史文化旅游资源，拥有4个国家A级景区。其中，坐落于友谊关口岸的友谊关景区是凭祥市的一个著名景点。友谊关是中国九大名关之一，占地面积46.5公顷，森林覆盖率超过85%，不仅生态环境优美，还具有深厚的历史文化底蕴，清末将领冯子材在此取得了"镇南关大捷"，大败法军，如今还留存着中法战争古战场。同时，跨境经济合作区本身就是吸引游客、发展旅游很好的卖点。

　　在凭祥-同登跨境经济合作区及周边辐射区域，利用双边旅游资源发展跨境旅游产业，开展边境文化游、观光购物游、休闲度假游、中越跨境自驾游等特色旅游项目，使其成为旅游发展的热点地区。同时，中越两国可以在吸引第三国游客以及开拓国际市场方面深化合作。而旅游带来的人流、物流、信息流以及资金流，不仅对于改善旅游环境，还对开发跨境经济合作区起到推动作用。

参考文献

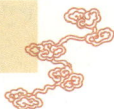

[1] 谷源洋,林伍珖,马汝骏,等. 东南亚各国农业. 北京:中国农业出版社,1984.

[2] 古小松,罗文青. 越南经济. 北京:世界图书出版公司,2016.

[3] 郭明. 越南经济. 南宁:广西人民出版社,1986.

[4] 郭振铎,张笑梅. 越南通史. 北京:中国人民大学出版社,2001.

[5] 古小松. 越南:历史、国情、前瞻. 北京:中国社会科学出版社,2016.

[6] 黄云静. 越南与东盟的关系:从对抗到合作. 东南亚研究,1995(03):3.

[7] 谢志高. 浅析越南军事战略及军队建设新特点. 国际展望,2001(24):70-72.

[8] 花志亮,李成林. 浅析越南海军发展变化. 中国科技信息,2010(21):36,40.

[9] 胡美玲,郭莉. 越南陆军现状及发展前景. 现代军事,2015(06):96-98.

[10] 陆忠山. 越南国防建设20年简要回顾与展望. 东南亚纵横,2008(03):36-38.

[11] 颜展鸿. 近年越南军事形势的变化. 东南亚研究,1993(05):64-67.

[12] 郭春霞. 俄罗斯与越南关系演变的轨迹. 俄罗斯研究,1999(02):11-14,5.

[13] 王国平. 革新开放以来越南对外政策的调整. 东南亚,2006(01):17-23.

[14] 杨然. 近年越南金融业的若干走向. 东南亚纵横, 1995(03): 35-36.

[15] 李振民. 浅谈越南旅游业的发展. 东南亚纵横, 1998(01): 16-17.

[16] 于向东, 彭超. 浅析越南与日本的战略伙伴关系. 东南亚研究, 2013(05): 43-52.

[17] 许梅. 日本与越南的经贸合作及日越关系的发展. 当代亚太, 2006(03): 38-42.

[18] 游明谦. 新时期的越南外交战略: 调整与重构. 东南亚纵横, 2002(Z1): 41-46.

[19] 林明华. 新时期越南外交. 当代亚太, 2003(03): 31-37.

[20] 古小松. 越共六大后的越南经济改革. 东南亚纵横, 1990(04): 34-39.

[21] 农立夫. 越南: 2017年回顾与2018年展望. 东南亚纵横, 2018(02): 40-45.

[22] 聂慧慧. 越南: 2018年回顾与2019年展望. 东南亚纵横, 2019(01): 68-75.

[23] 朱振明. 越南对外政策的调整和对外关系的变化. 东南亚研究, 1991(01): 29-37.

[24] 张咏. 越南2019年一季度经济金融运行情况及展望. 区域金融研究, 2019(06): 30-31.

[25] 韦锦益, 赖志强, 潘仲团. 越南畜牧业考察报告. 广西畜牧兽医, 2010(03): 140-142.

[26] 曹云华. 越南的经济发展现状与前景. 珠江经济, 2008(08): 62-70.

[27] 宰步龙. 越南的森林与林业. 世界林业研究, 1998(06): 03.

[28] 张婉洁, 潘瑶, 王俊, 等. 越南的森林资源及其管理. 西部林业科学, 2019(01): 146-152.

[29] 郭又新. 20世纪90年代以来越南天然橡胶产业政策探析. 东南亚研究, 2011(03): 33-38, 78.

[30] 黄慧德. 越南咖啡现状及前景. 世界热带农业信息, 2017(08): 34-38.

［31］ 赵和曼. 越南旅游业发展的成效与问题. 东南亚研究, 2002（06）：63-66.

［32］ 蓝瑶. 越南旅游业发展现状及其竞争力分析. 旅游纵览（下半月）, 2017（03）：106-108.

［33］ 李劼. 越南水产业 2017 年发展回顾及 2018 年形势分析. 中国水产, 2018（08）：48-50.

［34］ 杨连珍. 越南天然橡胶业发展概况. 世界热带农业信息, 2006（07）：1-3.

［35］ Bùi Thiết. 54 dân tộc Việt Nam và các tên gọi khác. Nxb Lao động, Hà Nội, 2015.

［36］ Đào Duy Anh. Việt Nam văn hóa sử cương. Nxb Thành phố Hồ Chí Minh, 1992.

［37］ Đặng Nghiêm Vạn. Về tôn giáo tín ngưỡng ở Việt Nam hiện nay. Nxb Khoa học xã hội, Hà Nội, 1996.

［38］ Mai Thanh Hải. Các tôn giáo trên thế giới và Việt Nam. Tập 1、2. Nxb Văn hóa thông tin, Hà Nội, 2006.

［39］ Ngô Đức Thịnh. Tín ngưỡng và văn hóa tín ngưỡng ở Việt Nam. Nxb Khoa học Xã hội, Hà Nội, 2001.

［40］ Nguyễn Thị Hiền. "Nghiên cứu tôn giáo tín ngưỡng ở Việt Nam đương đại" trong sách: Sự biến đổi của tôn giáo tín ngưỡng ở Việt Nam hiện nay, Nxb Thế giới, Hà Nội, 2004.

［41］ Nguyễn Từ Chi. Góp phần nghiên cứu văn hóa và tộc người. Nxb Văn hóa Hà Nội, 1992.

［42］ Phan Kế Bính. Việt Nam phong tục. Nxb Thành phố Hồ Chí Minh, 1992.

［43］ Trương Thìn. 101 điều cần biết về tín ngưỡng và phong tục Việt Nam. Nxb Hà Nội, 2007.

［44］ Viện dân tộc học. Sổ tay về các dân tộc ở Việt Nam. Nxb Văn học, Hà Nội, 2007.

［45］ Viện nghiên cứu tôn giáo. Một số vấn đề cơ bản về tôn giáo ở Việt Nam hiện nay. Báo cáo tổng hợp đề tài cấp nhà nước, Hà Nội, 2005.

本书是

　　2016年度国家社会科学基金项目"中越陆路边境地区构建口岸文化研究"（16BMZ110）的阶段性研究成果

　　广西学位与研究生教育改革课题（JGY2017049）的研究成果

　　广西民族大学学位与研究生教育改革课题（gxun—chojg201602）的研究成果

　　教育部区域与国别研究培育基地——广西民族大学东盟研究中心的研究成果

　　广西特色新型智库联盟重点智库——广西民族大学中国–东盟研究中心的研究成果

　　广西一流学科——"外国语言文学"的学科建设成果